Gestão para Resultados

Djalma de Pinho Rebouças de Oliveira

Gestão para Resultados

- Atuação
- Conhecimentos
- Habilidades

SÃO PAULO
EDITORA ATLAS S.A. – 2010

© 2009 by Editora Atlas S.A.

Capa: Leandro Guerra
Composição: Lino-Jato Editoração Gráfica

Dados Internacionais de Catalogação na Publicação (CIP)
(Câmara Brasileira do Livro, SP, Brasil)

Oliveira, Djalma de Pinho Rebouças de
  Gestão para resultados : atuação, conhecimentos, habilidades / Djalma de Pinho Rebouças de Oliveira. -- São Paulo : Atlas, 2010.

  Bibliografia.
  ISBN 978-85-224-5768-7

  1. Administração de empresas 2. Administração de pessoal 3. Avaliação de resultados 4. Carreira profissional – Administração 5. Pessoal – Treinamento 6. Qualificação profissional 7. Recursos humanos – Administração I. Título.

09-11955   CDD-658

Índice para catálogo sistemático:

  1. Gestão de profissionais : Empresas competitivas : Administração 658

TODOS OS DIREITOS RESERVADOS – É proibida a reprodução total ou parcial, de qualquer forma ou por qualquer meio. A violação dos direitos de autor (Lei nº 9.610/98) é crime estabelecido pelo artigo 184 do Código Penal.

Depósito legal na Biblioteca Nacional conforme Decreto nº 1.825, de 20 de dezembro de 1907.

Impresso no Brasil/*Printed in Brazil*

Editora Atlas S.A.
Rua Conselheiro Nébias, 1384 (Campos Elísios)
01203-904 São Paulo (SP)
Tel.: (0_ _11) 3357-9144 (PABX)
www.EditoraAtlas.com.br

À
Heloisa
"Mesmo que você já tenha feito uma longa caminhada,
há sempre um caminho a fazer."

Santo Agostinho

Sumário

"A pior decisão é a indecisão."
Benjamin Franklin

Prefácio, xv

Estrutura do livro, xix

1 **Evolução e tendências da atuação dos profissionais das empresas, 1**
   1.1 Introdução, 3
   1.2 Conceitos, 3
      1.2.1 Conceituação de gestor e de profissional de empresa, 13
   1.3 Evolução da atuação dos profissionais das empresas, 14
   1.4 Tendências da atuação dos profissionais das empresas, 16
   1.5 Consequências da evolução e das tendências da atuação na carreira dos profissionais das empresas, 17
   Resumo, 25
   Questões para debate, 25
   Caso: "A empresa XYZ quer debater as evoluções ocorridas e as possíveis tendências da atuação dos seus profissionais, para otimizar o seu modelo de gestão", 26

2 **Responsabilidades, conhecimentos e habilidades dos profissionais das empresas, 31**
   2.1 Introdução, 33
   2.2 Novo contexto das responsabilidades dos profissionais das empresas, 33
   2.3 Novo contexto dos conhecimentos dos profissionais das empresas, 39
   2.4 Novo contexto das habilidades dos profissionais das empresas, 49
   2.5 Como direcionar os conhecimentos e as habilidades para a otimizada consolidação dos resultados das empresas, 52
   Resumo, 53
   Questões para debate, 53
   Caso: "A empresa ABC quer consolidar um novo modelo de gestão, com os conhecimentos e habilidades de seus gestores e demais profissionais sustentando as suas responsabilidades, e estas, sendo direcionadas aos resultados esperados", 54

3 **Componentes e condicionantes da atuação dos profissionais das empresas, 57**

   3.1 Introdução, 59

   3.2 Componentes da otimizada atuação dos profissionais das empresas, 59

   3.3 Condicionantes da otimizada atuação dos profissionais das empresas, 62

   3.4 Como interligar os componentes e os condicionantes da atuação dos profissionais para a consolidação dos resultados das empresas, 65

   Resumo, 65

   Questões para debate, 66

   Caso: "A empresa Alpha quer os componentes e os condicionantes da otimizada atuação de seus gestores e demais profissionais contribuindo, diretamente, para a melhoria dos resultados da empresa", 66

4 **Atuação do profissional nos contextos estratégico, tático e operacional, 71**

   4.1 Introdução, 73

   4.2 Atuação no contexto estratégico, 73

   4.3 Atuação no contexto tático, 77

   4.4 Atuação no contexto operacional, 78

   4.5 Como otimizar a interação entre os níveis estratégico, tático e operacional da atuação dos profissionais para a consolidação dos resultados das empresas, 79

   Resumo, 107

   Questões para debate, 107

   Caso: "A empresa Beta quer uma perfeita interação entre os níveis estratégico, tático e operacional, bem como a existência de otimizado direcionamento decisório para os resultados esperados", 108

5 **Atuação do profissional da empresa como empreendedor, 111**

   5.1 Introdução, 113

   5.2 Atuação do profissional como empreendedor externo, 113

   5.3 Atuação do profissional como empreendedor interno, 115

   5.4 Como otimizar a interação entre os empreendedores externos e internos, 124

   Resumo, 129

   Questões para debate, 129

Caso: "A empresa Gama quer todos os seus gestores e demais profissionais atuando como empreendedores internos, bem como contribuindo para a melhor atuação dos empreendedores externos", 129

6 Atuação do profissional como líder, 135

6.1 Introdução, 137

6.2 Atuação do profissional como líder, 137

6.3 Atuação do profissional como agente de mudanças, 148

6.4 Como alcançar resultados otimizados como líder e agente de mudanças, 152

Resumo, 167

Questões para debate, 167

Caso: "A empresa Ipisilon quer todos os seus gestores e demais profissionais atuando como líderes – e não como chefes –, e também como agentes das mudanças necessárias para a consolidação dos melhores resultados da empresa", 168

7 Atuação do profissional como decisor, 171

7.1 Introdução, 173

7.2 Estruturação das informações e dos relatórios gerenciais, 173

7.3 Como otimizar o processo decisório direcionado para resultados, 192

Resumo, 203

Questões para debate, 203

Caso: "A empresa Centrum quer todas as suas informações básicas alocadas em relatórios gerenciais, bem como o processo decisório de seus gestores realizado de forma otimizada e direcionada para resultados", 203

8 Estabelecimento dos resultados a serem alcançados, 209

8.1 Introdução, 211

8.2 Estabelecimento dos resultados a serem alcançados, 211

8.3 Análise e avaliação do alcance dos resultados esperados, 213

8.4 Aplicação da gestão direcionada para resultados, 221

Resumo, 223

Questões para debate, 223

Caso: "A empresa Onium quer todos os seus resultados esperados perfeitamente disseminados, entendidos e incorporados por todos os seus gestores e demais profissionais", 224

9 Plano de carreira para o profissional direcionado para resultados, 227

9.1 Introdução, 229

9.2 Elaboração do plano de carreira, 229

9.3 Análise da atuação direcionada para resultados, 238

Resumo, 242

Questões para debate, 242

Caso: "A empresa Katrium quer todos os seus gestores e demais profissionais com planos de carreira elaborados e aplicados, bem como deve existir direcionamento conjunto para os resultados esperados pela empresa", 242

10 Qualidade na atuação direcionada para resultados, 245

10.1 Introdução, 247

10.2 Qualidade na atuação dos profissionais das empresas, 248

    10.2.1 Metodologia de desenvolvimento da qualidade de atuação para a consolidação de resultados efetivos, 251

10.3 Avaliação e aprimoramento da atuação dos profissionais direcionados para resultados, 253

Resumo, 262

Questões para debate, 262

Caso: "A empresa Maxium quer a plena qualidade aplicada na atuação, no aprimoramento e na avaliação de todos os seus gestores e demais profissionais, principalmente na questão do direcionamento aos resultados esperados pela empresa", 262

Glossário, 267

Bibliografia, 283

Relação geral das figuras

1.1 Fatores de influência do conhecimento, 19
2.1 Funções do processo de gestão, 36
2.2 Gestão do conhecimento, 45
2.3 Fatores de influência das competências essenciais, 46
3.1 Componentes da gestão direcionada para resultados, 61
3.2 Condicionantes da gestão direcionada para resultados, 64
4.1 Fatores de influência do contexto estratégico, 74
4.2 Interação entre os três níveis das empresas, 79
4.3 Interligação da visão com a estrutura organizacional, 81
4.4 Amplitude da autoridade, 91
4.5 Interligação da estrutura organizacional com o planejamento estratégico, 101
4.6 Interligação da estrutura organizacional com o orçamento, 102
4.7 Interligação da estrutura organizacional com os relatórios gerenciais, 104
4.8 Interligação da estrutura organizacional com a avaliação de desempenho, 105
4.9 Interligação da estrutura organizacional com a análise de capacitação, 106
5.1 Modelo de gestão das empresas e seus componentes, 127
6.1 Fatores de influência da liderança, 139
6.2 *Iceberg* empresarial, 151
6.3 Interação entre percepção e ação, 162
7.1 Componentes do sistema, 177
7.2 Ambiente do sistema empresarial, 178
7.3 Sistemas de informações e as empresas, 179
7.4 Componentes do SIG, 180

7.5 Estrutura de processos e o SIG, 181
7.6 Seleção de projetos do PDSI, 184
7.7 Identificação das necessidades de sistemas de informações, 187
7.8 Projeto de desenvolvimento de sistema, 189
7.9 Relatório gerencial (modelo geral), 192
7.10 Estrutura geral da interligação das informações com o mercado, 198
10.1 Seis "Cs" da qualidade na consolidação de resultados, 250
10.2 Avaliação como gestor e líder direcionado para resultados, 259

Relação geral dos quadros

4.1 Contextos de atuação das empresas, 79
6.1 Diferenças entre líderes e chefes, 154
6.2 Vantagens e desvantagens do consultor interno e do consultor externo, 157
6.3 Situações de aceitação de mudanças, 161
6.4 Situações de rejeição de mudanças, 161

Prefácio

"Três coisas em demasia e três coisas em falta são perniciosas às pessoas:
falar muito e saber pouco,
gastar muito e possuir pouco, e
estimar-se muito e valer pouco."
Miguel de Cervantes

A decisão de escrever este livro está correlacionada a três questões básicas para a otimizada gestão das empresas:

a) Proporcionar a identificação estruturada dos gestores e demais profissionais *ideais* para a realidade atual e a situação futura de cada empresa.

b) Facilitar aos profissionais das empresas o delineamento geral de seus planos de carreira, para que possam se tornar gestores ou executivos de sucesso, principalmente no contexto de estarem direcionados para o alcance dos resultados planejados pelas empresas.

c) Proporcionar o entendimento de como os gestores e demais profissionais das empresas podem utilizar os seus conhecimentos e as suas habilidades, bem como os instrumentos de gestão da empresa para a consolidação dos resultados esperados.

Esta última questão pode ser considerada a primordial – e diferenciada – deste livro, pois a preocupação básica foi a análise estruturada e a interação entre os assuntos – ou instrumentos – de gestão para facilitar e otimizar o processo decisório dos gestores ou executivos na busca de resultados, e não a explicação detalhada de cada um dos instrumentos de gestão, pois o leitor pode buscar estes ensinamentos específicos em outros livros (planejamento, modelo de gestão, marketing, logística, qualidade, controladoria etc.).

O leitor vai perceber que existe uma lógica na sequência dos dez capítulos, propiciando um entendimento sustentado e acumulativo, o que estimula a sua natural aplicação.

Djalma de Pinho Rebouças de Oliveira

Estrutura do livro

"A perspicácia de um momento, às vezes,
vale a experiência de uma vida."
Oliver Wendell Holmes

Este livro está estruturado em dez capítulos, com conteúdos específicos, mas perfeitamente interligados e focados em um único objetivo: como o leitor pode se tornar um gestor direcionado para resultados, operacionalizando, de forma otimizada, a sua atuação, os seus conhecimentos e suas habilidades.

Naturalmente, não foi possível abordar todas as questões essenciais para este processo, mas o autor se preocupou em apresentar as mais importantes para os leitores e de maior impacto nos resultados das empresas.

O Capítulo 1 aborda a evolução e as possíveis tendências da atuação dos gestores e demais profissionais das empresas, evidenciando os principais conceitos de que o leitor deve ter conhecimento, bem como as consequências destas evoluções e as tendências para a carreira dos profissionais das empresas.

O Capítulo 2 apresenta as principais responsabilidades, conhecimentos e habilidades dos profissionais das empresas, procurando direcionar estes três aspectos para a consolidação dos resultados destas empresas.

O Capítulo 3 evidencia os principais componentes – partes integrantes – e os condicionantes – fatores de influência – da atuação dos profissionais das empresas.

O Capítulo 4 aborda a atuação dos profissionais nos três níveis básicos das empresas: o estratégico, o tático e o operacional, incluindo a interligação otimizada entre estes três níveis, em uma gestão empresarial direcionada para resultados.

O Capítulo 5 apresenta a atuação dos profissionais das empresas como empreendedores, quer sejam internos ou externos à empresa, o que representa um importante diferencial de atuação das pessoas.

O Capítulo 6 evidencia a atuação dos profissionais das empresas como líderes, bem como agentes de mudanças, diante das fortes influências de fatores internos – ou controláveis – e, principalmente, de fatores externos – ou não controláveis – das empresas.

O Capítulo 7 analisa a atuação dos profissionais das empresas como decisores, utilizando, de forma otimizada, as informações e os relatórios gerenciais.

O Capítulo 8 aborda a questão do estabelecimento dos resultados a serem alcançados pelas empresas, sob a coordenação de seus gestores e demais profissionais, incluindo a análise e a avaliação do alcance destes resultados.

O Capítulo 9 apresenta, de forma resumida, os principais aspectos a serem considerados pelos profissionais das empresas na elaboração de seus planos de carreira direcionados para resultados efetivos.

E, finalmente, o Capítulo 10 evidencia a questão da qualidade na atuação dos gestores e demais profissionais das empresas de forma direcionada para resultados, bem como a maneira ideal de se efetuar a análise do aprimoramento contínuo de atuação dessas pessoas.

Ao final de cada capítulo, é apresentado um resumo dos assuntos evidenciados, bem como um conjunto de questões para debate pelos leitores, visando aprimorar o entendimento do conteúdo do capítulo.

E, para incentivar um processo de debate, são apresentados pequenos *casos* – verdadeiros – em que o leitor tem a oportunidade de explicitar os seus conhecimentos e criatividade, bem como a sua estrutura lógica de decisão.

A seguir, é apresentada a estrutura geral dos capítulos – e assuntos – deste livro:

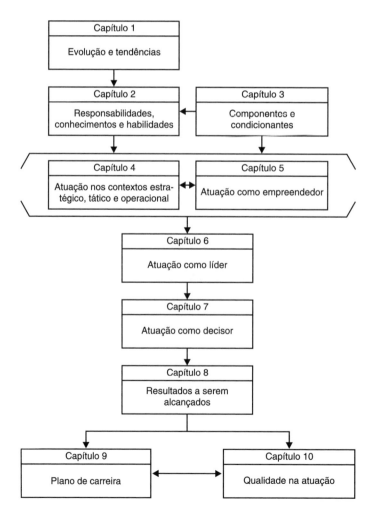

Pela figura representativa da estrututra geral dos capítulos e correspondentes assuntos abordados no livro, o leitor observa que o nível de interação é bastante elevado, o que reforça a premissa de que a gestão para resultados é algo complexo, mas que, se for adequadamente aplicada, pode ser considerada como simples e de elevado interesse para as empresas.

Neste contexto, este livro atende às expectativas dos leitores, pois a preocupação básica foi com a apresentação, estruturada e lógica, de "como" elaborar, "como" interligar, "como" aplicar, "como" avaliar e "como" aprimorar os modelos de gestão para resultados nas empresas.

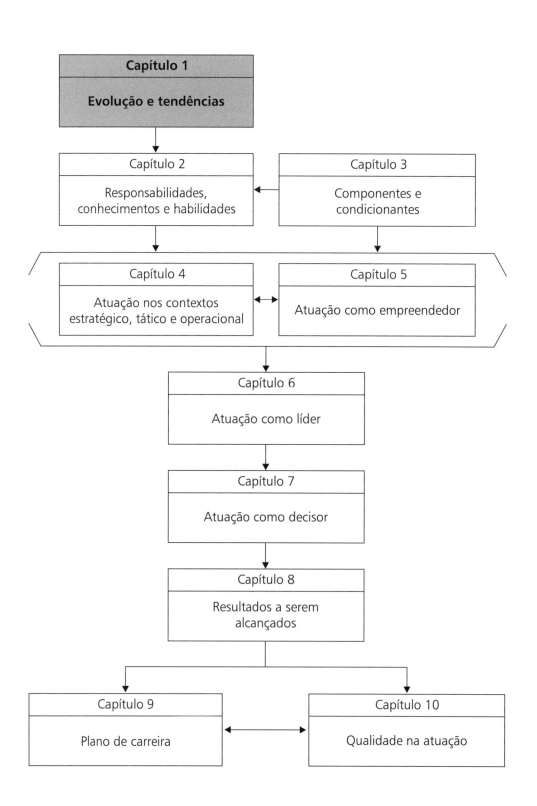

1

Evolução e tendências da atuação dos profissionais das empresas

"Vencedor é aquele que acredita em si próprio,
em sua capacidade de superar obstáculos."

Henry Ford

1.1 Introdução

Neste capítulo, são apresentados os principais aspectos inerentes à evolução e às tendências da atuação dos gestores e demais profissionais nas empresas.

O conhecimento da evolução ocorrida com a atuação desses profissionais é importante para o leitor entender a amplitude, a velocidade e a variedade de assuntos de gestão nas empresas.

Com referência às tendências da atuação dos profissionais das empresas, estas são importantes para o leitor *pensar* a respeito do que poderá acontecer nesta ampla área de conhecimentos.

E, para alocar estas duas questões na realidade do leitor, também são apresentadas, neste capítulo, as suas possíveis consequências na elaboração de um plano de carreira – ver seção 9.2 – que direcione a atuação do leitor para os resultados planejados pela empresa.

Naturalmente, as explicações detalhadas dos diversos assuntos abordados neste capítulo são apresentadas em capítulos subsequentes, mas esta leitura sequencial, acumulativa e sustentada é de elevada importância para o seu pleno entendimento.

1.2 Conceitos

Nesta seção são apresentados alguns dos principais conceitos necessários para homogeneizar o entendimento dos assuntos abordados neste livro.

Vários outros conceitos são apresentados ao longo dos diversos capítulos, com a sua consolidação no final do livro, pela apresentação de um glossário dos termos técnicos utilizados.

Salienta-se que este autor utilizou os conceitos mais consagrados para cada termo, não se preocupando em polemizar possíveis divergências conceituais. Entretanto, para alguns poucos casos, o autor foi obrigado a conceituar o termo, pois o mesmo é de sua criação, tendo em vista possibilitar o melhor entendimento de uma metodologia ou técnica de gestão de empresas, principalmente na abordagem de busca de resultados efetivos.

Um primeiro conceito, embora de amplo conhecimento dos leitores, refere-se ao termo *empresa*, sendo válida a sua apresentação para o adequado entendimento da abrangência do referido termo, em sua aplicação neste livro.

Empresa é a instituição legalmente constituída, com a finalidade de oferecer produtos e/ou serviços para outras empresas e/ou para os consumidores do mercado em geral.

Como estão sendo consideradas as empresas legalmente constituídas, este livro não se refere a empresas ilegais, tais como a máfia, mas, seguramente, este tipo de empresa também utiliza os conceitos, abordagens, metodologias e técnicas de gestão apresentadas neste livro.

O termo *empresa* tem, neste livro, a mais ampla abrangência, englobando todo e qualquer tipo de agrupamento de pessoas trabalhando, de forma estruturada, na busca de resultados comuns. Neste contexto, o termo *empresa* abrange as empresas lucrativas em geral, as ONG – Organizações Não Governamentais, as fundações, as autarquias, as sociedades de economia mista, as cooperativas, as universidades, os hospitais, os bancos.

É evidente que estes diferentes tipos de empresa apresentam algumas características específicas de gestão, mas os conceitos, bem como as metodologias e técnicas, em sua contextualização geral, são as mesmas, necessitando apenas algumas adaptações necessárias inerentes às particularidades de atuação e dos negócios, produtos ou serviços de uma empresa específica. Mas estas adaptações devem ocorrer, inclusive, entre empresas do mesmo tipo, com os mesmos negócios, produtos e serviços, bem como atuando na mesma região.

Outro conceito importante é inerente ao termo *gestão*, pois tudo que os proprietários, gestores e demais profissionais das empresas fazem tem ligação, direta ou indireta, com o assunto *gestão*.

Gestão é o sistema estruturado e intuitivo que consolida um conjunto de princípios, processos e funções para alavancar, harmoniosamente, o processo de planejamento de situações futuras desejadas e seu posterior controle e avaliação de eficiência, eficácia e efetividade, bem como a organização – estruturação – e a direção dos recursos alocados nas áreas funcionais das empresas, orientados para os resultados esperados, com a minimização dos conflitos interpessoais.

Este conceito de gestão, incluindo o debate de cada uma de suas partes, é amplamente analisado ao longo dos capítulos do livro.

Quem pratica a gestão das empresas é o gestor ou administrador e, neste livro, o termo *gestor* se aplica a todo e qualquer profissional que tenha estudado administração, seja ou não formado em cursos de administração, sendo que este estudo deve ter focado todos os conceitos, metodologias e técnicas de gestão, principalmente os referentes ao seu campo de atuação profissional.

O gestor ou administrador também deve ter a efetiva prática dos princípios, metodologias e técnicas de gestão, principalmente quando se lembra que gestão é uma ciência, que só é efetivamente entendida quando adequadamente aplicada.

Na seção 1.2.1, é evidenciada a atuação do gestor ou administrador como executivo e como profissional da empresa.

Neste momento, é válido apresentar algumas finalidades básicas da gestão de empresas, as quais podem proporcionar maior sustentação para a análise da evolução da atuação dos profissionais das empresas – ver seção 1.3 –, bem como das tendências desta atuação (ver seção 1.4).

De forma resumida, as principais finalidades da gestão, quando exercida nas empresas, são:

a) Consolidar mecanismos que sustentem e facilitem o processo dos profissionais das empresas pensarem e agirem de forma otimizada

Este é um aspecto do qual ninguém deve discordar, mas poucos sabem aplicar com sucesso.

Para reforçar esta afirmação, pode-se citar o exemplo em que os principais gestores das empresas ouvem a *dica* de que a sua empresa precisa se aproximar dos clientes, ou seja, deve saber *ouvir* as demandas recebidas do mercado e saber atender essas necessidades reais, e não as que eles imaginam que os clientes tenham.

Mas será que todos os gestores de empresas sabem trabalhar, com sucesso, esta situação?

Os gestores de sucesso têm e sabem utilizar a inteligência empresarial, que se constitui de duas partes:

- o conhecimento efetivo do negócio, no qual o gestor está envolvido; e
- o conhecimento dos instrumentos – metodologias, técnicas e processos – de gestão, que proporcionam a sustentação necessária para a aplicação do conhecimento do negócio considerado.

b) Facilitar e proporcionar maior qualidade ao processo decisório e de estabelecimento de prioridades

Esta é uma finalidade básica da adequada gestão de empresas e vai ficar clara ao leitor ao longo do conteúdo deste livro, principalmente na seção 10.2.

Na prática, muitos gestores têm dificuldades no momento de decidir e de estabelecer prioridades, situações estas que podem ser decorrentes do desconhecimento de alguns instrumentos de gestão que estão disponíveis no mercado; sendo que este livro contribui para facilitar este processo.

c) Identificar "quem é quem" na empresa

A gestão, desde que aplicada de forma plena e adequada nas empresas, possibilita saber quais são os bons profissionais e os profissionais *enganadores*.

A partir deste momento, cabe à empresa aplicar a decisão que julgar a mais adequada para o seu futuro.

d) Estruturar o desenvolvimento de novos negócios, bem como consolidar vantagens competitivas para os negócios atuais e futuros das empresas

A gestão adequada das empresas proporciona instrumentos que sustentam, de forma otimizada, a análise de novos negócios, inclusive pelo estabelecimento de estratégias criativas e diferenciadas (ver seção 4.2).

Ao longo dos capítulos deste livro, são apresentados vários instrumentos de gestão que facilitam a atuação dos profissionais das empresas na busca de resultados efetivos.

Instrumento de gestão é a metodologia ou técnica, estruturada e interligada, que as teorias da administração proporcionam para o desenvolvimento do processo de gestão e da qualidade decisória nas empresas.

Outro aspecto a se considerar é que, quando os profissionais das empresas utilizam, na plenitude, os ensinamentos da gestão, eles *abrem as suas mentes* e discutem mais as ideias colocadas em debate. Por exemplo, se 90% dos consumidores se dizem satisfeitos com o carro que têm, mas só 40% mantêm a marca quando compram um carro novo, percebe-se que só satisfazer o mercado consumidor não é suficiente; é preciso algo mais.

O modelo de gestão, mesmo nestes casos mais complexos, oferece instrumentos de análise de alta valia para o processo decisório nas empresas.

A gestão adequada proporciona uma série de outras vantagens para as empresas. Entretanto, este livro foi estruturado de forma que o leitor vai identificando estas vantagens da gestão ao longo do estudo do assunto *gestão direcionada para resultados*.

O leitor também deve considerar a questão dos princípios inerentes à gestão das empresas, podendo ser considerados 11 princípios gerais, sendo que todos são de elevada importância para a busca de resultados efetivos e de acordo com o anteriormente planejado.

São eles:

a) Ter aplicação e abrangência universais

Portanto, o processo de gestão pode – e deve – ser aplicado em todo e qualquer tipo de empresa, tais como instituições governamentais, organizações não governamentais, fundações, igrejas, clubes, autarquias, sociedades de economia mista, bancos, creches etc.

Esta aplicação e abrangência universais tem uma importante contribuição para o estudo e o aprimoramento da gestão: "todas as empresas são iguais – em sua abordagem mais genérica – e inteligente é o gestor que sabe aplicar as metodologias e técnicas específicas às realidades e necessidades de cada empresa".

O problema é que, muitas vezes, os gestores, mesmo conhecendo os 11 princípios de gestão, *esquecem* de aplicá-los em suas atividades práticas nas empresas e, consequentemente, os resultados esperados pelas empresas ficam prejudicados.

b) Saber que a gestão é uma tecnologia – conhecimento – em constante evolução

Todos os aspectos da gestão das empresas sofrem – ainda bem! – forte e constante evolução ao longo do tempo, descaracterizando a análise e, principalmente, a forma originais.

Esta é uma situação interessante, pois os "laboratórios da gestão" são as empresas, as quais a aplicam, com maior ou menor intensidade, possibilitando que os ensinamentos utilizados evoluam de forma natural.

O problema é que, muitas vezes, estas evoluções e aprimoramentos de determinados assuntos de gestão não são registrados, deixando *vazios* neste processo evolutivo, sendo que esta situação pode provocar distorções no estudo da evolução da gestão das empresas, bem como alguma dificuldade de consolidar metodologias e técnicas específicas que auxiliam os gestores no processo direcionado à busca de resultados específicos.

De qualquer forma, o lado positivo de tudo isto é que a gestão está em constante e sustentada evolução, e inteligente o gestor que sabe identificar, absorver e aplicar esta realidade. Inclusive, este processo evolutivo das empresas está provocando a consolidação de um novo cargo, representado pelo gerente de inovação ou gerente de novos negócios.

Embora uma dependa da outra, não se devem confundir criatividade com inovação, pois criatividade é pensar coisas diferentes, e inovação é explorar coisas novas e, até, transformar o anteriormente considerado impossível em realidade.

Na verdade, muitas empresas procuram profissionais para este novo cargo porque seus gestores estão sobrecarregados com as atividades do dia a dia dessas empresas. E surge uma dúvida: "será que quem trabalha muito não tem tempo para pensar?"

O ideal, pelo menos na opinião deste autor, é que este novo cargo vá perdendo importância ao longo do tempo, na medida em que todos os principais profissionais das empresas tenham absorvido o processo de criar, e a criatividade passar a ser algo como intrínseco aos profissionais das empresas.

   c) Saber que a gestão permite – e incentiva – generalizações e particularizações decorrentes das características das empresas e das pessoas

Este é um dos grandes *lances* do estudo da gestão das empresas. Ou seja, a gestão respeita – no contexto mais amplo – a realidade de cada empresa, não sendo uma *camisa de força* para o desenvolvimento destas empresas.

Entretanto, existe o outro *lado da moeda*, representado pelo nível de inteligência dos gestores das empresas; sendo aqui que ocorre a diferença da qualidade entre os diferentes gestores.

Muitos gestores podem afirmar que um modelo de gestão não deu certo, mas, nesta hora, seria interessante cada um deles olhar para o espelho e afirmar: "o culpado fui eu, que não soube adaptar e aplicar adequadamente os conceitos, metodologias e técnicas de gestão na realidade de nossa empresa".

Esta situação pode se tornar mais forte e importante no caso da gestão direcionada para resultados.

   d) Ter forte abordagem de relatividade no tratamento dos assuntos de gestão

Embora este livro procure abordar as questões de gestão das empresas, focando os resultados planejados, de uma forma única, existe uma relatividade no tratamento dos assuntos da gestão, de acordo com a realidade e as características específicas de cada empresa.

É este *jogo de cintura* que diferencia os gestores das empresas.

Não se está afirmando que os gestores com elevado *jogo de cintura* sejam os melhores, mas sim que os leitores deste livro devem saber identificar, com sustentação conceitual e metodológica, qual é a melhor situação para a empresa considerada.

Mas, para que isto possa ocorrer, é necessário que o gestor conheça – ou se cerque de quem conheça –, com maior ou menor nível de detalhamento, todas as metodologias e técnicas correlacionadas ao assunto de gestão em análise, pois só desta maneira poderá tomar uma decisão acertada de escolha entre as alternativas que se apresentam no momento considerado.

e) Considerar toda a empresa de forma interativa

Uma das maiores dificuldades dos gestores é tomar suas decisões no contexto mais amplo, ou seja, considerar todos os assuntos que uma empresa contempla.

E, pior ainda, é que estas análises e decisões ocorram a partir da interação entre todos os assuntos da empresa, principalmente em um otimizado modelo de gestão direcionado para resultados.

Entretanto, é aqui que reside a diferença entre os "grandes" gestores e os "pequenos" gestores.

Na realidade, esta situação não deveria representar nenhuma dificuldade, pois os gestores que conhecem os conceitos, as metodologias e as técnicas de gestão têm elevada facilidade de trabalhar todos os assuntos da empresa de forma interativa.

f) Saber que o foco da gestão são as pessoas que trabalham e/ou interagem com a empresa

Neste livro, é mencionado, várias vezes, que as pessoas são o foco básico da gestão, e o grande *lance* é conseguir que as outras pessoas trabalhem para o bem comum e para a consolidação dos resultados estabelecidos para as empresas.

g) A gestão é um processo dinâmico e social

A gestão é um processo dinâmico porque sempre surgem novos conhecimentos que devem ser entendidos e incorporados pelas empresas.

Para algumas empresas – administradas com incompetência –, o grande problema é identificar e aplicar, com sucesso, estas evoluções da gestão.

Para outras empresas – administradas com competência –, o grande *lance* é aplicar, com sucesso, estas evoluções da gestão e, consequentemente, consolidar interessantes vantagens competitivas.

A gestão também é um processo social porque depende, se sustenta, trabalha e se desenvolve via pessoas, principalmente atuando em equipes multidisciplinares.

Equipe multidisciplinar é o conjunto de profissionais, com diferentes conhecimentos e habilidades, que realizam reuniões coordenadas e programadas, em caráter temporário ou permanente, para emitir, mediante discussão organizada, opiniões a respeito de assuntos previamente estabelecidos e que, nascidas dos debates, sejam as mais adequadas à realidade e às necessidades da empresa considerada.

As equipes multidisciplinares, por si só, representam uma forma interessante e simples de aplicação do desenvolvimento organizacional e da atuação dos agentes de mudanças nas empresas (ver seção 6.3).

O gestor que sabe interagir com outros profissionais tem muito mais chances de se consolidar, com forte e sustentada vantagem competitiva baseada em conhecimentos, do que os outros gestores que não seguem este caminho.

h) A gestão é um processo catalisador e disseminador de conhecimentos, ideias e aprendizados

Pense no seguinte: "só podemos crescer profissionalmente se tivermos um aprendizado sustentado, prático e, principalmente, interativo entre pessoas".

Se isto for verdade para o leitor, o melhor foco de aprendizagem é o outro, ou seja, o seu colega de trabalho ou de estudo. Portanto, seja *seletivo* na escolha dessas pessoas!

Conhecimento é a capacidade de entender o conceito e a estruturação de um assunto de gestão, bem como saber consolidar sua aplicação em uma realidade específica da empresa.

A importância do conhecimento do assunto *gestão* tem se apresentado, cada vez de forma mais intensa, como fator básico de sustentação para o sucesso dos profissionais que detêm este conhecimento, bem como das empresas que sabem aplicar este conhecimento.

Ideia é o resultado de uma análise crítica, criativa e inovadora de um assunto ou problema de gestão, visando um resultado otimizado para a empresa.

O processo de geração de ideias nas empresas, além da *qualidade* do gestor, depende de uma equipe eficiente e eficaz, de uma estrutura organizacional perfeitamente delineada e aceita, bem como de um sistema de informações adequado. Estes vários aspectos, necessários para uma adequada gestão direcionada para resultados, são apresentados ao longo dos capítulos deste livro.

Quando o gestor está pensando de forma global, é necessário que tenha raciocínio do geral para o particular e depois vice-versa. Isso porque ele deve considerar o todo em suas várias interações, e depois enfocar o particular, catalisando todo o resto, representado pelo ambiente externo do assunto de gestão analisado. Isso facilita o processo de *explodir* as ideias, sem perder a essência da questão.

Um reforço para o processo de se *explodir* as ideias é a existência de intuição, a qual possibilita aos gestores das empresas captar oportunidades e saber estar *na frente* do processo decisório.

Além dos conhecimentos e das ideias, o modelo de gestão deve saber trabalhar, gerar e utilizar, muito bem, os aprendizados que são assinalados pelos profissionais das empresas.

Aprendizado é a incorporação, ao comportamento do gestor, daquilo que lhe foi instruído, ou seja, do ensino organizado de determinada tarefa ou atividade da empresa.

Portanto, aprender é modificar o comportamento em direção ao que foi instruído.

O aprendizado corresponde, na prática, ao grande diferencial para o gestor se consolidar como profissional diferenciado ao longo dos anos.

Em alguns momentos, o leitor deve se lembrar das cinco "disciplinas do aprendizado" (SENGE, 1998, p. 46), correspondendo a um conjunto de práticas para desenvolver a capacidade de aprendizagem nas empresas.

São elas:

- domínio pessoal: é uma disciplina de aspiração, que envolve a formulação de uma imagem coerente dos resultados que o profissional mais deseja alcançar como indivíduo – sua visão pessoal –, junto com uma avaliação realista do atual estado de sua vida (sua realidade naquele momento). Aprendendo a cultivar a tensão entre visão e realidade, pode-se ampliar a capacidade de escolha e alcançar-se resultados mais próximos aos escolhidos;

- modelos mentais: é uma disciplina de habilidades de reflexão e indagação, que se concentra em desenvolver consciência das atitudes e percepções que influenciam o pensamento e as interações. Refletindo continuamente sobre essas imagens internas do mundo, falando a respeito delas e reconsiderando-as, as pessoas podem alcançar maior capacidade de dirigir suas ações e decisões;

- visão compartilhada: é uma disciplina coletiva que estabelece um foco no propósito mútuo. As pessoas aprendem a nutrir um senso de comprometimento com um grupo ou empresa, desenvolvendo imagens compartilhadas do futuro que buscam criar e os princípios e práticas orientadoras através dos quais elas esperam chegar lá;

- aprendizagem em equipe: é uma disciplina de interação grupal. Através de técnicas como o diálogo e a discussão produtiva, as equipes transformam seu pensamento coletivo, aprendendo a mobilizar suas energias e ações para alcançar metas comuns, extraindo uma inteligência e capacidade maior do que a soma dos talentos individuais; e

- pensamento sistêmico: é uma disciplina onde as pessoas aprendem a compreender melhor as interdependências e as mudanças e, assim, a lidar com maior eficácia com as forças que moldam as consequências de suas ações. O pensamento sistêmico fundamenta-se em um conjunto cada vez maior de teorias sobre o comportamento do *feedback* e da complexidade, com suas tendências inerentes a um sistema, que levam ao crescimento ou à estabilidade ao longo do tempo (ver seção 7.2).

i) A gestão é ativa, criativa e complexa

A gestão ser ativa representa que ela, preferencialmente, deve estar à frente dos acontecimentos das empresas e não ficar *correndo atrás* dos problemas, em busca de soluções. E, também, que as propostas de solução devem proporcionar resultados positivos efetivos para as empresas.

A gestão ser criativa representa que ela deve criar alternativas de solução; mas, para tal, é necessário que o gestor conheça a realidade da empresa. E é aqui que *reside* o problema!

A gestão ser complexa representa que a quantidade e as diferenças dos assuntos de gestão nas empresas sempre serão muito elevadas e sem previsão de serem reduzidas e simplificadas.

j) A gestão é coordenada, abrangente e interativa

A gestão ser coordenada significa que ela deve se desenvolver sob a orientação de um profissional responsável. Se isto não acontecer, todos mandam e dão opiniões – parecendo reunião de condomínio de prédio –, o que leva a gestão a privilegiar os incompetentes.

Se a gestão não for abrangente, pode ser que não enfoque todos os resultados factíveis, o que leva a gestão a ser *míope*.

Se a gestão não for interativa, os assuntos empresariais não serão trabalhados de forma interligada. Um exemplo de tratamento da gestão de forma interativa é este livro, em que todos os assuntos são abordados de maneira interligada.

k) A gestão é uma atividade inexata e intangível, mas perfeitamente avaliável

Muitas vezes ouvimos a frase: "gostaria de medir os resultados alcançados pela empresa – ou por uma parte dela –, mas isto é impossível".

Esta é uma inverdade, pois todos os resultados dos assuntos de gestão são perfeitamente avaliáveis. O grande problema é que as pessoas *não gostam* de ser avaliadas e, portanto, ficam criando problemas para o processo de medição, controle e avaliação.

Existe um lema que afirma: "aquilo que não pode ser medido e avaliado não é administrável". Esta é uma verdade inquestionável e os gestores que pensam ao contrário estão com *más intenções*.

1.2.1 Conceituação de gestor e de profissional de empresa

Foi considerado válido apresentar em evidência a conceituação dos termos *gestor* e *profissional de empresa*, pois eles representam a essência do conteúdo deste livro.

Isto porque as empresas não se direcionam para resultados, pois são as pessoas – gestores e demais profissionais – que conseguem ou não direcionar as empresas para os resultados planejados.

Embora esta afirmação seja simplista e evidente, não se pode esquecer que muitas pessoas – talvez a maioria – não assumem as suas responsabilidades, principalmente quando afirmam que "fizeram tudo que era possível, mas a empresa – a grande culpada! – não conseguiu ter todos os seus atos de gestão direcionados para os resultados esperados".

Gestor de empresa é o profissional que otimiza os resultados da empresa pela atuação, individual ou coletiva, das pessoas que trabalham em sua complementação e/ou sob a sua orientação, integrando e otimizando as atividades de planejamento, organização, direção, desenvolvimento de pessoas e avaliação na empresa.

Profissional de empresa é a pessoa que executa, por iniciativa própria ou por orientação de outro, atividades que otimizam os resultados da empresa considerada.

Neste livro não houve a preocupação de separar, de forma plena, estes dois conceitos, tratando como profissional aquele que trabalha na empresa, como empregado ou prestador de serviços, podendo ocupar ou não um cargo de gestor ou executivo.

Na prática, é fácil o leitor concordar com esta situação, pois existem muitos profissionais que não ocupam cargos de gestão nas empresas e, no entanto, são alguns dos principais responsáveis por conduzir estas empresas para os resultados efetivos anteriormente planejados.

Neste momento, vale um comentário, pois pode parecer estranho se afirmar que o *grande lance* do gestor é conseguir resultados para a empresa através de outras pessoas, que trabalham junto com ele ou sob a sua orientação.

Mas não se preocupe! Não se está afirmando que o gestor *fica olhando* enquanto os outros trabalham pois, para que os gestores das empresas consigam alcançar os resultados esperados, é necessário que, pelo menos, eles:

- tenham adequado conhecimento das metodologias e técnicas de gestão necessárias à otimizada realização dos trabalhos realizados pelos profissionais que trabalham sob a sua supervisão;
- saibam interligar os trabalhos sob a sua supervisão com os outros trabalhos realizados pelas outras áreas da empresa; e
- tenham liderança – ver seção 6.2 – e saibam criar um ambiente motivador para que os profissionais que trabalham sob a sua supervisão se comprometam com os resultados esperados, bem como saibam realizar os seus trabalhos com qualidade.

Na prática, existe uma enorme diferença entre os bons e os maus gestores, sendo fácil identificar estas duas realidades.

Espera-se que, ao final da análise do conteúdo deste livro, cada leitor elabore um plano de carreira como orientação geral de sua atuação nas empresas no enfoque da gestão direcionada para resultados (ver seção 9.2).

1.3 Evolução da atuação dos profissionais das empresas

Uma maneira, talvez bastante simples, de se entender como tem evoluído a atuação dos profissionais das empresas é apresentar um conjunto de eventos, ocorridos ao longo dos anos, desde os primórdios da civilização, em diversos tipos de instituições – países, cidades, governos, empresas etc. –, os quais provocaram influências nos modelos de gestão e nas realidades dos profissionais das empresas, quando em suas atuações direcionadas para os resultados planejados e esperados pelas empresas.

Não é intenção apresentar uma lista completa, mas determinados eventos de maior facilidade de incorporação pelo leitor, em sua realidade como atual ou futuro profissional de empresas.

Estes eventos são:

- Em 2800 a.C., na Mesopotâmia – atual Iraque e terras próximas –, foram estabelecidas as atividades gerais das empresas, bem como a estruturação inicial do controle destas atividades, ou seja, era o início da preocupação para com os resultados alcançados.
- Em 2600 a.C., no Egito, foram estruturadas, na construção de pirâmides, as funções de planejamento, de organização e de controle das atividades.
- Em 1600 a.C., no Egito, iniciaram-se os estudos e a aplicação da descentralização dos controles de atividades.
- Em 1500, na Itália, foram iniciados os estudos inerentes à liderança, a qual se mostrou, ao longo dos anos, como um fator de elevada influência na atuação direcionada para os resultados esperados.
- Em 1810, na França, foram iniciados os estudos da participação dos funcionários nos resultados das empresas.
- Em 1886, nos EUA, iniciou-se a análise e os consequentes debates da filosofia da gestão de empresas.
- Em 1954, nos EUA, Peter Drucker estruturou a gestão por objetivos, em que o processo de busca de resultados pelas empresas teve forte evolução.
- Em 1960, nos EUA, Charles Wits estabeleceu os princípios de reavaliação do processo de controle e avaliação nas empresas, propiciando um aprimoramento na gestão direcionada para resultados.
- Em 1966, nos EUA, Warren Bennis analisou os efeitos das mudanças rápidas e inesperadas nas empresas, e as reações das pessoas a estas situações, contribuindo diretamente para o desenvolvimento dos profissionais das empresas.
- Em 1992, nos EUA, Robert Monks estruturou um novo modelo de gestão para consolidar melhores resultados e maior valor para as empresas, organizando a governança corporativa.

Estes exemplos podem direcionar o raciocínio do leitor para a importância da gestão direcionada para resultados, bem como o entendimento de que este é um assunto que está em evolução nas empresas; e os que *saírem na frente* podem se consolidar como os profissionais de sucesso nas empresas.

1.4 Tendências da atuação dos profissionais das empresas

Com referência às tendências evolutivas da atuação dos profissionais nas empresas, podem-se considerar:

a) Os conhecimentos e habilidades dos profissionais deverão ser, cada vez mais, amplos e interligados

Os profissionais devem ter visão ampla e *pensar grande*, priorizar com inteligência, analisar as relações de causas *versus* efeitos, aprender e ensinar com o desenvolvimento dos trabalhos e focar os resultados otimizados.

Embora possa parecer uma situação complexa, na realidade não o é, desde que todos os aspectos básicos de gestão – apresentados resumidamente neste livro – sejam respeitados e aplicados nas empresas.

b) Todos os profissionais de sucesso das empresas serão chamados de *gestores* ou *administradores*

Já foi explicado que gestor ou administrador é o formado em curso de administração, mas também, e principalmente, o profissional que exerce, de forma otimizada, as funções da administração ou do processo de gestão (planejamento, organização etc.) em uma ou mais funções das empresas (marketing, finanças, produção etc.).

Este autor tem observado que, em algumas empresas, o termo *executivo* ou *administrador* tem sido substituído pelo termo *gestor*, quando o profissional considerado trabalha de forma diferenciada e adequada, evidenciando liderança (ver seção 6.2) – principalmente pelo seu otimizado conhecimento de gestão – e apresentando resultados otimizados para as empresas.

c) A atuação dos profissionais extrapolará a realidade da empresa

Os atos de gestão das empresas apresentam, cada vez mais, amplitude de tal natureza que influencia as comunidades onde atuam, a ecologia e até os valores culturais, morais e afetivos das pessoas que interagem, de forma direta ou indireta, com estas empresas.

Estas situações criam realidades para os profissionais das empresas para as quais, na maior parte das vezes, não foram treinados e, algumas vezes, sequer avisados a respeito. Neste contexto, podem surgir decisões erradas e que prejudicam o futuro destas empresas.

Pode-se considerar que não existem metodologias e técnicas para enfrentar estas situações, mas os profissionais das empresas geralmente são cobrados pelas ocorrências negativas e pelos resultados inadequados apresentados. Cabe ao profissional inteligente ter uma percepção aguçada e um raciocínio ágil e inteligente para enfrentar estas situações.

Alguns exemplos que estavam ocorrendo no momento de escrever este livro são:

- participantes do MST – Movimento dos Sem-Terra – invadindo e destruindo propriedade privada de empresa multinacional de alta tecnologia, sem a devida ação rápida do governo. O que o gestor desta empresa multinacional deveria fazer? Você pode debater a respeito;
- implementação de nova fábrica em região integrante de um plano governamental de reconstrução de estrada que não foi efetuada, impossibilitando o adequado escoamento da produção desta nova fábrica; e
- grave acidente – com culpa ou não – em uma fábrica que utiliza componentes poluidores, os quais foram jogados em um rio – até então com boa qualidade da água – da região e influenciando o abastecimento de água em outras regiões relativamente próximas. Para este caso, geralmente o gestor principal desta empresa – e das outras empresas da região que também foram afetadas – tem que tomar todas as decisões essenciais em 2 ou 3 horas.

É nestes momentos que surgem alguns gestores diferenciados, que consolidam decisões otimizadas e conseguem que as empresas, sob sua responsabilidade, alcancem os resultados esperados e, em alguns casos, até os suplantem.

Este livro se preocupa em apresentar algumas *dicas* para o leitor pensar a respeito deste importante assunto *gestão direcionada para resultados*.

Naturalmente, estas *dicas* não são completas, e nem poderiam ser, pois as situações enfrentadas pelos gestores e demais profissionais das empresas são as mais diversas possível, mas a ideia do autor foi a apresentação de sugestões básicas que sustentam toda e qualquer decisão tomada, independentemente de suas características específicas.

1.5 Consequências da evolução e das tendências da atuação na carreira dos profissionais das empresas

O leitor deve considerar que tanto o que já aconteceu com a forma ideal de atuação dos profissionais das empresas, bem como, e principalmente, o que deverá acontecer, tem forte influência no desenvolvimento e aplicação de seu plano de carreira.

Na seção 9.2, são apresentados os principais aspectos a serem considerados na elaboração do plano de carreira para uma atuação direcionada para resultados.

Entretanto, como decorrência dos apresentados nas seções 1.3 e 1.4, já é possível evidenciar, neste momento, alguns aspectos importantes para o leitor que vai trabalhar direcionado para resultados efetivos.

Algumas dessas consequências, para análise pelo leitor, são:

a) Abordagem predominantemente comportamental

De forma geral, e tendo como base diversos estudos realizados ao longo dos anos, pode-se afirmar que a gestão das empresas começou a se consolidar no início do século passado por meio de uma abordagem, basicamente, mecanicista, enfocando metodologias, técnicas e processos altamente estruturados.

Entretanto, verificou-se, ao longo dos anos, que essa abordagem mais mecanicista não proporcionava os resultados que a nova realidade das empresas estava necessitando.

Com base nessa situação, posteriormente se consolidou uma abordagem mais comportamental, na qual os esforços estiveram concentrados nos processos de mudanças a médio e longo prazos, bem como na preparação dos gestores e demais profissionais para atuarem, com sucesso, nos processos de mudanças das empresas e do ambiente onde essas empresas atuam. Mais detalhes são apresentados na seção 6.3.

A abordagem comportamental dos modelos de gestão das empresas tem apresentado, cada vez de forma mais intensa, uma sustentação de metodologias, técnicas e processos, principalmente por três fatos, já evidenciados neste livro:

- no modelo de gestão das empresas, todas as metodologias, técnicas e processos devem estar em perfeita interligação;
- o modelo de gestão direcionado para resultados é, principalmente, baseado nas pessoas, pois estas representam o principal foco de conhecimento, bem como de informação, decisão, ação e avaliação de todas as atividades das empresas; e
- as pessoas exercitam melhor a gestão das empresas, na medida em que o processo decisório estiver sustentado por metodologias, técnicas e processos, pois a interligação entre as diversas partes e atividades das empresas torna-se mais lógica e evidenciada.

Esta realidade provoca uma situação interessante nas empresas que direcionam os seus modelos de gestão para resultados, correspondendo à efetiva necessidade de metodologias, técnicas e processos bem estruturados, o que, infelizmente, não é uma verdade em significativa parte das empresas no Brasil.

b) Consolidação da gestão do conhecimento como foco catalisador da diferenciação entre as empresas

O leitor vai constatar, ao longo do livro, que **gestão do conhecimento** é o processo estruturado e sistematizado de obter, coordenar e compartilhar as experiências, os conhecimentos e as especializações dos profissionais das empresas, visando ao acesso às melhores informações, no tempo certo, com a finalidade de otimizar o desempenho global das atividades e da empresa, pela consolidação dos melhores resultados possíveis.

Portanto, atualmente, existe uma preocupação cada vez mais forte com a aplicação, de maneira adequada, da gestão do conhecimento pelas empresas.

O crescimento sustentado – do país e das empresas – está fortemente vinculado ao nível de conhecimento das pessoas, o qual é resultante – ou, pelo menos, sofre influência – das estratégias, das tecnologias, do modelo de gestão, do desenvolvimento das pessoas, da produtividade e do nível de sustentabilidade que estão ocorrendo no período analisado.

Esta situação pode ser visualizada na Figura 1.1:

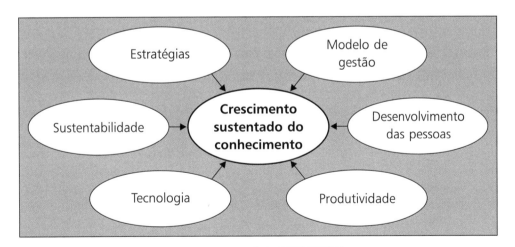

Figura 1.1 | *Fatores de influência do conhecimento.*

Estes seis fatores de influência do nível de crescimento do conhecimento profissional das pessoas são analisados, com o nível de detalhe adequado, ao longo dos diversos capítulos deste livro. Entretanto, neste momento, o leitor já deve consolidar o entendimento de suas finalidades básicas.

Quanto às estratégias – que correspondem às ações para se alcançarem os resultados esperados – para a sustentação do conhecimento, talvez o mais importante – e, muitas vezes, o mais difícil – seja desvendar o "intangível da estratégia", que faz parte da **cultura organizacional**, a qual representa a consolidação das crenças, valores e atividades das pessoas que trabalham em uma empresa. Mais detalhes são apresentados na seção 6.3.

Neste contexto, a cultura organizacional é o cerne do debate das estratégias, sendo necessário se analisar o impacto do conhecimento das pessoas na cultura organizacional, e sua consequente importância para o alcance dos resultados – objetivos e metas – das empresas.

Quanto à produtividade, a abordagem de análise deve focar as oportunidades de crescimento – das pessoas e das empresas – e não transformar a redução dos custos na única alternativa de solução para os problemas das empresas.

Quanto à sustentabilidade do conhecimento e dos negócios, deve-se lembrar que a sua base de apoio está nas relações saudáveis entre as pessoas que compõem uma empresa e entre essas e seus diversos públicos. Relações sustentáveis são construídas por lideranças legítimas.

Quando o líder – ver seção 6.2 – acredita e exerce um estilo de gestão, com respeito ao ser humano e ao ambiente, os talentos afloram, se desenvolvem e permanecem na empresa, atraindo outros profissionais de fora, gerando inovação, resultados de longo prazo e contribuição efetiva para a sociedade.

Quanto ao desenvolvimento das pessoas – e das empresas –, deve-se aplicar muito *benchmarking* perante as empresas líderes e de maior evolução, procurando respeitar, mas também usufruir, ao máximo possível, as potencialidades de cada profissional da empresa.

Benchmarking é o processo de análise referencial da empresa perante outras empresas do mercado, incluindo o aprendizado do que essas empresas fazem de melhor, bem como a incorporação dessas realidades de maneira otimizada e mais vantajosa para a empresa que aplicou o *benchmarking*.

Esta questão do *benchmarking* deverá ser aprimorada, de forma natural, ao longo do tempo, pois um dos aspectos mais interessantes – e inteligentes – em gestão empresarial é "saber aprender com os outros", quer seja entre pessoas ou entre empresas.

Quanto à tecnologia, deve-se estar sempre atento, pois ela está em constante evolução, sendo que os que não acompanharem esta evolução ficarão *fora do barco*. E os que estiverem na sua frente – os pioneiros – serão os principais focos de referência e de sucesso.

Quanto ao modelo de gestão, devem-se debater as várias alternativas possíveis e identificar, dentro de um contexto o mais amplo possível, qual a situação que pode ser considerada como a ideal para a realidade atual e a situação futura desejada pela empresa, considerando-se um modelo de gestão direcionada para resultados.

O leitor pode considerar que existe um equilíbrio no nível de influência de cada um dos seis fatores identificados, bem como o crescimento sustentável do conhecimento das pessoas é fator de influência direta para a otimização da gestão direcionada para resultados efetivos.

c) Maior interação entre os instrumentos de gestão das empresas

Em consequência dos comentários dos itens anteriores, existe outra tendência dos modelos de gestão que corresponde à perfeita interação entre os diversos instrumentos de gestão das empresas, principalmente quando esses instrumentos apresentam amplitude global para a empresa, tais como planejamento estratégico, qualidade total, logística, produtividade, marketing, orçamento, informações, reengenharia etc.

Já foi verificado que instrumento de gestão é a metodologia ou técnica, estruturada e interligada, que possibilita a operacionalização e a gestão das diversas ações tomadas ao longo do processo decisório das empresas, apresentando importância diferenciada no caso de modelos de gestão direcionada para resultados.

Talvez se possa considerar como a principal causa dessa tendência a progressiva falta de tempo dos principais gestores das empresas – principalmente os que atuam em modelos de gestão mais consolidados – resultante de todo o processo de ajuste que as empresas têm sido obrigadas a realizar. Entretanto, algumas empresas não fazem nada a respeito, o que provoca situações de estruturas *enxutas*, bem como a necessidade de deixar de basear-se no *ponto zero*, quando se focaliza cada um dos diferentes problemas empresariais.

Isso porque, se os diversos instrumentos de gestão das empresas, principalmente os de amplitude global, não estão perfeitamente interligados, é muito comum tratar *cada caso como um caso*, o que pode gerar uma série de trabalhos extras de levantamentos e análises, os quais podem provocar situações de gastos desnecessários, fundamentalmente do recurso tempo, por parte dos gestores e demais profissionais das empresas.

Salienta-se que essa interligação dos instrumentos de gestão deve ocorrer, principalmente, quanto à metodologia e ao momento da execução de cada uma das etapas correlacionadas. Portanto, é necessário que as empresas tenham conhecimento das diversas metodologias, bem como de suas etapas.

Os leitores deste livro devem ser inteligentes e direcionar esforços para se tornarem especialistas em um ou dois instrumentos de gestão, mas não se esquecendo de serem generalistas, quanto a todos os assuntos de gestão das empresas, caso contrário, não saberão interligar as diversas atividades de uma empresa, o que corresponde a um aspecto essencial do gestor competente e direcionado para resultados efetivos.

A questão básica é: como direcionar uma empresa para resultados efetivos se ela, antecipadamente, não tiver todos os seus instrumentos de gestão estruturados e interligados?

A resposta a esta questão é bem simples: "é impossível!"

d) Divisão dos sistemas e processos empresariais em partes

Uma quarta consequência, sem preocupação do nível de importância, pode ser a sistemática divisão dos sistemas e processos empresariais em partes, dentro de uma relação clientes *versus* fornecedores, tanto externos quanto internos às empresas.

Naturalmente, essas partes separadas são, em momentos subsequentes, interligadas de maneira estruturada e lógica, tendo em vista uma situação de elevado questionamento dos negócios, atividades e funções das empresas, visando à otimização e à alavancagem dos resultados esperados.

A principal razão dessas divisões e posteriores interações é a necessidade de uma gestão realista, ágil e interagente com o que estiver acontecendo no mercado e nos outros fatores externos das empresas (fornecedores, clientes, política governamental etc.). Essa gestão também deve estar focada em resultados previamente estabelecidos e negociados com os acionistas e proprietários das empresas. Esta questão da divisão da empresa em partes é melhor explicada no Capítulo 4.

e) Definição dos *papéis* dos profissionais das empresas

Como decorrência do item anterior, várias alterações, de maior ou menor amplitude, estão ocorrendo nas empresas.

Uma dessas alterações é a necessidade de definição dos *papéis* dos gestores, os quais substituem as enormes fichas de funções dos antigos manuais de funções das empresas – quando existirem –, o que parece não ser verdadeiro, pela realidade de significativa parte das empresas, com seus modelos de gestão desatualizados e incompletos.

Esses *papéis* inerentes à forma de atuação dos profissionais das empresas podem ser delineados nos mais diferentes enfoques, tais como os que definem as atividades de curto, médio e longo prazos, bem como passam a privilegiar os trabalhos em equipe, principalmente multidisciplinares, tendo como sustentação o modelo de gestão focado no indivíduo.

Algumas das razões dessa evolução são a gradativa melhoria da capacitação profissional, o *enxugamento* das estruturas organizacionais e a necessidade de processos decisórios ágeis e com qualidade, direcionando a empresa para resultados efetivos.

f) Alteração de determinados cargos e funções dentro das empresas

A evolução natural das empresas, com seus negócios, produtos e serviços podendo ser alterados, provoca, como consequência, alterações no quadro de cargos e funções dentro das empresas, em que novas posições surgem e outras desaparecem.

Tem-se observado que o ritmo de evolução das empresas e, consequentemente, de alterações no quadro de cargos e funções está cada vez mais intenso e rápido, sendo que esta situação proporciona vantagens e desvantagens para os gestores das empresas.

É vantagem para os gestores que escolhem e se tornam especialistas em assuntos empresariais cujo ciclo de vida dentro das empresas é o mais longo possível – caso da logística, da qualidade, do planejamento –, bem como para os que focam assuntos com elevada evolução tecnológica – caso da tecnologia da informação –, sendo que, neste último caso, a disponibilização de seus conhecimentos para o mercado – empresa onde trabalha ou realiza serviços temporários – tem que ser a mais ágil possível.

E, na prática, observa-se que estas questões contribuem para que os gestores tenham, com maior facilidade, uma postura de atuação direcionada para resultados efetivos para as empresas. Para mais detalhes, ver seção 9.2.

g) Necessidade de maior comprometimento para com os resultados esperados

Nesse contexto dinâmico e provocador de uma nova realidade empresarial, assim como a existência de modelos de gestão cada vez mais focada no indivíduo, evidencia-se outra competência – ou carência –, que é a necessidade de comprometimento dos profissionais das empresas para com os resultados negociados e estabelecidos.

Talvez se possa afirmar que uma das maiores evoluções a esperar dos modelos de gestão das empresas seja o desenvolvimento de metodologias e técnicas que, efetivamente, consolidem o comprometimento dos gestores e profissionais para com os resultados previamente estabelecidos; e, fundamentalmente, não se esqueçam dos acionistas e proprietários, pois estes têm elevada responsabilidade – e interesse – pelos resultados das empresas.

Por enquanto, tem-se notado muita conversa e muito pouco de concreto a esse respeito. Muitos planos de participação dos profissionais no processo decisório das empresas, por exemplo, não alavancaram o nível de comprometimento, o qual corresponde ao outro *lado da moeda* da participação.

Aqui surge um problema que tem se mostrado como de solução complicada pois, para que uma empresa, efetivamente, como um todo, se direcione para os resultados planejados, é necessário que exista um amplo processo de participação dos profissionais da empresa considerada, o que, teoricamente, levaria a um nível maior de comprometimento, situação esta que, na prática, geralmente não ocorre.

Para amenizar este problema, na seção 5.4 é apresentada, resumidamente, uma metodologia de trabalho que pode amenizar este problema. De qualquer forma, o leitor deve estar atento a este binômio participação *versus* comprometimento.

h) Maior interação teoria *versus* prática

A evolução natural das empresas em um ambiente cada vez mais complexo e competitivo tem provocado uma aproximação saudável entre os profissionais das empresas e os estudiosos de modelos de gestão, inclusive, com algumas pessoas desempenhando, com desenvoltura e qualidade, estes dois *papéis*.

Embora não seja uma generalidade, pode-se considerar interessante – e necessária – esta interação entre teoria e prática, principalmente quando se aborda o assunto deste livro, pois o mesmo ainda é algo que as empresas têm muito a aprender.

i) Universalização dos modelos de gestão

Os modelos de gestão, com suas metodologias e técnicas, serão cada vez mais universalizados – com aplicações em empresas de diferentes nações e culturas – e com ajustes específicos – na maior parte das vezes de pequena monta –, tendo em vista as realidades e necessidades inerentes a cada empresa em particular.

Esta universalização propicia algo interessante, que é o incremento acelerado do processo de *benchmarking*, em que cada empresa procura aprender com outras empresas, principalmente com as líderes do setor de atuação; e, se possível, até ser melhor do que as empresas líderes.

O leitor pode considerar que estas nove consequências da evolução e das tendências de atuação dos profissionais, apresentadas sem qualquer ordem de importância, são fundamentais para que as empresas em geral, de forma simples e natural, se direcionem para resultados planejados e efetivos. E, também, para que o leitor comece a pensar em seu plano de carreira – ver seção 9.2 – como um profissional que acredita na gestão direcionada para resultados.

Resumo

Neste capítulo, foram apresentados os principais aspectos da evolução e das tendências da atuação dos profissionais nas empresas.

Foram apresentados o conceito de gestão nas empresas, bem como suas finalidades básicas: facilitar o pensamento e a ação dos profissionais, melhorar o processo decisório, identificar "quem é quem" na empresa considerada, bem como consolidar novos negócios e vantagens competitivas interessantes.

Com referência às tendências da atuação dos profissionais das empresas, o leitor pode considerar a maior amplitude e interligação dos conhecimentos e das habilidades dos profissionais, a disseminação do termo *gestor*, bem como a extrapolação da realidade da empresa considerada, gerando uma análise bem ampla.

Entretanto, algumas consequências da evolução da atuação destes profissionais devem ser consideradas, tais como: abordagem fortemente comportamental, foco na gestão do conhecimento, interação entre os instrumentos de gestão, divisão dos sistemas e processos em partes, definição dos *papéis* dos profissionais, alterações de alguns cargos e funções, maior nível de comprometimento para um dos resultados planejados, maior interação entre teoria e prática, bem como a universalização dos modelos de gestão das empresas.

Questões para debate

1. Pesquisar, identificar e debater outros conceitos apresentados por autores diversos para os termos apresentados neste capítulo. E, se possível, extrapolar este trabalho para os conceitos apresentados nos outros capítulos deste livro.

2. Debater os eventos administrativos evidenciados no texto (seção 1.3), agrupar os assuntos homogêneos, bem como apresentar uma ordem de importância para os diversos assuntos.

3. Para a gestão anterior, pesquisar outros eventos administrativos dentro de sua área de interesse.

4. Analisar e debater as possíveis tendências da atuação dos profissionais nas empresas, identificando e justificando uma ordem de importância para a sua realidade como atual ou futuro gestor de empresas direcionado para resultados.

5. Analisar e debater as possíveis consequências da evolução e das tendências da atuação das pessoas para sua realidade profissional.

> **Caso:**
> A empresa XYZ quer debater as evoluções ocorridas e as possíveis tendências da atuação dos seus profissionais, para otimizar o seu modelo de gestão.

A XYZ é uma empresa de consultoria e treinamento em questões estratégicas e organizacionais, pertencente a sete sócios com adequados níveis de conhecimento de metodologias e técnicas e de experiência profissional, inclusive como ex-gestores de empresas.

O organograma resumido da XYZ pode ser visualizado a seguir:

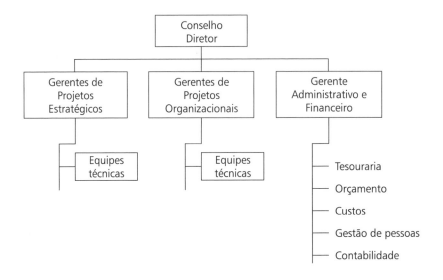

Cada um dos sócios tem o mesmo número de quotas na sociedade e apresentam, de forma geral, as seguintes características principais:

- o sócio 1 é profundo conhecedor de metodologias e técnicas estratégicas, mas tem média experiência profissional em empresas;
- o sócio 2 é profundo conhecedor de metodologias e técnicas organizacionais, com boa experiência profissional em empresas;
- o sócio 3 tem médio conhecimento de questões estratégicas e elevada experiência profissional em empresas;
- o sócio 4 tem médio conhecimento de questões organizacionais e elevada experiência profissional em empresas;
- o sócio 5 sabe interligar as questões estratégicas e organizacionais com extrema facilidade;
- o sócio 6 tem grande facilidade de trabalhar com processos de fortes mudanças nas empresas, quer sejam resultantes de questões estratégicas ou organizacionais; e
- o sócio 7 tem razoável conhecimento dos assuntos estratégicos e organizacionais, mas forte atuação no controle e avaliação dos projetos da XYZ junto às empresas-clientes.

Cada projeto da XYZ junto às empresas-clientes é conduzido por uma equipe responsável constituída de:

- 1 diretor responsável (sócio da XYZ) em tempo parcial, com dedicação média de 3 a 4 horas semanais;
- 1 gerente de projeto, normalmente em tempo parcial, com dedicação de 1 ou 2 dias por semana; e
- alguns técnicos, normalmente em tempo integral, podendo ser dos níveis sênior, pleno e júnior, conforme a complexidade do projeto.

Embora a grande maioria dos projetos envolva questões estratégicas e organizacionais – desenvolvidas nesta ordem –, a XYZ procura respeitar a questão da maior especialidade de cada profissional e, portanto, realiza alterações na equipe conforme os trabalhos vão se desenvolvendo nas empresas-clientes.

Esta postura de atuação tem sido muito bem recebida pelas empresas-clientes, pois denota um efetivo respeito profissional às reais necessidades de cada empresa-cliente, em cada momento da realização dos trabalhos pela XYZ.

Entretanto, existe uma questão mal resolvida, correspondendo à efetiva avaliação da atuação dos profissionais da XYZ na orientação e facilitação dos profissionais da empresa-cliente na busca de resultados.

Ou seja, nenhum sócio-diretor da XYZ consegue responder as seguintes perguntas:

- Qual a efetiva contribuição da atuação dos profissionais da XYZ para a melhoria – analisada e medida – dos resultados da empresa-cliente?
- Qual o nível de influência dos profissionais da XYZ e das metodologias e técnicas estratégicas e organizacionais implementadas na empresa-cliente? É possível medir estas duas influências de forma separada?
- Qual a efetiva contribuição da atuação dos profissionais da empresa-cliente na melhoria – analisada e medida – dos seus resultados?

Estas são algumas questões – sutis – que você deve analisar e debater com os seus colegas, lembrando que nestes tipos de *casos* – verdadeiros! – o mais importante é o debate e a estruturação de uma proposta lógica e aplicável pela XYZ, sem maiores preocupações do que é certo ou errado, pois resposta adequada é a que facilitará à XYZ responder, pelo menos, as três perguntas apresentadas.

Para facilitar a análise pelo leitor, são evidenciados três aspectos:

- o leitor pode – e deve – introduzir ao *caso* toda e qualquer informação ou situação que julgar necessária para melhor desenvolvimento do estudo, o que, inclusive, proporciona um *toque pessoal* nesta análise da empresa XYZ. Entretanto, o leitor deve respeitar o que foi apresentado no texto;
- o leitor deve proporcionar toda a credibilidade ao *caso* da XYZ, pois, seguramente, em sua vida profissional já teve a oportunidade de presenciar várias situações em que as empresas não conseguem medir as contribuições de diferentes ações aplicadas conjuntamente, para a melhoria efetiva de resultados; e
- o leitor pode considerar os diversos aspectos apresentados nas seções 1.4 e 1.5 para realizar a sua análise do *caso* da empresa de consultoria e treinamento XYZ. Mas, naturalmente, complementando com outros aspectos, à medida que for analisando e debatendo o referido *caso*. Ou seja, espera-se que o leitor evolua em seu raciocínio de gestor direcionado para resultados, ao longo da leitura dos diversos capítulos e da "resolução" dos *casos* apresentados.

Neste momento, é válido um comentário geral inerente aos dez *casos* apresentados neste livro.

Se o leitor julgar válido adaptar estes casos para a sua realidade empresarial, não existirão quaisquer dificuldades a respeito, pois ele conhece a realidade de sua empresa e, portanto, fica fácil adequar o texto de cada um dos casos para a realidade da empresa de seu interesse.

A única questão que o autor solicita ao leitor é manter a essência básica do caso, para não prejudicar a análise evolutiva dos casos, respeitando o conteúdo dos dez capítulos do livro.

Apenas como informação geral, evidencia-se que os ramos das empresas abordadas nos casos deste livro são:

- consultoria e treinamento;
- atacadista e varejista de autopeças;
- indústria e comércio de sorvetes especiais;
- produção e distribuição de produtos químicos;
- comercialização de produtos agrícolas;
- fabricação de doces e biscoitos;
- administração de bens próprios e de terceiros;
- operações portuárias;
- revendedora de veículos; e
- rede hoteleira.

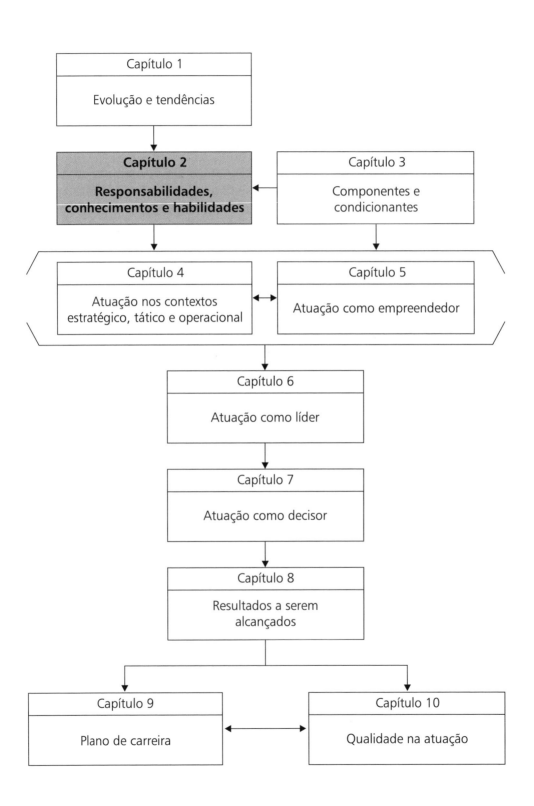

2

Responsabilidades, conhecimentos e habilidades dos profissionais das empresas

"Viver é nascer lentamente."
Antoine de Saint-Exupéry

2.1 Introdução

Neste capítulo, são apresentados os principais aspectos que o leitor deve considerar quanto às responsabilidades, aos conhecimentos e às habilidades *ideais* dos gestores e demais profissionais, principalmente quando se analisa a sua atuação direcionada para os resultados esperados pela empresa.

O entendimento das principais responsabilidades dos gestores e demais profissionais das empresas facilita a consolidação de um processo empresarial sadio, fugindo da degenerada *gestão sabão*, em que ninguém consegue identificar o real responsável por cada ato decisório.

A identificação dos principais conhecimentos que os profissionais das empresas, de forma geral, devem ter facilita, entre outras coisas, a elaboração de um plano de carreira – ver seção 9.2 –, o qual pode levar o leitor a uma situação diferenciada e interessante perante os outros profissionais da empresa.

E, finalmente, o entendimento das habilidades ideais vai proporcionar aquele *algo mais* na atuação dos profissionais, consolidando uma situação em que as *coisas ficam mais fáceis de acontecer*.

Para respeitar a abordagem deste livro, todos estes assuntos são direcionados para a consolidação dos resultados planejados pela empresa.

2.2 Novo contexto das responsabilidades dos profissionais das empresas

Responsabilidade é a atuação profissional de qualidade nos trabalhos e na busca de resultados, com ou sem a cobrança por parte de terceiros.

É importante evidenciar que, na prática, as responsabilidades dos gestores e demais profissionais das empresas não têm sofrido grandes evoluções ao longo do tempo. O principal problema é que os gestores e demais profissionais das empresas, de forma geral, não têm cumprido as suas responsabilidades na plenitude, o que provoca o surgimento de livros apresentando as *mesmas coisas*, de forma diferente.

Entretanto, parece que três fatores têm influenciado a evolução das responsabilidades dos profissionais das empresas, a saber:

- o surgimento de novos conhecimentos, decorrentes das novas necessidades do mercado comprador de produtos e serviços das empresas em geral;
- o desenvolvimento de novas tecnologias para operacionalizar estes novos conhecimentos; e
- a busca de resultados efetivos, decorrentes de decisões responsáveis aplicadas pelos gestores e demais profissionais das empresas.

Estes três fatores de influência trabalham de forma interligada e, portanto, são abordados neste livro.

Antes de apresentar algumas das principais responsabilidades dos profissionais das empresas, sob o *guarda-chuva* da busca de resultados efetivos, é necessário se lembrar de uma forma tradicional – e geralmente esquecida pelos profissionais das empresas – de apresentar as responsabilidades dos gestores das empresas.

Esta forma está correlacionada às funções da administração ou do processo de gestão das empresas, as quais devem estar presentes em toda e qualquer unidade organizacional destas empresas.

Unidade organizacional é o centro de resultados ou de custos da estrutura organizacional da empresa e onde uma equipe de profissionais, com atividades homogêneas e/ou correlacionadas, exercem suas responsabilidades e autoridades.

Portanto, todo e qualquer gestor deve cuidar de, pelo menos, uma unidade organizacional, o que obriga que o mesmo conheça e saiba aplicar, com qualidade, as funções do processo de gestão ou da administração. Ou seja, estas funções representam a base de sustentação de todo e qualquer elenco de responsabilidades dos gestores das empresas, principalmente os direcionados para o alcance de resultados efetivos.

Funções do processo de gestão ou da administração são as atividades homogêneas e multidisciplinares inerentes ao processo decisório empresarial, e que têm elevada influência, de forma interativa, na gestão destas empresas.

Portanto, correspondem a funções que devem ser desempenhadas em todo e qualquer processo de gestão nas empresas, e por cada uma de suas áreas ou unidades organizacionais.

São cinco as funções principais do processo de gestão ou da administração das empresas, a saber: planejamento, organização, desenvolvimento de pessoas, direção e avaliação.

Planejamento é a metodologia que permite diagnosticar e analisar situações atuais, de estabelecer resultados – objetivos e metas – a serem alcançados pelas empresas e de delinear ações – estratégias – para alcançar estes resultados, bem como de leis e normas – políticas – que servem de sustentação a esse processo de gestão das empresas.

O planejamento é a função inicial do processo de gestão nas empresas, pois é o planejamento que orienta todas as atividades subsequentes da realidade das empresas. Entretanto, não se deve considerar a função planejamento como a mais importante – todas as cinco funções são importantes –, mas é a função que *indica a direção* a ser consolidada pela empresa, no desenvolvimento de suas atividades administrativas ou de gestão.

Organização é a metodologia que orienta a capacidade de ordenação, estruturação e apresentação de um sistema, de um projeto, de um trabalho e dos recursos alocados, visando alcançar os resultados estabelecidos pela função planejamento das empresas.

A função *organização* procura *colocar a casa em ordem*.

Desenvolvimento de pessoas é a metodologia que proporciona sustentação às otimizadas coordenação, supervisão, orientação e desenvolvimento dos profissionais que trabalham nas empresas.

A função *desenvolvimento de pessoas* deve ser exercida com o máximo de inteligência e sensibilidade, pois representa a plena interação entre as pessoas que trabalham na empresa.

Direção é capacidade e habilidade de supervisionar e orientar os recursos – humanos, financeiros, tecnológicos, materiais, equipamentos – alocados nas atividades das empresas, visando otimizar o processo decisório direcionado ao alcance dos resultados estabelecidos nos planejamentos anteriormente elaborados.

A função *direção* está correlacionada a aquele *algo mais* da atuação dos gestores nas empresas. É a questão de identificar "quem é quem" nas empresas. Mais detalhes são apresentados nas seções 2.3 e 2.4.

Avaliação é a metodologia que, mediante a comparação com os padrões previamente estabelecidos, procura medir e analisar o desempenho e o resultado das ações e estratégias, com a finalidade de realimentar com informações os tomadores de decisões, de forma que possam corrigir ou reforçar esse desempenho, para assegurar que os resultados estabelecidos pelos planejamentos sejam alcançados.

Quando a avaliação – também chamada de controle – ocorre de forma espontânea e em *tempo real*, é denominada de autoavaliação.

Verifica-se que as cinco funções do processo de gestão das empresas devem estar, de forma interativa, direcionadas para os resultados planejados e efetivos das empresas.

Talvez exista um viés de se considerar as funções de planejamento e de avaliação como as mais importantes para o alcance dos resultados das empresas, mas, na prática, isto não pode ocorrer, pois as outras três funções – organização, desenvolvimento de pessoas e direção – também são fundamentais para que os resultados otimizados sejam consolidados pelas empresas.

Dentro do contexto da função *avaliação*, é válido considerar o processo de aprimoramento.

Aprimoramento é o processo evolutivo, desenvolvido de forma gradativa, acumulativa e sustentada, para a melhoria contínua do modelo de gestão e dos resultados da empresa.

Para que os gestores das empresas possam exercitar adequadamente o processo de aprimoramento, é necessário que, anteriormente, tenham estruturado e consolidado as metodologias e técnicas de gestão na empresa considerada. Isto porque ninguém consegue aprimorar o que não foi estruturado e consolidado anteriormente. Por exemplo, eu só poderei aprimorar o assunto *gestão direcionada para resultados* após ter estruturado, consolidado e lançado este livro.

Evite acreditar nos profissionais que afirmam: "não tenho nada escrito. Tenho tudo *guardado na cabeça*; e estou constantemente me aprimorando em meus conhecimentos empresariais".

O esquema de interação entre as cinco funções do processo de gestão ou da administração é apresentado na Figura 2.1:

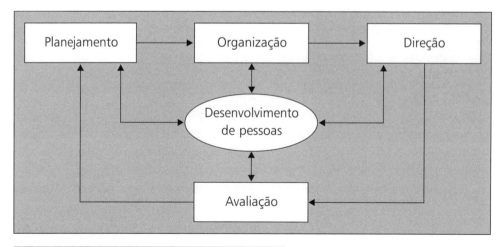

Figura 2.1 | *Funções do processo de gestão.*

Estas cinco funções do processo de gestão devem se direcionar para os resultados esperados pela empresa, otimizando a aplicação dos recursos disponibilizados, mas sofrendo, de forma positiva ou negativa, a influência dos fatores ou variáveis não controláveis – que estão fora da empresa – bem como do pensamento e estilo de gestão dos principais profissionais responsáveis pela empresa.

É a interação entre estes quatro aspectos – resultados, recursos, fatores externos e estilo de gestão – que consolida, de forma abrangente, a vantagem competitiva de cada empresa.

Com referência às outras responsabilidades gerais dos gestores e demais profissionais direcionados para resultados, o leitor pode considerar, para debate, sem qualquer ordem de importância preestabelecida, a relação apresentada a seguir.

Estas responsabilidades são:

a) Obter os resultados esperados por meio da atuação das pessoas

Essas pessoas são as que trabalham nas empresas consideradas, mas também as que são fornecedoras ou clientes destas empresas.

Este é, na realidade, o grande *lance* da atuação dos gestores nas empresas em geral. Foi evidenciado, neste livro, que as pessoas representam o foco de catalisação, de aprimoramento e de aplicação de todos os assuntos de gestão nas empresas.

b) Estabelecer prioridades

O estabelecimento de prioridades é o resultado de um processo de análise – absoluta e relativa – e de hierarquia de diferentes situações, estudos, sugestões e propostas, tendo em vista os resultados que devem ser alcançados e os recursos que estão, no momento, disponíveis aos gestores das empresas.

Esse estabelecimento de prioridades pode ser algo simples e corriqueiro, ou pode ser algo penoso, conflitante e inseguro para os gestores das empresas.

Normalmente, o estabelecimento de prioridades é algo simples, e até prazeroso, quando ocorrem, simultaneamente, as seguintes situações:

- conhecimento dos resultados – objetivos e metas – que devem ser alcançados;
- adequado sistema de informações, inclusive quanto à sua qualidade;
- processos estruturados que orientem os caminhos – inclusive alternativos – para se alcançarem os resultados esperados;

- utilização otimizada das metodologias e técnicas de gestão correlacionadas aos assuntos a serem analisados e priorizados;
- mecanismos de avaliação do processo evolutivo das decisões tomadas; e
- capacitação e habilidade do gestor responsável pelo estabelecimento das prioridades.

Verifica-se que as seis situações apresentadas são, na realidade, obrigações que as empresas com gestão direcionada para resultados devem ter, mas, na prática, nem sempre isto ocorre. E, se o leitor pensar bem, deve concordar que não é difícil a empresa onde ele trabalha conquistar um modelo de gestão com as seis situações apresentadas.

c) Interligar as atividades exercidas pelas empresas

Pode até parecer estranho, mas essa é, seguramente, a responsabilidade que os gestores das empresas apresentam maior dificuldade de consolidar.

Na prática, a razão pode ser considerada evidente, pois a grande maioria dos gestores não conhece, adequadamente, as metodologias e técnicas de gestão, o que impossibilita que os mesmos realizem estas interligações e, consequentemente, a gestão das empresas se torna complexa, cara, ineficiente e ineficaz.

É válido lembrar um lema em gestão de empresas: "se você não consegue interligar um assunto empresarial com todos os outros assuntos de gestão da empresa, você não sabe trabalhar com o referido assunto".

Essa situação chegou a tal nível de preocupação pelas empresas, que um profissional que sabe efetuar essas interligações de forma adequada tem forte vantagem competitiva sobre todos os outros profissionais concorrentes para o seu cargo ou função na empresa considerada.

E as empresas que têm todos os seus assuntos de gestão interligados apresentam elevada e significativa vantagem competitiva sobre as empresas concorrentes que não têm essas interligações consolidadas, inclusive, e principalmente, no contexto de gestão direcionada para resultados efetivos.

d) Ter bom senso e, se possível, obter consenso

Bom senso é a capacidade e a habilidade em discernir entre o verdadeiro e o falso, entre os caminhos para o sucesso e para o fracasso, entre o lógico e o ilógico de um assunto de gestão na empresa.

Consenso é o processo estruturado, decorrente de uma análise decisória, em que se obtém um acordo ou concordância de ideias e de opiniões a respeito de um assunto de gestão na empresa.

e) Saber *fazer acontecer*

Esta é a razão de ser, ou a missão dos gestores e demais profissionais das empresas.

Embora alguns possam *fazer acontecer* sem conhecer gestão – pela sorte, pelo excesso de oportunidades –, na prática, o que se observa é uma relação direta entre "fazer acontecer" *versus* adequado conhecimento de metodologias e técnicas de gestão, principalmente quando se considera a questão da efetividade das empresas, a qual é consequência do processo de alcance de resultados efetivos ao longo do tempo.

2.3 Novo contexto dos conhecimentos dos profissionais das empresas

Na seção 1.2, foi evidenciado que **conhecimento** é a capacidade de entender o conceito e a estruturação de um assunto de gestão, bem como saber consolidar sua aplicação em uma realidade específica da empresa.

Pelo fato desta questão ser bastante ampla, ela pode gerar um debate complexo.

Entretanto, aqui o leitor deve considerar o seguinte lema: "errar pelo excesso". Ou seja, deve buscar, com qualidade, o maior conjunto de conhecimentos possível, pois conhecimento é algo que sempre tem validade. E naturalmente que este amplo esforço pessoal tem foco quanto à interligação entre os conhecimentos a serem adquiridos. Outras considerações a esse respeito são abordadas na seção 9.2, sendo que os fatores de influência do conhecimento foram apresentados na Figura 1.1.

Para análise do leitor, podem ser considerados sete dos principais conhecimentos gerais necessários para os gestores das empresas, principalmente no contexto de busca de resultados efetivos.

São eles:

a) Ter conhecimento de gestão

Talvez seja um pouco *chato* colocar a necessidade deste conhecimento, quando o público deste livro são os atuais ou futuros gestores, mas a realidade tem apresentado situações de *pseudogestores*.

O gestor deve ter conhecimento das funções do processo de gestão ou da administração – planejamento, organização, desenvolvimento de pessoas, direção e avaliação –, bem como das áreas funcionais ou funções das empresas – marketing, produção, finanças etc.

Naturalmente, quanto às áreas funcionais das empresas, seu conhecimento pode ser desequilibrado, de acordo com sua área de atuação.

Com referência às funções do processo de gestão ou da administração, o gestor sabe que, antes de tudo, deve ter adequado conhecimento do processo de planejamento. Isto porque de nada adianta concentrar esforços nas funções de organização, desenvolvimento de pessoas, direção e avaliação se, anteriormente, não existir otimizado planejamento que estabeleça a situação futura desejada e como alcançar esta situação.

Este raciocínio se torna muito importante em uma gestão direcionada para resultados, pois só podemos saber se um resultado foi bom, médio ou ruim se tivermos, anteriormente, estabelecido um referencial para avaliação de nossa empresa. Alguns indicadores de desempenho para este processo de avaliação são apresentados na seção 8.3.

b) Ser generalista, com forte especialização

O gestor deve ser generalista, pois suas análises, propostas e decisões envolvem várias atividades da empresa para a qual trabalha.

E tem que ser especialista, porque é obrigado a ter elevado conhecimento das metodologias e técnicas de gestão de sua área específica de atuação na empresa.

c) Fazer *parte do mundo*

O gestor deve ter amplo referencial de atuação, sustentado por sólida cultura geral, bem como interesses e experiências diversificadas.

d) Estar voltado para o processo de inovação

Os gestores das empresas devem estar direcionados para o processo de inovação, o qual necessita de alguns fatores básicos, como senso de oportunidade, agressividade, comprometimento, qualificação das pessoas e flexibilidade para usufruir oportunidades que passaram despercebidas em um primeiro momento.

É necessário saber que a grande maioria das metodologias e técnicas de gestão, a serem utilizadas durante as próximas décadas, ainda não foi inventada.

Os gestores das empresas devem contribuir para este processo inovativo ou, pelo menos, saber identificar, aprender, adaptar e aplicar estas novas tecnologias.

E lembre-se: as empresas estarão, cada vez mais, procurando novas soluções para problemas mais complexos, principalmente quando se buscam resultados planejados e efetivos para a sustentabilidade das empresas.

e) Saber administrar o tempo

Os gestores devem saber que tempo é dinheiro, sucesso, liderança, produtividade, inovação etc.

E que o tempo representa vantagem competitiva para o profissional e para a empresa.

f) Ser ético

Os gestores devem conhecer os princípios e a aplicação da ética, bem como utilizar todos os seus conhecimentos de forma ética.

O ideal é que cada empresa tenha um código de ética – efetivo e respeitado – que envolva todos que trabalham nela e para ela.

A prática tem demonstrado que as empresas éticas apresentam resultados mais duradouros do que as empresas que não privilegiam a ética.

g) Desenvolver situações alternativas interessantes

Os gestores devem ter adequado conhecimento dos assuntos sob sua responsabilidade para, inclusive, conseguir elaborar situações alternativas que possibilitem otimizar o processo decisório nas empresas.

Para a adequada análise dos conhecimentos dos profissionais das empresas, podem-se considerar algumas tendências do desenvolvimento individual destes profissionais, pois estes são o foco básico de todo e qualquer modelo de gestão das empresas, principalmente quando elas querem se direcionar para resultados efetivos.

Podem ser consideradas sete tendências quanto à atuação e ao desenvolvimento das pessoas nas empresas:

a) As pessoas – profissionais das empresas – serão, cada vez mais, o foco básico de todas as questões de gestão nas empresas

Esta é uma tendência inquestionável, mas deve ser trabalhada com adequado planejamento e forte processo de treinamento e capacitação profissional.

O que se observa, na prática, é que algumas empresas conseguem entender e consolidar, com competência, esta tendência, o que, entretanto, não ocorre com muitas empresas.

Qual a razão desta situação inadequada? A resposta pode ser: a empresa considerada não sabe identificar os seus talentos profissionais e/ou não sabe trabalhar com eles e/ou não os tem em seu quadro de gestores e demais profissionais.

> b) Os profissionais – gestores e funcionários – das empresas têm que *pegar a bandeira* da responsabilidade e do conhecimento dos processos e modelos de gestão

Esta questão é fundamental, pois tem-se observado que, na maior parte das empresas, os seus profissionais não têm tomado a iniciativa para assumir maiores responsabilidades e, principalmente, mostrar, com sustentação, maior nível de conhecimento a respeito da questão do modelo de gestão em debate, talvez porque eles não têm condições para tal.

O que se ouve – e muito – é aquela desculpa de que a empresa não lhes proporciona qualquer oportunidade de crescimento.

Mas a pergunta certa é: "O que este profissional fez, por sua iniciativa, para alterar a atual situação?"

Possivelmente, a resposta seja: "nada".

> c) Maior e mais amplo debate do estilo de gestão

As empresas inteligentes estão consolidando uma nova realidade: o efetivo debate do estilo de gestão ideal para o crescimento sustentado da empresa.

Embora algumas empresas ainda adotem, pura e simplesmente, o *estilo de gestão do dono*, elas estão verificando, na prática, que esta não é uma decisão adequada, por algumas razões básicas:

- a verdade de cada um – principalmente de quem tem o poder maior de decisão – precisa ser questionada, para que possa ser analisada, debatida e aprimorada;
- pode ocorrer forte *distanciamento* dos outros profissionais da empresa quanto aos seus assuntos de gestão atuais e futuros; e
- o principal gestor da empresa fica sendo, na realidade, o único responsável pelos acertos da empresa, mas também pelos seus erros. E, não se pode esquecer que este principal gestor pode ser o dono da empresa e, portanto, as consequências em *seu bolso* podem ser as piores possíveis.

d) O empreendedorismo, principalmente o interno, será, cada vez mais, privilegiado pelas empresas.

Neste livro – ver seção 5.3 –, é evidenciado que o empreendedorismo interno é o realizado pelos gestores e demais profissionais das empresas, os quais adotam uma postura de empreender as atividades nas quais estão envolvidos, no direcionamento da evolução sustentada dos negócios, produtos e serviços das empresas.

A maior dificuldade de se consolidar esta situação é inerente a se conseguir identificar profissionais empreendedores, pois empreendedorismo é algo difícil de se ensinar, porque é intrínseco aos indivíduos, ou seja, eles têm ou não têm a postura empreendedora.

O máximo que se pode fazer é ensinar alguns instrumentos de gestão – tal como gestão direcionada para resultados – para os candidatos a empreendedor.

e) Maior nível de credibilidade nas pessoas

Logicamente, não se está considerando a situação inconsequente de se *acreditar por acreditar*, mas entender que, em princípio, todas as pessoas são competentes e honestas.

O importante é que os modelos de gestão proporcionam, para todas as funções do processo de gestão ou da administração – ver seção 2.2 –, bem como para todas as funções das empresas – marketing, produção etc. – metodologias e técnicas para a otimizada realização das atividades nas empresas, bem como indicadores de avaliação das pessoas e das empresas – ver seção 8.3 –, o que muito facilita a identificação de *quem é quem* nas empresas.

Na realidade, está ficando cada vez mais difícil os *pseudogestores* terem sucesso nas empresas.

f) Desenvolvimento do nível de criatividade das pessoas

Criatividade é a capacidade, intrínseca ao indivíduo *diferenciado*, de dar origem, com maior ou menor sustentação metodológica e técnica, a uma nova situação de realizar algo já existente ou, preferencialmente, algo novo.

A criatividade, na gestão das empresas, tem se caracterizado como uma vantagem competitiva de elevada importância, seja para as empresas ou para os indivíduos que a possuem.

A criatividade também sustenta a inovação nas empresas, fazendo com que esta se consolide como um processo no cotidiano das empresas criativas, ou seja, exista uma cultura pró-inovação.

Esta questão de cultura pró-inovação não é algo necessariamente simples, pois o processo de inovação nas empresas recebe influência de fatores externos ou não controláveis – situação macroeconômica, contexto social, sistema educacional, sistema político, administração pública etc. – e de fatores internos ou controláveis pelas empresas – tipo de produto ou serviço, posicionamento no mercado, facilidade de parcerias, capacitação profissional, base tecnológica, modelo de gestão, clima organizacional etc.

Embora algumas empresas ainda demonstrem *medo* de pessoas criativas, pois elas podem criar situações as quais os principais gestores destas empresas não sabem analisar e, muito menos, implementar, esta é uma situação que está acabando, pois as empresas, em mercados altamente competitivos e com forte evolução tecnológica de seus negócios, produtos e serviços, começam a visualizar estas pessoas criativas e inovadoras como base de sustentação para possíveis vantagens competitivas a serem operacionalizadas por estas empresas.

O mais interessante é que várias empresas estão aceitando esta criatividade também em suas atividades básicas, gerando o desenvolvimento de novos – e modernos – modelos de gestão para estas empresas.

g) Consolidação da gestão do conhecimento

Gestão do conhecimento é o processo estruturado, criativo, inovativo e sustentado de identificar, desenvolver e operacionalizar os conhecimentos necessários para alavancar os resultados globais das empresas.

A gestão do conhecimento nas empresas teve sua consolidação na última década do século passado, como decorrência de duas causas principais:

- a necessidade de aprimorar as atividades de pesquisa e desenvolvimento e de tecnologia da informação das empresas; e
- a necessidade de evoluir, diferenciar e consolidar as vantagens competitivas das empresas.

Isto porque havia o consenso geral de que o conhecimento é o principal fator de incentivo e de sustentação da evolução das empresas, bem como dos países.

Na prática, a gestão do conhecimento corresponde ao fator básico da excelência das empresas.

Possivelmente, todos os leitores deste livro concordem com a afirmação acima. O problema é saber como se pode desenvolver e operacionalizar a gestão do conhecimento nas empresas.

Uma ideia, bastante simples, é se visualizar a gestão do conhecimento em um processo, conforme apresentado na Figura 2.2:

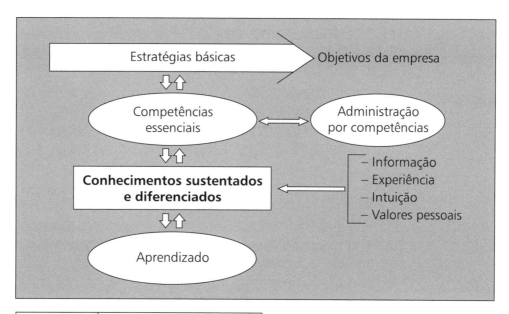

Figura 2.2 | *Gestão do conhecimento.*

Pela Figura 2.2, verifica-se que as estratégicas básicas das empresas, ou seja, aquilo que a empresa pretende fazer para alcançar os seus objetivos ou resultados, representam o *guarda-chuva* orientativo para o estabelecimento das competências essenciais da empresa considerada. Na Figura 1.1, as estratégias empresariais apareceram como importante fator de influência do conhecimento nas empresas, sendo que os outros cinco fatores são: tecnologia, produtividade, desenvolvimento de pessoas, sustentabilidade e modelo de gestão.

Competências essenciais é o conjunto de todos os conhecimentos e habilidades necessárias para sustentar as vantagens competitivas das empresas, bem como agregando valor aos resultados globais e consolidando um otimizado local de trabalho.

Verifica-se que as competências essenciais são representadas por conhecimentos, metodologias, técnicas e habilidades que proporcionam às empresas adequadas condições de atender às necessidades e expectativas dos clientes atuais e potenciais, de forma estruturada, criativa, inovadora e sustentada.

As competências essenciais proporcionam toda a sustentação para que as empresas trabalhem no importante contexto da gestão por competências.

Gestão por competências é o processo estruturado de operacionalizar as competências – essenciais e auxiliares – nas atividades básicas da empresa.

As competências essenciais atuam em um amplo contexto, cujos limites – que atuam como fatores de influência – são formados por quatro pontos, conforme apresentado na Figura 2.3:

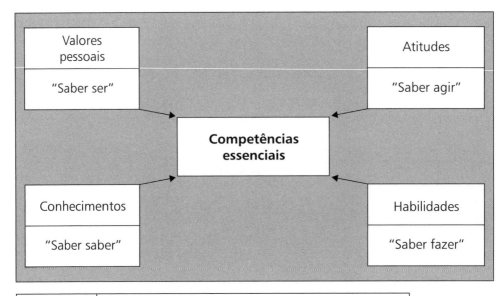

Figura 2.3 | *Fatores de influência das competências essenciais.*

As competências essenciais das empresas se tornam tão mais sustentadas, diferenciadas e inovadoras, quanto mais fortes e atuantes são os quatro pontos apresentados na Figura 2.3.

Como base de sustentação a todo este processo tem-se o **aprendizado**, que corresponde à incorporação do que foi instruído ao comportamento do indivíduo.

O aprendizado é sustentado pela **instrução**, que corresponde ao ensino organizado de determinada tarefa ou atividade.

O nível de aprendizado que os profissionais das empresas têm e aprimoram é o fator básico para o desenvolvimento de conhecimentos sustentados e diferenciados.

Quando uma empresa incorpora a cultura do aprendizado, ela se capacita para aprender, adaptar, mudar e inovar frente às influências dos fatores ou variáveis externas ou não controláveis, principalmente quanto ao mercado e à atuação de seus concorrentes.

O aprendizado é o principal fator de influência na dinâmica e na qualidade das vantagens competitivas das empresas, sendo que a gestão direcionada para resultados representa uma importante vantagem competitiva.

O leitor também pode utilizar a **gestão por objetivos**, que é uma técnica estruturada e interativa de negociação e de estabelecimento dos objetivos individuais, como decorrência e como sustentação dos objetivos – resultados – das empresas.

Em uma abordagem mais ampla, pode-se aplicar a **gestão virtual**, que é a forma estruturada e sustentada, pela tecnologia da informação, de interações entre pessoas e/ou empresas próximas ou distantes entre si.

Deve-se lembrar que a gestão do conhecimento também pode ser denominada de gestão de (por) competências – que este autor considera de menor amplitude do que o conhecimento – ou de gestão do capital intelectual – que pode representar algo difícil de mensurar como "capital" da empresa.

Existem algumas formas de ensino que auxiliam o processo de aprendizado, as quais têm evoluído bastante, tal como o *e-learning*, sustentado pelo ensino a distância.

Neste contexto, e como maior sustentação para a gestão do conhecimento, as empresas estão começando a se preocupar com a educação corporativa.

Educação corporativa é o processo estruturado e sustentado para consolidar maior conhecimento e capacitação profissional, considerando as pessoas das empresas como seres humanos profissionais e sociais.

Mesmo se baseando no resumo apresentado a respeito do significado e da abrangência do termo *gestão do conhecimento*, verifica-se que a sua influência foi extremamente elevada, pois consolidou a importância das pessoas, sendo que estas é que detêm o conhecimento da otimizada gestão, e as empresas representam os locais onde os conhecimentos podem ser aplicados, com maior ou menor sucesso.

A gestão do conhecimento se reforça nas empresas que têm a cultura de criar valor – para a própria empresa e para os seus clientes – e, portanto, se preparam, de forma otimizada, para o futuro. Neste contexto, estas empresas têm excelentes planejamentos estratégicos (ver seção 4.2).

As empresas que não sabem trabalhar adequadamente nestas situações apresentam dois problemas principais:

- têm dificuldade de contratar talentos para preencher as suas lacunas técnicas; e
- têm perdido seus melhores profissionais, inclusive para outros países carentes de talentos locais, como decorrência do mundo globalizado.

Uma das estratégias que as empresas podem consolidar para enfrentar esta nova realidade é a criação de Universidades Corporativas.

A pioneira desta ideia foi a General Electric – GE, sendo que sua ideia se espalhou por todo o mundo desenvolvido e, em parte, do mundo em desenvolvimento, como é o caso do Brasil.

No caso específico do Brasil, no final da década de 1980, empresas de classe mundial criaram suas universidades corporativas visando formar e reter talentos a partir da cultura que permeava a realidade das empresas.

Atualmente, *o estado da arte* da universidade e da educação corporativa no Brasil indica:

- parceria entre empresas e as melhores instituições de ensino superior, gerando ganhos para as duas partes; e
- menor tempo na formulação e adaptação de conteúdos programáticos à realidade de cada empresa, gerando maior nível de comprometimento dos instrutores dos programas e dos profissionais das empresas.

Algumas vezes, podemos estar considerando a gestão das empresas como algo complicado e de difícil aplicação. Isto, seguramente, não é verdade, pois a gestão se mostra como algo tão mais simples, quanto maior for o nível de conhecimento – geral e dos modelos de gestão – das pessoas envolvidas nos assuntos empresariais.

As empresas que sabem trabalhar com pessoas talentosas têm uma interessante vantagem competitiva.

Na verdade, o conhecimento no campo da gestão direcionada para resultados se torna mais forte e sustentado se estiver baseado em:

- compartilhamento, ou seja, uma pessoa aprende – e ensina – com as outras, principalmente em equipes multidisciplinares de trabalho;
- conceitos, metodologias e técnicas, possibilitando que as pessoas tenham conhecimento de "como" realizar as suas tarefas; e
- contexto sistêmico e contingencial, em que a realidade das empresas interage com as realidades e tendências do ambiente externo ou não controlável pela empresa, criando algo pensante, criativo e inteligente.

Como consequência, pode-se afirmar que as empresas têm dois grandes ativos intangíveis:

- um corresponde à estrutura externa, sendo representada pelas marcas – da empresa, dos produtos e dos serviços – e pelas relações com os clientes e os fornecedores; e

- outro corresponde à estrutura interna, sendo representada pelo conhecimento e as competências individuais de seus gestores e demais profissionais.

A questão básica é saber como direcionar estes dois ativos intangíveis para os resultados planejados e esperados pela empresa.

Este livro procura facilitar, através de algumas metodologias e técnicas de gestão, bem como algumas *dicas*, o processo ideal de atuação dos gestores e demais profissionais das empresas no contexto de *gestão direcionada para resultados*.

2.4 Novo contexto das habilidades dos profissionais das empresas

Nesta seção, o autor foi obrigado a apresentar o resultado de sua vivência prática, de informações de outros consultores, bem como de gestores ou executivos de empresas-clientes, e também de leituras diversas.

Isto porque a questão da análise das habilidades das pessoas é um assunto mais sutil e, em alguns casos, subjetivo, proporcionando diferentes interpretações.

Habilidade é o processo de visualizar, compreender e estruturar as partes e o todo dos assuntos de gestão da empresa, consolidando resultados otimizados pela atuação de todos os recursos disponíveis.

Verifica-se que os conhecimentos – ver seção 2.3 – devem ser operacionalizados de forma conjunta com as habilidades que os profissionais das empresas devem ter.

Podem ser consideradas, como essenciais, as seguintes habilidades que os profissionais de sucesso devem ter:

a) Ter atitude interativa perante as diversas situações que as empresas colocam a sua frente

O profissional não deve ter uma atitude inativa, apresentando estilo conservador de gestão e procurando nada mais do que a estabilidade e a sobrevivência, para si e para a empresa para a qual trabalha.

Também não deve ter uma atitude reativa, a qual apresenta alta resistência às mudanças, pois, neste caso, se prefere um estado anterior ao atual, nas várias situações pessoais e profissionais que enfrenta.

Uma atitude proativa, embora não seja considerada inadequada, não pode ser ideal. Isto porque, neste caso, o gestor planeja para o futuro e não o futuro em si, ou seja, ele basicamente projeta o passado no seu futuro e da empresa, com um estilo de gestão da *mesmice*.

A atitude ideal para o profissional de sucesso é a interativa, em que ele prepara o futuro – seu e da empresa onde trabalha – e acredita que pode concretizar esta situação. Para ele, o futuro só depende do que faz agora e depois.

Acredita-se não ser necessário debater a importância da atitude interativa no modelo de gestão direcionado para resultados planejados e efetivos.

b) Ter adequado relacionamento com as pessoas

O profissional deve ter adequado relacionamento com todas as pessoas, tanto as que trabalham diretamente, quanto as que trabalham indiretamente com ele e, neste contexto, deve estabelecer relacionamentos sólidos calcados em confiança, respeito e consciência dos direitos e responsabilidades das partes, bem como assegurar a participação interna das pessoas no processo decisório da empresa, acreditando no valor de suas contribuições e *abrindo espaço* a seu desenvolvimento profissional e pessoal.

Ele também deve ter todas as características básicas de bom negociador.

c) Saber trabalhar com erros

O profissional deve considerar o erro – quando for inevitável – como foco de aprendizado e, portanto, aceitar o processo de experimentação, desde que devidamente planejado e negociado.

Por meio desta atuação, o profissional pode auxiliar na consolidação de uma realidade criativa na empresa, que é uma das premissas para um adequado processo estratégico e de desenvolvimento de negócios (ver seção 4.2).

d) Ter adequado processo de autoavaliação

O profissional deve considerar a função de avaliação dos assuntos de gestão – ver seções 2.2 e 8.3 – e, inserida nesta, a autoavaliação, que evita que as coisas simplesmente aconteçam, pois a avaliação, neste caso, está ocorrendo antes do fato consumado. E, mais importante ainda, a avaliação está ocorrendo por livre iniciativa de quem é responsável pela decisão tomada.

e) Ser um agente de mudanças

As empresas são obrigadas a passar, periodicamente, por fortes mudanças, como consequência das novas realidades de seus produtos e serviços, de seus mercados, de seus concorrentes, das ações tomadas pelos governos – federal, estadual e municipal –, das ações da comunidade etc. (ver seção 6.3).

Neste contexto, devem surgir novos *papéis* e responsabilidades das pessoas, novas interações organizacionais e hierárquicas, novos negócios, produtos e serviços, novos mercados, novos modelos de gestão, sendo, no caso destes últimos, mais importante os direcionados para resultados efetivos, pois isto é que vai proporcionar perpetuidade para as empresas.

f) Ter intuição

Neste caso, o profissional deve saber identificar e captar oportunidades e saber estar à frente do processo decisório na empresa onde trabalha.

g) Saber trabalhar em equipe

Deve existir a procura de elevada e ampla interação entre as pessoas e, para tanto, os profissionais devem saber trabalhar em equipes, principalmente as multidisciplinares, conforme amplamente abordado neste livro.

h) Ter capacidade de resolver conflitos

Como os trabalhos nas empresas envolvem elevado número de pessoas, é muito comum a ocorrência de conflitos.

O profissional deve ter a habilidade de resolver estes conflitos, bem como, muitas vezes, reverter a situação com elevada melhoria geral, fazendo com que os envolvidos trabalhem de forma mais efetiva para o alcance dos resultados comuns anteriormente estabelecidos; e, neste caso, estará atuando com liderança (ver seção 6.2).

Com base no apresentado nesta seção e nas duas seções anteriores, pode-se considerar que o perfil ideal do profissional de empresa com atuação direcionada para resultados apresenta as seguintes características básicas:

- formação humanística, para saber trabalhar com as pessoas e as equipes multidisciplinares, na busca de resultados comuns;
- visão global, para identificar, compreender e agir nas complexidades social, política, econômica, tecnológica e cultural em que as empresas atuam;
- capacitação e habilidade para atuar, de forma ativa, na evolução e no desenvolvimento das empresas;
- conhecimento dos conceitos, metodologias e técnicas de gestão diretamente correlacionadas à sua amplitude e área de atuação;
- consolidação de um processo de autodesenvolvimento e de desenvolvimento interativo com seus colegas de trabalho, direcionado à otimização dos resultados das empresas; e

- percepção, absorção e aplicação dos valores e dos princípios éticos e morais da empresa, contribuindo para a sua disseminação e aperfeiçoamento.

Analisando essas seis características básicas do perfil ideal dos profissionais, verifica-se que elas não são fáceis e nem difíceis de serem obtidas.

O grande diferencial é a forma e a qualidade de como cada profissional decide identificar, compreender e aplicar os seus conhecimentos nas empresas, quando estas direcionam as suas decisões, ações e estratégias para os objetivos e resultados esperados.

2.5 Como direcionar os conhecimentos e as habilidades para a otimizada consolidação dos resultados das empresas

Esta questão do leitor direcionar os seus conhecimentos e habilidades para a consolidação de suas responsabilidades, ou seja, dos resultados da empresa onde trabalha, pode ser algo difícil ou algo complicado.

Será fácil se o leitor:

- souber identificar todos os conhecimentos e habilidades que as atividades sob sua responsabilidade exigem;
- ter a inteligência de consolidar pleno conhecimento de todos os assuntos de gestão empresarial inerentes às atividades sob sua responsabilidade;
- ter plena habilidade em saber trabalhar – de forma eficiente, eficaz e efetiva – com estes assuntos de gestão perante e/ou junto de outros profissionais da empresa, de forma isolada ou conjunta; e
- conseguir estruturar o processo operacional das atividades sob sua responsabilidade, ou seja, consolidar todas as interligações entre as atividades, influenciadas pelos conhecimentos e habilidades, bem como os processos detalhados de interligação destes três itens – atividades, conhecimentos e habilidades – com cada um ou grupo de resultados a serem alcançados. Ou seja, saber manejar a arma e acertar – *na mosca* – todos os tiros!

Entretanto, se qualquer um destes quatro aspectos falhar, as consequências serão problemáticas para o leitor e para a empresa considerada.

Pela prática, pode-se afirmar que as pessoas com nível adequado de inteligência não têm maiores dificuldades em consolidar uma situação otimizada de direcionamento dos conhecimentos e habilidades para os resultados das empresas onde trabalham, cumprindo, adequadamente, as suas responsabilidades.

Resumo

Neste capítulo, foram apresentados os principais aspectos inerentes à situação ideal das responsabilidades, dos conhecimentos e das habilidades que os gestores e demais profissionais devem apresentar para a otimizada consolidação dos resultados das empresas.

O leitor que entender, absorver e aplicar os diversos aspectos apresentados tem, seguramente, importante e diferenciada vantagem competitiva como gestor ou profissional de empresas.

Questões para debate

1. Debater o novo contexto das responsabilidades dos profissionais das empresas.
2. Identificar outras responsabilidades e estabelecer, com justificativas, uma ordem de importância de todas as responsabilidades elencadas.
3. Debater o novo contexto dos conhecimentos dos profissionais das empresas.
4. Identificar outros conhecimentos necessários e estabelecer uma ordem geral de importância, com as devidas justificativas.
5. Debater o novo contexto de habilidades dos profissionais das empresas.
6. Identificar outras habilidades e estabelecer, com justificativa, uma ordem geral de importância para todas as habilidades analisadas.
7. Para a sua realidade profissional, elaborar um plano resumido para que você consiga direcionar os seus conhecimentos e habilidades – atuais e futuros – para a otimizada consolidação dos resultados esperados pela empresa considerada, respeitando as responsabilidades estabelecidas por você.

> **Caso:**
> A empresa ABC quer consolidar um novo modelo de gestão, com os conhecimentos e habilidades de seus gestores e demais profissionais sustentando as suas responsabilidades, e estas, sendo direcionadas aos resultados esperados.

A ABC é uma grande empresa atacadista e varejista de autopeças que pretende, a médio prazo, melhorar significadamente os seus resultados.

Os seus dois proprietários querem focar, principalmente, os resultados de participação de mercado, faturamento, lucratividade da empresa e rentabilidade de cada uma das linhas de produtos; mas, se o leitor quiser, pode trabalhar com outros indicadores, que a essência do estudo deste *caso* – verdadeiro! – não será prejudicada.

O organograma resumido da ABC é apresentado a seguir, sendo que o leitor pode detalhar os pontos que julgar necessários para facilitar o estudo do *caso*.

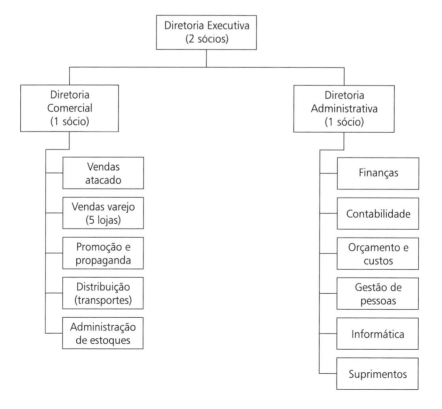

Os níveis de capacitação dos 11 gerentes da ABC são adequados, inclusive da grande maioria de seus funcionários.

Uma forma interessante – e individual – de se iniciar a análise do caso é o leitor elencar um conjunto de responsabilidades – gerais e específicas –, de conhecimentos e de habilidades necessários para cada um dos gestores, representados pelos dois diretores e pelos 11 gerentes.

Este importante trabalho propicia uma situação em que o leitor analisa e identifica – de forma lógica e sustentada – a realidade ideal de cada área ou atividade da empresa ABC.

E, se não for pedir demais, cada leitor deve, a seguir, hierarquizar, para cada diretor e gerente, as responsabilidades, os conhecimentos e as habilidades identificadas.

Seguramente, o leitor vai identificar, nestes momentos, algumas divergências interessantes, as quais confirmam as particularidades de cada área ou atividade da empresa ABC.

Na prática, o que consolida o sucesso de uma empresa direcionada para resultados é a soma de suas responsabilidades, conhecimentos e habilidades, dentro de um processo de sinergia positiva, ou seja, o total é maior que a soma de suas partes.

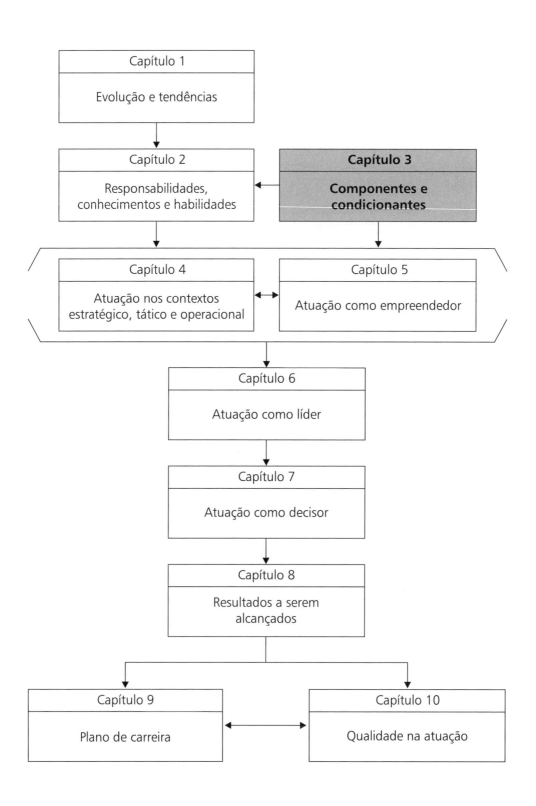

3

Componentes e condicionantes da atuação dos profissionais das empresas

"Não se pode esquecer que para dar um salto para a frente
é sempre preciso dar uma corridinha para trás."

Paco Rabanne

3.1 Introdução

Neste capítulo, são abordados os componentes e os condicionantes da atuação dos gestores e demais profissionais, quando direcionados para os resultados das empresas.

A importância dos componentes refere-se ao conjunto de partes integrantes e necessárias ao estudo, desenvolvimento, operacionalização e avaliação da atuação dos gestores e demais profissionais direcionados para os resultados planejados e esperados pelas empresas.

A importância dos condicionantes refere-se ao conjunto de assuntos que podem influenciar – positiva ou negativamente – a qualidade da atuação dos gestores e demais profissionais, quando direcionados para os resultados das empresas.

3.2 Componentes da otimizada atuação dos profissionais das empresas

Podem-se considerar alguns componentes ou partes integrantes da otimizada atuação dos gestores e demais profissionais em seus trabalhos na busca dos resultados empresariais anteriormente planejados.

Este autor considera, pela sua experiência profissional, os cinco componentes apresentados na Figura 3.1, embora o leitor deva exercitar o seu raciocínio lógico a esse respeito.

Um dos componentes atua como núcleo ou foco catalizador da atuação dos outros quatro componentes ou partes integrantes da otimizada atuação dos gestores e demais profissionais das empresas no processo de busca de resultados efetivos. Este componente corresponde aos instrumentos de gestão.

Instrumento de gestão é a metodologia ou técnica, estruturada e interligada, que possibilita a otimizada operacionalização das diversas decisões tomadas ao longo do processo de gestão direcionada para resultados pelas empresas.

Portanto, o instrumento de gestão é a explicitação otimizada de "como" as atividades devem ser realizadas e operacionalizadas nas empresas. Mais considerações a respeito deste assunto foram apresentadas nas seções 1.2 e 1.5.

Na prática, ninguém consegue ser um gestor direcionado para resultados se não existirem, antecipadamente, metodologias e/ou técnicas e/ou processos que orientem como as atividades das empresas devem ser realizadas, inclusive as interações entre elas. E, lembre-se, sempre, de que ninguém consegue aprimorar o que não foi estruturado anteriormente de maneira formal.

Os outros quatro componentes são representados pelos conhecimentos, pelas habilidades, pelos pensamentos e pelas capacitações.

Os conhecimentos da gestão direcionada para resultados correspondem ao entendimento do conjunto de instrumentos de gestão – inclusive com suas alternativas – e o subsequente processo de operacionalização destes conhecimentos, de uma forma otimizada para a realidade da empresa.

O leitor deve absorver, na plenitude, o máximo de conhecimentos, para que o seu processo decisório seja otimizado na empresa e os resultados esperados sejam alcançados com maior facilidade. Na seção 2.3, são apresentados alguns conhecimentos gerais.

A habilidade em trabalhar com a gestão direcionada para resultados corresponde à maneira como os gestores e demais profissionais se antecipam e respondem às questões estratégicas, táticas e operacionais da empresa (ver Capítulo 4).

Portanto, esta habilidade corresponde ao *algo mais* de cada pessoa, em sua atuação frente aos pontos fortes e fracos da empresa, das variações esperadas e não esperadas nas diversas atividades empresariais, bem como a incidência de oportunidades e ameaças advindas do ambiente – externo – empresarial. Mais detalhes são apresentados na seção 2.4.

O pensamento e estilo de gestão direcionada para resultados corresponde à *personalidade* de cada pessoa, atuando de forma mais centralizadora ou descentralizadora, menos ou mais participativa, bem como no processo interativo entre a realidade da empresa e do seu ambiente – que é externo e não controlável –, sempre em *tempo real*.

Embora esta questão do pensamento e do estilo de atuação possa aparecer como componente ou como condicionante no modelo de gestão direcionada para resultados, este autor prefere a primeira situação, pois a sua avaliação se torna mais fácil quando feita de forma interativa com os outros quatro componentes. Mas esta é uma questão que o leitor pode – e deve – analisar em sua realidade específica.

A capacitação profissional de gestão direcionada para resultados corresponde à sustentação operacional que os recursos da empresa proporcionam para a formulação e a implementação de estratégias fortes e diferenciadas frente aos cenários que o ambiente empresarial apresenta ou pode apresentar em um futuro próximo ou distante.

Pode-se considerar que a capacitação profissional fecha o conjunto de componentes da otimizada atuação dos profissionais das empresas, dentro da abordagem *fazer acontecer*.

Os cinco componentes básicos da gestão direcionada para resultados são apresentados na Figura 3.1:

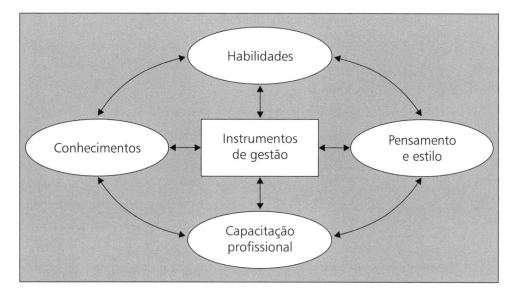

Figura 3.1 | *Componentes da gestão direcionada para resultados.*

Evidencia-se que cada um dos cinco componentes pode ser *explodido* em subcomponentes, de acordo com o nível de análise e de aplicação prática pela realidade específica de cada leitor.

Com referência aos instrumentos de gestão, o leitor pode analisar uma outra abordagem do modelo de gestão das empresas e de seus componentes na Figura 5.1 (modelo de gestão das empresas e seus componentes).

Existem pesquisas que apresentam, sem preocupação com a ordem de importância, alguns dos principais desafios que os gestores das empresas enfrentam para melhor alcançar os resultados esperados pelas empresas sob sua responsabilidade.

São eles:

- excelência na execução das atividades da empresa;
- crescimento firme e sustentável da receita da empresa;

- execução consistente das estratégias da empresa pela equipe de gestão;
- aumento sustentado dos lucros da empresa;
- existência de gestores – e demais profissionais – talentosos e capacitados para as suas tarefas na empresa;
- consolidação de efetiva lealdade aos clientes e operacionalização do processo de retê-los ao longo do tempo;
- velocidade, flexibilidade e capacitação de todos os profissionais envolvidos no processo de adaptação às mudanças nas empresas;
- ética e reputação da empresa;
- estímulo à inovação, à criatividade e ao espírito empreendedor; e
- velocidade e qualidade nas respostas às demandas advindas do mercado e dos consumidores atuais e potenciais.

Acredito ser interessante, neste momento, o leitor elencar alguns outros possíveis desafios para que ele possa alcançar os resultados esperados pela empresa com maior facilidade.

Este processo interativo entre o leitor e o contcúdo do livro deve ocorrer em vários momentos, pois existe uma verdade inquestionável: "não existe um único modelo de gestão direcionada para resultados".

Portanto, o leitor deve ir ajustando alguns aspectos de sua realidade empresarial ao conteúdo do livro, mas o caminho inverso também pode ocorrer em alguns momentos.

3.3 Condicionantes da otimizada atuação dos profissionais das empresas

O leitor pode considerar, como mais importantes, quatro condicionantes ou fatores de influência da atuação dos gestores e demais profissionais direcionados para a efetiva consolidação dos resultados da empresa onde trabalha, a saber: empreendedorismo, liderança, qualidade e modelo de gestão.

O empreendedorismo corresponde ao processo evolutivo e inovador da capacitação e da habilidade profissionais direcionadas à alavancagem dos resultados das empresas e à consolidação de novos projetos estrategicamente relevantes.

Portanto, se o leitor não tiver a postura de empreender as suas decisões, fica praticamente impossível se falar em gestão direcionada para resultados.

Embora se tenha concentrado mais nas questões de capacitação e de habilidade – dois componentes apresentados na seção 3.2 –, na prática, os outros três componentes também estão envolvidos, embora de maneira indireta.

No Capítulo 5, são apresentados todos os aspectos básicos dos empreendedores externos e internos, como pessoas focadas em resultados efetivos para as empresas.

A liderança corresponde ao processo em que uma pessoa é capaz, por suas características individuais, de apreender as necessidades dos profissionais da empresa, bem como de exprimi-las de forma válida e eficiente, obtendo o engajamento e a participação de todos no desenvolvimento e na implementação dos trabalhos que facilitem a empresa alcançar os resultados esperados.

Na seção 6.2, são apresentados os principais aspectos da liderança, incluindo a identificação dos seis principais fatores de influência a serem considerados: supervisão, comprometimento, administração participativa, motivação, treinamento e comunicação. Este é um exemplo completo, para o leitor, de que cada um dos componentes dos profissionais direcionados para resultados, pode – e deve – se dividir em partes, facilitando a sua análise e aplicação nas empresas.

A qualidade corresponde a tudo que é realizado para garantir aos gestores e demais profissionais da empresa exatamente aquilo que desejam, em termos de aspectos intrínsecos, rastreados, de custos e de atendimento de expectativas em geral.

Para que se consolide a qualidade nas diversas atividades de gestão direcionada para resultados, é necessário que esta esteja baseada em indicadores de desempenho – ver seção 8.3 – e por uma adequada metodologia de trabalho (ver seção 10.2.1).

O modelo de gestão corresponde ao processo estruturado, interativo e consolidado de desenvolver e operacionalizar as atividades da empresa, visando ao crescimento sustentado e à otimização dos resultados. Portanto, ele é o *fechamento* de tudo que é realizado, e deverá ser realizado, bem como a melhor atuação das pessoas, para que os resultados planejados sejam mais facilmente alcançados pelas empresas.

O conjunto dos condicionantes da atuação dos profissionais em um contexto de gestão direcionada para resultados é apresentado na Figura 3.2:

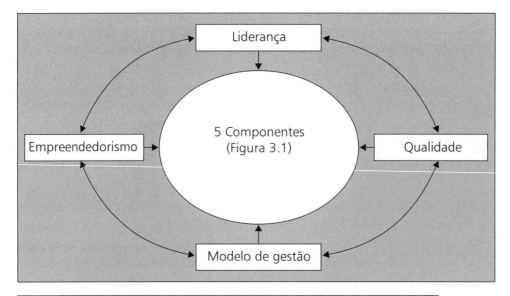

Figura 3.2 | *Condicionantes da gestão direcionada para resultados.*

As empresas com gestão direcionada para resultados devem estar atentas a todos os possíveis fatores de influência aos seus negócios, produtos e serviços.

Estas empresas devem estar atentas a cinco aspectos principais (adaptado de Day e Schoemaker; 2007, p. 110):

- ter lideranças atentas, estimulando os focos positivos de influência, valorizando os sinais precoces de mudanças – planejadas ou não – e mobilizando a empresa para centrar sua atenção em um ambiente o mais amplo possível;
- ter cultura flexível, explorando os assuntos da empresa além de seus negócios e ideias básicas;
- ter enfoque inquisitivo para com as estratégias estabelecidas, formulando perguntas direcionadas a desafios específicos, em vez de dispensar a energia empresarial em assuntos insignificantes;
- ter sistema de redes de conhecimento de oportunidades e de tendências interessantes para a empresa; e
- ter sistema de atribuição de responsabilidades, principalmente quanto às questões inerentes ao planejamento estratégico da empresa (ver seção 4.2).

O leitor pode – e deve – pensar em outros fatores de influência nos negócios, produtos e serviços de sua empresa, quando na busca da consolidação efetiva de uma gestão direcionada para resultados.

3.4 Como interligar os componentes e os condicionantes da atuação dos profissionais para a consolidação dos resultados das empresas

Nesta questão, o leitor pode – e deve – considerar três situações:

- interligação entre os cinco componentes da atuação dos profissionais das empresas, identificados na seção 3.2;
- interligação entre os quatro condicionantes da atuação dos profissionais das empresas, identificados na seção 3.3; e
- interligação entre os componentes e os condicionantes da atuação dos profissionais das empresas.

A sugestão deste autor é que o leitor desenvolva este processo na ordem apresentada acima, pois a última questão é a mais complexa, mas pode ser muito facilitada se as duas questões anteriores forem bem analisadas, trabalhadas e operacionalizadas.

O leitor deve separar, para cada componente e condicionante, o conjunto de atividades que a empresa já realiza e o conjunto de atividades que a empresa deverá consolidar em breve.

E, para cada atividade, deve ser efetuada uma avaliação da referida atividade quanto à sua qualidade intrínseca e à qualidade de sua utilização pela empresa (ver seção 10.2).

Com base nesta análise, deve-se elaborar um cronograma para o aprimoramento geral das atividades da empresa, não se esquecendo de que estas sempre devem se direcionar para os resultados planejados pela empresa.

Resumo

Neste capítulo, foram apresentados os componentes – partes integrantes – e os condicionantes – fatores de influência – da otimizada atuação dos gestores e demais profissionais quando direcionados para os resultados efetivos das empresas onde trabalham.

Os componentes evidenciados são: instrumentos de gestão, conhecimentos, habilidades, pensamento e estilo de atuação, bem como a capacitação profissional.

Os condicionantes são: empreendedorismo, liderança, qualidade e modelo de gestão.

Questões para debate

1. Debater os componentes ou partes integrantes da otimizada atuação dos gestores e demais profissionais nas empresas.
2. Identificar outros possíveis componentes da otimizada atuação dos gestores e demais profissionais nas empresas.
3. Estabelecer – com justificativas – uma ordem de importância de todos os componentes identificados para a otimizada atuação dos gestores e demais profissionais nas empresas.
4. Debater os condicionantes ou fatores de influência da otimizada atuação dos gestores e demais profissionais nas empresas.
5. Identificar outros possíveis condicionantes da otimizada atuação dos gestores e demais profissionais das empresas.
6. Estabelecer – com justificativas – uma ordem de importância de todos os condicionantes identificados para a otimizada atuação dos gestores e demais profissionais nas empresas.
7. Debater a interligação entre os componentes e os condicionantes da atuação dos gestores e demais profissionais nas empresas, em uma situação de busca de resultados efetivos.

Caso:
A empresa Alpha quer os componentes e os condicionantes da otimizada atuação de seus gestores e demais profissionais contribuindo, diretamente, para a melhoria dos resultados da empresa.

A empresa Alpha é uma indústria e comércio de sorvetes especiais, localizada em uma importante cidade do interior do Estado.

Além da fábrica, a Alpha possui cinco lojas próprias na cidade, bem como outras 11 lojas franqueadas em outras três cidades da região.

Os vários aspectos da gestão da Alpha parecem estar adequados – pelo menos na opinião dos três irmãos sócios –, salvo a questão dos resultados globais e específicos por loja, os quais eles acreditam que podem ser melhorados, desde que a gestão da Alpha, bem como de cada uma de suas lojas, seja direcionada para resultados.

O organograma resumido da Alpha é apresentado a seguir:

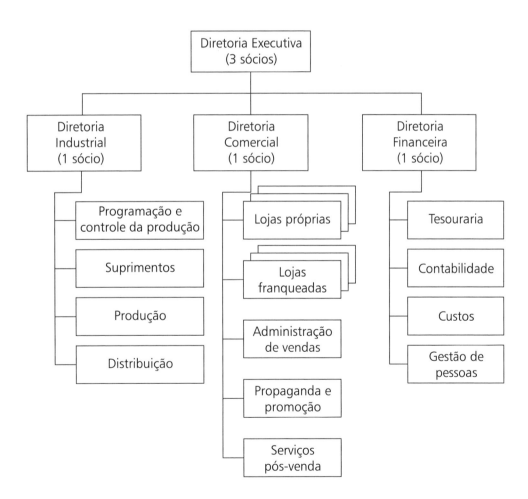

A primeira questão é você hierarquizar, para a realidade da Alpha, os componentes, bem como os condicionantes da atuação dos profissionais, para os resultados da empresa.

Este trabalho deve ser elaborado com justificativas, bem como você deve se concentrar nos dois componentes e nos dois condicionantes que identificou como os mais importantes para a realidade da Alpha.

Para cada um destes dois componentes e dois condicionantes identificados como os mais importantes para a realidade administrativa de Alpha, você deve explicar, com o máximo de detalhes, como você vai consolidar a sua operacionalização na empresa.

A segunda questão é você estabelecer as principais ações que a Alpha deve operacionalizar, respeitando o estabelecido na questão anterior, para que os seus resultados sejam otimizados.

Com referência aos resultados que você vai enfocar, estes são de sua livre escolha, pois você já deve exercitar esta análise para uma realidade em sua vida profissional.

A terceira questão é você apresentar os comentários básicos a respeito da atuação individual e coletiva dos três diretores sócios da Alpha.

Se você julgar que tem conhecimento para tal, realizar esta análise também para os 11 gerentes de área, mais os cinco gerentes de lojas próprias, bem como os 11 gerentes de lojas franqueadas.

Esta é uma análise interessante que você pode ir completando ao longo dos capítulos seguintes.

A quarta questão corresponde a você fazer uma proposta – ainda que genérica –, de uma nova estrutura organizacional, representada por um organograma em que se visualize, com maior facilidade, um modelo de gestão direcionado para resultados na Alpha.

A quinta questão é você elencar duas ou três atribuições básicas para cada uma das unidades organizacionais ou áreas da Alpha.

Verifica-se que o trabalho com os componentes e condicionantes da atuação dos profissionais das empresas é algo que possibilita uma análise ampla e integrada.

E este aspecto é de suma importância para que uma empresa possa consolidar uma otimizada gestão direcionada para resultados.

Naturalmente, este *caso* vai exigir, de você, uma complementação de situação e informações de acordo com a maior ou menor complexidade que deseja para a sua análise, bem como o seu nível de conhecimento dos diversos assuntos de gestão das empresas em geral.

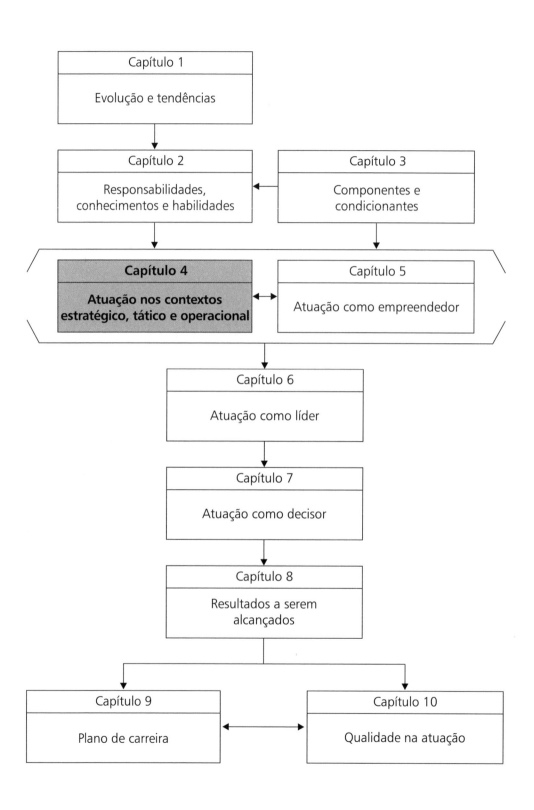

4

Atuação do profissional nos contextos estratégico, tático e operacional

"Se você não tem oportunidade de fazer grandes coisas,
pode fazer pequenas coisas de forma grandiosa."

Autor desconhecido

4.1 Introdução

Neste capítulo, são abordados os principais aspectos da atuação dos gestores e demais profissionais das empresas nos contextos estratégico, tático e operacional.

A importância da atuação no contexto estratégico está correlacionada à análise global da empresa, e de forma interativa com os fatores ambientais, ou externos ou não controláveis pela referida empresa.

No caso da atuação no contexto tático, a sua importância se refere à interligação estruturada entre os aspectos estratégicos e os aspectos operacionais, ou seja, o *meio de campo* entre o *ataque* e a *defesa* da empresa.

A importância da atuação no contexto operacional se refere ao dia a dia dos gestores e demais profissionais da empresa, ou seja, o contexto da *fazeção*.

4.2 Atuação no contexto estratégico

Contexto estratégico é a situação em que o profissional procura resultados globais para a empresa, interagindo os fatores externos ou não controláveis com os fatores internos ou controláveis pela empresa.

Na prática, o profissional que busca resultados sempre deve atuar no contexto estratégico e, caso a sua realidade empresarial não possibilitar que ele realize suas atividades em um contexto de elevada amplitude, ele deve criar mecanismos para que suas análises, decisões e ações se interliguem, de forma automática, com o contexto estratégico da empresa.

O leitor pode ficar tranquilo que, praticamente, toda e qualquer empresa aceitará, de bom grado, trabalhos profissionais que interliguem a empresa, como um todo – contexto estratégico –, com cada uma de suas principais partes – contexto tático – e com cada uma de suas atividades – contexto operacional.

Na prática, este processo deve se iniciar no global – estratégico –, passar pelo tático e chegar no operacional; e, a cada grupo de realizações operacionais, o processo segue no sentido inverso, consolidando-se uma situação de autoaprimoramento.

O contexto estratégico de atuação do profissional direcionado para os resultados efetivos planejados pela empresa é bastante amplo e, em alguns casos, complexo, envolvendo determinados fatores de influência, os quais podem proporcionar maior ou menor qualidade decisória.

São nove os fatores de influência do contexto estratégico, conforme apresentado na Figura 4.1:

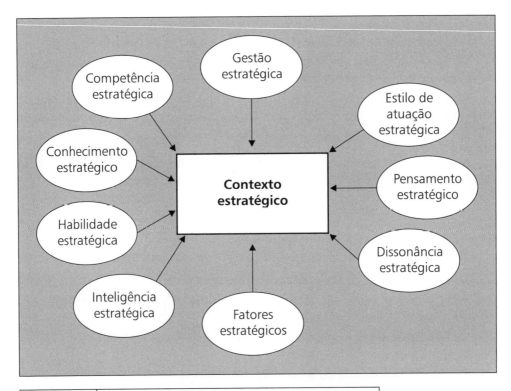

Figura 4.1 | *Fatores de influência do contexto estratégico.*

Cada um destes nove fatores pode influenciar o contexto estratégico de atuação dos profissionais das empresas na busca de resultados efetivos com diferentes intensidades, mas as formas de influenciar são basicamente iguais para todos os profissionais.

O leitor deve fazer um exercício de autoavaliação em que cada um dos nove fatores influencia – ou pode influenciar – a sua realidade como profissional direcionado – ou que pretende se direcionar – para os resultados esperados pela sua empresa.

Portanto, neste momento, é válido apresentar os conceitos e alguns comentários de cada um dos nove fatores de influência do contexto estratégico de atuação dos profissionais das empresas.

Gestão estratégica é uma administração do futuro que, de forma estruturada, sistêmica e intuitiva, consolida um conjunto de princípios, normas e funções para alavancar, harmoniosamente, o processo de planejamento da situação futura desejada da empresa como um todo e seu posterior controle perante os fatores externos ou não controláveis, bem como a estruturação organizacional e a direção dos recursos empresariais de forma otimizada com a realidade externa, efetivando a maximização das relações interpessoais.

Portanto, a gestão estratégica, como instrumento do processo de gestão das empresas, procura interligar as principais funções – planejamento, organização, desenvolvimento de pessoas, direção e controle – bem como os fatores externos de influência – positiva ou negativa – da empresa, os quais são denominados de oportunidades e ameças.

Verifica-se que o nível de influência da gestão estratégica é o mais elevado possível, sendo que os profissionais das empresas devem incentivar, ao máximo, esta elevada amplitude. Ou seja, quanto mais ampla for a abordagem da gestão estratégica, mais simples será o processo de busca de resultados efetivos para a empresa.

Estilo de atuação estratégica é o exercício da ação pelo profissional da empresa, sustentado pelos seus valores pessoais, competências e habilidades estratégicas direcionadas para a otimizada interação entre as questões externas – não controláveis – e internas – controláveis – da empresa.

Verifica-se que o estilo de atuação estratégica corresponde à maneira de ser, ao *jeitão* profissional de cada pessoa dentro da empresa considerada.

Na prática, pode-se considerar como o melhor estilo aquele que direciona a empresa para os resultados efetivos esperados; e, melhor ainda, se estes resultados positivos se perpetuarem ao longo do tempo.

Pensamento estratégico é a postura do profissional direcionada para a otimização interativa da empresa com o seu ambiente – externo e não controlável – em *tempo real*.

Em um exemplo bem simples, corresponde à situação de um profissional ler uma reportagem em um jornal e saber interagir esta notícia, em *tempo real*, com a situação da empresa onde ele trabalha. Infelizmente, são poucos os profissionais que têm esta capacidade.

Dissonância estratégica é uma situação em que os proprietários, gestores e demais profissionais da empresa estão estabelecendo estratégias interessantes e inovadoras, mas as táticas e ações correlacionadas a elas não são operacionalizadas, por falta de coragem para as mudanças necessárias.

Verifica-se que esta é uma realidade em muitas empresas, levando-as a uma situação de fuga de resultados efetivos e planejados.

Alguns estudos têm demonstrado que esta situação é, geralmente, provocada por profissionais que não querem ser cobrados pelos resultados apresentados, criando uma gestão *covarde*.

Fatores estratégicos são os aspectos externos e internos da empresa, que apresentam elevada relevância para a análise da situação atual e posterior delineamento do contexto estratégico ideal para a empresa.

Portanto, os fatores estratégicos representam uma lista com os principais focos de análise, controláveis e não controláveis pela empresa, os quais devem ser mantidos ao longo do tempo, para possibilitar uma análise evolutiva dos resultados apresentados pela empresa.

Alguns exemplos de fatores estratégicos internos ou controláveis são: tecnologia aplicada, finanças, gestão de pessoas, estrutura organizacional, logística, qualidade, produtos e serviços.

Com referência aos fatores estratégicos externos ou não controláveis, pode-se ter: mercado, fornecedores, governos, clima, concorrentes.

Inteligência estratégica é o conjunto de processos analíticos que transformam dados e informações em conhecimentos estratégicos relevantes, precisos e úteis na compreensão do ambiente competitivo de uma empresa e a consequente consolidação de resultados otimizados.

Portanto, a inteligência estratégica é aquele *algo mais* que possibilita aos profissionais das empresas conseguir os melhores resultados possíveis.

Na prática, tem-se observado que a inteligência estratégica se multiplica pela ocorrência de atuação profissional em equipes multidisciplinares, em que cada um aprende, em *tempo real* e *na tarefa*, com os outros profissionais da empresa.

Habilidade estratégica é como os gestores e demais profissionais da empresa se antecipam e respondem às questões estratégicas.

A habilidade estratégica é resultante direta dos tipos de comportamento e de atitude de cada profissional da empresa. Portanto, aqui, *cada caso é um caso*.

Conhecimento estratégico é o entendimento do conjunto de metodologias e técnicas estratégicas e o correspondente processo de operacionalização desses conhecimentos de forma otimizada na empresa.

Portanto, o conhecimento estratégico corresponde a saber como trabalhar as questões estratégicas nas empresas.

Na prática, esta deveria ser a parte mais fácil dos nove fatores de influência do contexto estratégico nas empresas, pois todas as metodologias e técnicas estratégicas estão bem estruturadas e, portanto, propiciam rápido e adequado entendimento pelos profissionais das empresas.

Entretanto, não é isto que ocorre, pois muitos profissionais de empresas não sabem trabalhar com estas metodologias e técnicas e, pior ainda, muitos deles não sabem nem da existência destas metodologias e técnicas estratégicas. Se o leitor quiser, pode conhecer uma metodologia no livro *Planejamento estratégico*, bem como algumas técnicas no livro *Estratégia empresarial e vantagem competitiva*, dos mesmos autor e editora.

Competência estratégica é a sustentação operacional que os profissionais da empresa proporcionam para a formulação e implementação de estratégias fortes e diferenciadas frente às oportunidades e ameaças que o ambiente empresarial apresenta ou pode apresentar em um futuro próximo ou distante.

Portanto, aqui se está considerando *que é quem* na realidade administrativa e estratégica de cada empresa.

Com referência aos nove fatores de influência do contexto estratégico das empresas, cada leitor pode fazer – de forma verdadeira – a sua autoavaliação, procurando debater os resultados com outros profissionais que o conhecem – e falam a verdade *na cara* –, bem como deve estabelecer algumas ações e estratégias interessantes para melhorar a sua atuação estratégica nas empresas.

4.3 Atuação no contexto tático

Contexto tático é a situação em que o profissional procura otimizar determinada área de resultado e não a empresa como um todo.

O contexto tático se desenvolve nos níveis intermediários da empresa, fazendo o *meio de campo* entre o contexto estratégico, que considera toda a empresa, e o contexto operacional, que, geralmente, considera uma parte menor e específica da empresa.

A consolidação de resultados efetivos no contexto tático das empresas – marketing, finanças, produção etc. – pode ser algo fácil ou difícil para as pessoas.

É fácil quando a empresa, como um todo, em seu contexto estratégico, se divide em partes perfeitamente administráveis, bem como, principalmente, estas partes estejam adequadamente interligadas por processos estruturados e entendidos por todos os profissionais envolvidos.

Por exemplo, se todas as atividades de marketing estiverem bem estabelecidas, planejadas e operacionalizadas, assim como elas estejam interligadas com as outras partes táticas da empresa, tais como produção, finanças, logística, qualidade, o contexto tático de busca de resultados se torna fácil, lógico, rápido e barato.

Por outro lado, esta situação pode ficar complicada e os resultados difíceis de serem alcançados, se não estiver ocorrendo o anteriormente apresentado.

Na realidade, o ideal é que o profissional possa, em seu plano de carreira – ver seção 9.2 –, começar buscando resultados no contexto operacional – ver seção 4.4 –, depois atuar no contexto tático, em uma área específica da empresa, e, só então, partir para o contexto estratégico de busca dos resultados globais da empresa (ver seção 4.2).

4.4 Atuação no contexto operacional

Contexto operacional é a situação em que o profissional procura resultados específicos da empresa a serem alcançados pelas suas áreas funcionais, realizando as atividades específicas de sua responsabilidade.

Na prática, é no contexto operacional que os profissionais das empresas têm maior facilidade de apresentar resultados efetivos.

Entretanto, muitas vezes, estes resultados no contexto operacional não contribuem diretamente para os resultados no contexto tático e, muito menos, no contexto estratégico. Ou seja, o sistema de resultados efetivos da empresa pode não *se fechar*!

Este pode ser considerado um dos maiores problemas na gestão direcionada para resultados, sendo que este livro, em momentos diversos, se preocupa com este assunto e procura apresentar uma solução, através de uma metodologia ou uma técnica de gestão empresarial.

Neste momento, como exemplificação genérica, pode-se considerar o apresentado no Quadro 4.1, onde estão evidenciados os três contextos de gestão direcionada para resultados.

Quadro 4.1 | *Contextos de atuação das empresas.*

Empresa					Contexto estratégico
Marketing	Finanças	Produção	Recursos humanos	Processos	**Contexto tático**
Preços e produtos	Despesas	Capacidade de produção	Recrutamento e seleção	Plano diretor de sistemas	
Promoção	Investimentos	Controle de qualidade	Treinamento	Estrutura organizacional	
Vendas	Suprimentos	Estoques	Cargos e salários	Rotinas administrativas	**Contexto operacional**
Distribuição	Fluxo de caixa	Utilização de mão de obra	Promoções	Informações gerenciais	
Pesquisas de mercado	Orçamento	Expedição de produtos	Capacitação interna	Comunicações	

4.5 Como otimizar a interação entre os níveis estratégico, tático e operacional da atuação dos profissionais para a consolidação dos resultados das empresas

De forma esquemática, esta interação deve ser realizada conforme apresentado na Figura 4.2:

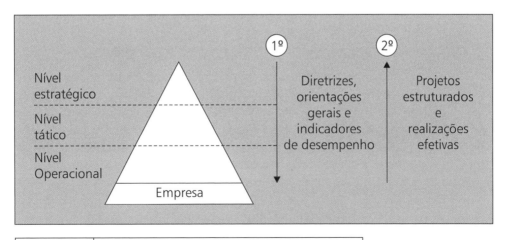

Figura 4.2 | *Interação entre os três níveis das empresas.*

Pelo apresentado na Figura 4.2, verifica-se que o processo interativo se inicia no nível estratégico, onde devem ser bem explicitadas as grandes decisões da empresa, chegando até o nível operacional, onde as realizações do dia a dia são operacionalizadas, muitas vezes por projetos estruturados, sendo que estas informações devem ser passadas, de forma resumida e analisada, para o nível estratégico, através do nível tático.

Se o leitor quiser, pode aplicar a metodologia para interação entre os níveis estratégico, tático e operacional, desenvolvida por este autor e operacionada em várias empresas-clientes de consultoria.

Nesta interação, deve-se escolher o instrumento de gestão que vai, a nível tático, fazer o *meio de campo* entre os níveis estratégico e operacional na empresa considerada.

No exemplo apresentado a seguir, o instrumento de gestão escolhido foi a estrutura organizacional. Naturalmente, o leitor pode considerar algum outro instrumento de gestão, como: marketing, informações, logística, ou qualquer outro assunto de elevada amplitude tática nas empresas.

Estrutura organizacional é o instrumento de gestão resultante da identificação, análise, ordenação e agrupamento das atividades e recursos das empresas, incluindo o estabelecimento dos níveis de alçada e dos processos decisórios, visando o alcance dos objetivos estabelecidos pelos planejamentos das empresas.

Alguns dos aspectos da estrutura organizacional são representados, graficamente, pelo organograma da empresa considerada.

A metodologia de interação entre os níveis estratégico, tático e operacional, no exemplo específico utilizando a estrutura organizacional das empresas, está, na opinião deste autor, dividida em sete fases e 17 etapas, com finalidades específicas e perfeitamente interligadas; ela pode, em muito, facilitar os trabalhos de desenvolvimento e operacionalização da gestão direcionada para resultados nas empresas em geral.

Estas fases e etapas são:

Fase 1: Estabelecimento do plano estratégico da empresa

Embora não seja obrigatório, é bastante adequado que exista, antecipadamente, um plano estratégico que estabeleça o futuro desejado e a linha de direcionamento da empresa para essa situação futura.

Planejamento estratégico é a metodologia que proporciona sustentação para a empresa estabelecer a melhor direção a ser seguida, visando a otimizado grau de interação com os fatores externos ou não controláveis, bem como atuando de forma inovadora e diferenciada.

A estrutura organizacional deve ser delineada considerando as funções de gestão ou administração como um instrumento para facilitar o alcance dos resultados – objetivos e metas – estabelecidos no plano estratégico.

A elevada contribuição dos planos estratégicos para o otimizado delineamento das estruturas organizacionais das empresas está centrada na interação e alocação dos objetivos e metas a serem alcançados – correspondem a "o quê" – nas diversas unidades organizacionais das empresas, bem como na decomposição das estratégias – correspondem ao "como" – em projetos e planos de ação, os quais são correlacionados com as diversas áreas – unidades organizacionais – das empresas.

A Fase 1 pode se desenvolver em seis etapas:

Etapa 1.1: *Estabelecimento da visão, da missão e dos valores da empresa*

Visão é a explicitação do que a empresa quer ser, em um futuro próximo ou distante.

A influência da visão da empresa sobre a estruturação organizacional está correlacionada à interação das estratégias estabelecidas no plano estratégico para a otimizada concretização da visão, ou seja, o que a empresa quer ser.

As estratégias – e os projetos e os planos de ação decorrentes – são desenvolvidas pelas unidades organizacionais da empresa, salientando-se que esta é uma das maneiras mais evidentes de interação entre os níveis estratégico e tático.

Essa situação pode ser visualizada na Figura 4.3:

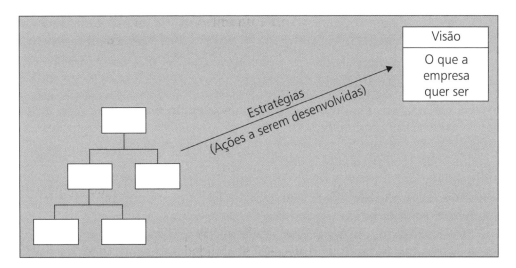

Figura 4.3 | *Interligação da visão com a estrutura organizacional.*

Missão é a razão de ser da empresa e explicita o campo dentro do qual a empresa já atua ou pretende avaliar sua futura atuação, alocando seus negócios, produtos e serviços.

A influência da missão sobre a estruturação organizacional está correlacionada à definição do conjunto de negócios, produtos e serviços atuais e potenciais da empresa, bem como dos segmentos de mercado, atuais e potenciais, em que a empresa já atua ou está analisando a possibilidade de vir a atuar em um futuro relativamente próximo.

Essa definição é de elevada importância no delineamento da estrutura organizacional, a qual poderá ter a criação de novas unidades organizacionais e/ou a extinção de outras unidades, de acordo com a evolução/involução dos negócios, produtos e serviços da empresa.

Se o leitor considerar, para sua análise, outro instrumento de gestão, é importante saber que a influência da missão ocorrerá da mesma forma que no caso da estrutura organizacional. Este é um importante aspecto no tratamento das diferentes questões táticas das empresas, desde que estas tenham elevada amplitude nas empresas.

Valores da empresa representam o conjunto dos seus princípios e crenças fundamentais, bem como fornecem sustentação a todas as suas principais decisões.

A influência dos valores das empresas sobre as suas estruturações organizacionais está correlacionada, entre outros aspectos, aos maiores ou menores:

- agrupamento das unidades organizacionais;
- detalhamento das responsabilidades e autoridades de cada unidade organizacional;
- nível de centralização do processo decisório;
- número de níveis hierárquicos; e
- nível de avaliação dos profissionais da empresa no processo de busca de resultados efetivos.

Os valores da empresa também têm forte influência no nível de produtividade, pois divergências de valores – pessoais e empresariais – geram conflitos entre as pessoas, o que provoca gasto de tempo na tentativa de solução de conflitos.

Neste contexto, podem ocorrer fracassos de projetos importantes, brigas de *egos*, quedas de produtividade e de motivação da equipe, além da perda de clientes, negócios e talentos que a empresa terá dificuldade de substituir, incluindo perda de tempo e de dinheiro.

Não se pode esquecer que conflitos bem administrados injetam maior nível de confiança nas equipes de trabalho, bem como proporcionam melhores tomadas de decisões.

Existem estudos que mostram que a maior parte dos conflitos surgem no nível operacional das empresas, mas os de maior intensidade – e estrago para a empresa – se originam no nível estratégico.

Pelo exposto, verifica-se que a visão, a missão e os valores da empresa têm influência direta – e, normalmente, de elevada intensidade – sobre a sua estruturação organizacional, e esta, sobre a gestão direcionada para resultados.

Muitas vezes, os gestores das empresas não atentam a esses aspectos e, nestes casos, as consequências podem ser danosas para a empresa, principalmente a médio e a longo prazos.

Etapa 1.2: *Estruturação da interação da empresa – produtos e serviços oferecidos – com os segmentos de mercado*

Essa etapa deve ser um detalhamento da análise da missão da empresa, realizada na etapa anterior.

Nos diversos segmentos de mercado identificados e analisados, devem-se estabelecer as decisões necessárias para direcionar uma empresa para as necessidades identificadas nesses mercados, procurando:

- determinar de quais pessoas, fora da empresa, são as necessidades e os desejos a que a empresa pretende atender;
- determinar como essas necessidades ou desejos são comunicados à empresa; e
- determinar como a informação necessária é registrada e transmitida para outras pessoas na empresa, consolidando um processo interativo de atuação de diferentes unidades organizacionais direcionadas ao mesmo foco e resultado.

Etapa 1.3: *Análise da evolução e da tecnologia aplicada*

Evolução tecnológica é o processo gradativo e acumulativo dos conhecimentos que têm influência, direta ou indireta, sobre os negócios, produtos e serviços de um conjunto de empresas.

Tecnologia aplicada é o conjunto de conhecimentos que são utilizados para operacionalizar, de forma otimizada, as diversas atividades da empresa, tendo em vista a consolidação de seus objetivos e resultados.

Verifica-se que tecnologia é conhecimento e, como tal, está em constante evolução; e, essa evolução tem grande influência na estrutura organizacional ou qualquer outro instrumento de gestão das empresas, visto que pode alterar negócios, produtos, serviços e processos.

Talvez se possa afirmar que a tecnologia – em seu contexto mais amplo do conhecimento – seja o fator de maior influência no delineamento e na operacionalização dos diversos instrumentos de gestão das empresas.

Um exemplo simples de influência da tecnologia na estrutura organizacional das empresas é a implementação da informática e da informação, incluindo os *softwares* de aplicação, provocando criação e extinção de áreas na empresa considerada.

Etapa 1.4: *Análise dos concorrentes e estabelecimento das vantagens competitivas*

O resultado final da análise dos concorrentes é o estabelecimento da vantagem competitiva, de nossa empresa e de cada um de nossos concorrentes.

Vantagem competitiva é a identificação dos produtos ou serviços e dos mercados para os quais a empresa está, realmente, capacitada para atuar, de forma diferenciada, em relação aos seus concorrentes.

Portanto, a vantagem competitiva – da empresa e de cada concorrente – aparece como importante fator de influência nas estruturas organizacionais e demais instrumentos de gestão de elevada amplitude das empresas, consolidando o nível tático e facilitando o desenvolvimento do nível operacional. Por exemplo, se uma empresa quiser consolidar o preço de seus produtos como sua vantagem competitiva, ela é obrigada a ter baixos custos, elevada produtividade e adequada qualidade; e sua estrutura organizacional deve proporcionar a devida sustentação para que esses três assuntos – entre outros – sejam uma realidade na empresa.

Etapa 1.5: *Decomposição dos diversos planejamentos*

Os diversos planejamentos das empresas podem ser visualizados numa *pirâmide empresarial* e estão correlacionados aos níveis de poder decisório existentes nas empresas, conforme já apresentado na Figura 4.2, a saber: planejamento estratégico, planejamento tático e planejamento operacional.

O **planejamento estratégico** foi conceituado como uma metodologia que possibilita ao gestor estabelecer o rumo a ser seguido pela empresa, visando obter um nível de otimização na interação da empresa com seu ambiente. Um exemplo de influência do nível estratégico, considerando sua interação com a estrutura organizacional, pode ser a necessidade de criação de uma nova divisão da empresa para melhor adequação de um negócio ou produto ou serviço ao seu mercado.

O **planejamento tático** tem por finalidade otimizar determinada área de resultado, e não a empresa inteira e, portanto, considera determinado conjunto de aspectos homogêneos da estrutura organizacional da empresa. Um exemplo de influência do nível tático pode ser a divisão de uma área industrial em duas áreas – produção e técnica –, para ter melhor gestão dos recursos da empresa.

O **planejamento operacional** pode ser considerado como a consolidação, principalmente por meio de processos formais, das metodologias de desenvolvimento e implementação estabelecidas. O planejamento operacional cria condições para a adequada realização dos trabalhos diários da empresa. Portanto, o nível operacional considera uma parte bem específica da estrutura organizacional da empresa, sendo que um exemplo de influência do nível operacional pode ser a alteração da estrutura organizacional da área de sistemas com a criação de uma unidade organizacional responsável pelas atividades de organização e métodos.

Etapa 1.6: *Estabelecimento dos objetivos, estratégias e políticas*

Os objetivos, as estratégias e as políticas têm influência na estrutura organizacional à medida que, quando os objetivos, as estratégias e as políticas estão bem definidos e entendidos por todos os profissionais envolvidos, é mais fácil organizar, pois se sabe o que esperar de cada unidade organizacional que compõe a empresa.

Este mesmo raciocínio vale para todo e qualquer instrumento de gestão de elevada abrangência na empresa e, portanto, influenciando o nível tático e contribuindo, diretamente, para a otimizada consolidação dos diversos assuntos integrantes do nível operacional das empresas.

Objetivo é o alvo, situação ou resultado que a empresa pretende alcançar.

A influência dos objetivos sobre a estruturação organizacional está correlacionada ao estabelecimento dos resultados que a empresa quer alcançar e, consequentemente, à identificação das unidades organizacionais que contribuirão para o alcance desses resultados.

Para melhor consolidar esta interação entre os objetivos e a estrutura organizacional, pode-se estabelecer uma rede escalar de objetivos.

Rede escalar de objetivos é a decomposição dos objetivos pela estrutura organizacional – do alto para o médio e o baixo níveis de gestão – de tal forma que o sucesso de uma unidade depende de outra unidade organizacional, quer esteja em nível hierárquico superior, quer inferior.

Portanto, o problema de decisão da unidade organizacional inferior depende da ação da unidade superior, tida como parâmetro; e, inversamente, o problema de decisão da unidade superior depende da ação – resposta – da unidade organizacional inferior. Com certeza, o leitor já entendeu a importância da rede escalar de objetivos para uma adequada gestão direcionada para resultados.

Estratégia é a definição do caminho mais adequado, se possível, diferenciado, para se alcançar o objetivo ou resultado anteriormente estabelecido pela empresa.

A influência das estratégias no delineamento das estruturas organizacionais das empresas pode ser entendida na seguinte lógica:

- a finalidade básica das estratégias é estabelecer os melhores caminhos para serem alcançados os objetivos da empresa;
- as estratégias, para não serem consideradas apenas como ideias e *frases soltas*, têm que ser decompostas e estruturadas em projetos bem definidos, com prazos, responsáveis, recursos e resultados finais previamente estabelecidos;
- os projetos são decompostos em atividades, que representam as partes estruturadas de um projeto;
- as partes correlacionadas ao mesmo assunto, provenientes de diferentes projetos, são alocadas em planos de ação;
- os planos de ação são alocados nas unidades organizacionais responsáveis pelas atividades comuns identificadas nos projetos, sendo que estes são decorrentes das estratégias; e
- os planos de ação é que consolidam o direcionamento da empresa na busca de resultados planejados e efetivos ao longo do tempo.

O leitor percebe que este raciocínio serve, de forma prática e direta, para todo e qualquer instrumento de gestão do nível tático, mas que seja de elevada amplitude nas empresas, como qualidade total, logística, sistema de informações gerenciais, desenvolvimento de pessoas etc.

Política é o parâmetro ou orientação para a tomada de decisões. Ou seja, ela estabelece *muros* dentro dos quais as decisões são tomadas na busca de resultados efetivos para a empresa.

A influência das políticas sobre todo e qualquer instrumento de gestão pode ser entendida, de forma geral, no contexto empresarial, a saber:

- quanto melhor delineadas estão as políticas, e em quantidade adequada, mais simplificadas podem ser as estruturações organizacionais; e
- quanto melhor incorporadas estão as políticas e, portanto, melhor está o clima organizacional, mais simplificadas podem ser as estruturações organizacionais (quando se considera o exemplo apresentado nesta seção do livro).

Neste momento, é válido comentar a respeito do clima organizacional nas empresas, assunto de elevada importância junto aos diversos itens abordados neste livro, principalmente na seção 6.3.

Clima organizacional é o resultado da análise de como as pessoas se sentem em relação à empresa, com seu modelo de gestão, bem como aos relacionamentos interpessoais existentes.

O clima organizacional está correlacionado ao nível de moral, aos valores, bem como aos comportamentos e atitudes dos profissionais das empresas.

Moral é o conjunto de regras de conduta consideradas como válidas e necessárias, quer de modo absoluto para qualquer tempo ou lugar, quer para uma pessoa ou grupo de pessoas nas empresas.

Foi verificado que **valores** são representados pelos princípios, crenças e questões éticas que as empresas devem respeitar e consolidar ao longo do tempo e que tenham influência no modelo de gestão utilizado pela empresa, sendo, no caso deste livro, uma gestão direcionada para resultados.

Existe uma interação entre os valores, os quais representam o todo da empresa, e a moral, que corresponde ao contexto individual de cada pessoa.

Comportamento é o conjunto de atitudes e reações de cada indivíduo, ao longo do tempo, perante as situações apresentadas nas empresas e em outros ambientes sociais.

Atitude é a explicitação do comportamento, correspondendo ao modo de cada indivíduo se posicionar e agir perante cada situação apresentada nas empresas.

Verifica-se que o comportamento estabelece o *jeito de ser* de cada indivíduo; e a atitude corresponde à reação do indivíduo em cada caso. Portanto, são fundamentais em uma gestão direcionada para resultados.

As políticas e diretrizes estabelecidas pelas empresas também têm influência no clima organizacional.

A análise do clima organizacional deve ser efetuada com base em pesquisas estruturadas, em que são identificadas as causas das ansiedades, frustrações e tensões, bem como as alegrias e contentamentos existentes entre as pessoas que trabalham na empresa considerada.

Melhorar o clima organizacional não é algo fácil, mas algumas ações podem otimizar uma situação diagnosticada, tais como consolidar maior integração entre as pessoas, estabelecer resultados – objetivos e metas – compartilhados pelas pessoas, consolidar rapidez e justiça na solução de problemas, ter identidade e *personalidade* da empresa, ou seja, ter um modo estabelecido e conhecido de atuar.

Portanto, se a empresa quer consolidar uma gestão direcionada para resultados, é necessário que todos os profissionais, direta ou indiretamente envolvidos, tenham pleno conhecimento desta situação.

A prática tem demonstrado que muitas empresas aplicam pesquisas estruturadas de clima organizacional, mas não sabem – ou não têm coragem – de aplicar os seus resultados.

Verifica-se que clima organizacional representa a percepção coletiva que os profissionais têm da empresa, através da experimentação prática e prolongada de suas políticas, estruturas, sistemas, processos e valores. Portanto, o clima organizacional é, simultaneamente, a percepção que os profissionais têm da empresa e sua reação a esta percepção.

É necessário lembrar que o clima organizacional:

- tem impacto direto na eficiência, eficácia e efetividade da empresa, por ser importante base de informações, decisões e valores;
- é construído ao longo de um período significativo de tempo e, portanto, alterações são também de longa maturação;
- é resultado de percepção coletiva, sendo, portanto, pouco relevante o estudo de percepções individuais. No entanto, grupos populacionais diversos normalmente mantêm climas organizacionais diferentes, sendo, por isso, interessante o estudo destas diferenças; e
- como resultado das três questões anteriores, pode-se afirmar que o clima organizacional é um instrumento de gestão de elevada importância para as empresas direcionadas para resultados planejados e efetivos.

Fase 2: Análise e estabelecimento das partes integrantes do instrumento de gestão considerado

A partir da análise da interação da empresa com as diversas questões estratégicas – e também táticas e operacionais – abordadas na Fase 1, é possível iniciar a análise e o estabelecimento das partes integrantes de toda e qualquer estrutura organizacional, conforme exemplo utilizado nesta seção.

Algumas vezes, por questões de ordem prática, as Fases 1 e 2 são abordadas de forma conjunta; entretanto, este autor considera que essa situação pode ser bastante inadequada.

De qualquer forma, pior ainda é desenvolver a Fase 2 sem ter realizado a Fase 1, pois, nesse caso, por mais que os profissionais envolvidos se esforcem, qualquer que seja o instrumento de gestão considerado, este ficará *capenga*.

Salienta-se que a ordem apresentada das nove etapas da Fase 2, embora não seja obrigatória, é a que apresenta melhores resultados, além de ser a de mais fácil execução.

Evidencia-se, também, que no caso das diversas etapas da Fase 2, o autor foi obrigado a se concentrar em um único instrumento de gestão – estrutura organizacional –, não podendo fazer generalizações para outros instrumentos de gestão do nível tático.

Portanto, se necessário, o leitor deve fazer as análises das partes integrantes do instrumento de gestão que está considerando para a realidade de sua empresa. De qualquer forma, este é um trabalho que não deverá provocar maiores dificuldades para o leitor.

As nove etapas da Fase 2 são:

Etapa 2.1: *Estabelecimento da melhor departamentalização*

Departamentalização é o agrupamento, de acordo com um critério específico de homogeneidade, das atividades e dos correspondentes recursos – humanos, financeiros, tecnológicos, materiais e equipamentos – nas diversas unidades organizacionais da empresa.

Não é parte integrante deste livro apresentar as diversas formas de departamentalização, tais como funcional, por produtos e serviços, territorial, unidade estratégica de negócios, por processos, governança corporativa etc. Mas se o leitor quiser mais detalhes, pode verificar no livro *Estrutura organizacional*, dos mesmos autor e editora.

Esta despreocupação também ocorre com os detalhes das outras etapas constantes da Fase 2.

Etapa 2.2: *Estabelecimento das interações das atividades-fins e das atividades de apoio*

Atividades-fins são as alocadas nas unidades organizacionais que consolidam a interação da empresa com o mercado, efetivando a melhor disponibilização e colocação dos produtos e serviços oferecidos.

Verifica-se que as atividades-fins são as responsáveis pela consolidação dos resultados globais de uma empresa, mas devendo receber todo o apoio das atividades-meios.

Atividades de apoio – ou atividades-meios – são as alocadas nas unidades organizacionais que sustentam e auxiliam as unidades organizacionais-fins a colocarem os produtos e serviços da empresa no mercado.

O autor tem verificado muitas empresas que não se preocupam em avaliar adequadamente os resultados proporcionados pelas atividades de apoio, o que corresponde a um sério erro.

Etapa 2.3: *Estabelecimento do equilíbrio otimizado dos níveis de descentralização e centralização e do processo de delegação*

Descentralização é a menor concentração do poder decisório na alta gestão da empresa, sendo este, portanto, mais distribuído por seus diversos níveis hierárquicos.

Em uma gestão direcionada para resultados, desde que exista adequada capacitação profissional na empresa, a descentralização é uma abordagem bastante interessante.

Centralização é a maior concentração do poder decisório na alta gestão de uma empresa.

Ela pode ser interessante, durante um período de tempo, para a empresa ter mais controle de sua gestão direcionada para resultados.

Delegação é a transferência de determinado nível de autoridade de um chefe para um subordinado, criando o correspondente compromisso pela execução da tarefa delegada.

Neste caso, um dos aspectos que se procuram é desenvolver novos líderes – ver seção 6.2 – que possam atuar como gestores direcionados para resultados.

Etapa 2.4: *Estabelecimento da situação ideal dos níveis hierárquicos e da amplitude de controle*

Níveis hierárquicos representam o conjunto de cargos da empresa com o mesmo nível de autoridade.

Na prática, pode-se afirmar que quanto maior for o número de níveis hierárquicos, mais difícil se torna a consolidação da gestão direcionada para resultados.

Amplitude de controle é o número de subordinados que um chefe pode supervisionar, pessoalmente, de maneira efetiva e adequada.

Para uma gestão direcionada para resultados, o ideal é que a amplitude de controle seja elevada.

Etapa 2.5: *Estabelecimento das fichas de funções das unidades organizacionais*

Fichas de funções representam a descrição da linha de subordinação e do conjunto das atribuições – inerentes às funções de planejamento, organização, desenvolvimento de pessoas, direção e avaliação –, bem como os níveis de alçada decisória de cada unidade organizacional da empresa.

Unidades organizacionais são os centros de resultados ou de custos da estrutura organizacional das empresas e onde uma equipe de profissionais, com atividades homogêneas e/ou correlacionadas, exerce suas responsabilidades e autoridades.

Verifica-se que as unidades organizacionais representam as partes do organograma da empresa.

Etapa 2.6: *Estabelecimento dos níveis de autoridade*

Autoridade é o poder, formalizado ou não na empresa, de uma pessoa tomar uma decisão e ter a garantia de que as ações decorrentes serão operacionalizadas na empresa.

O aspecto da amplitude da autoridade pode ser entendido pela Figura 4.4:

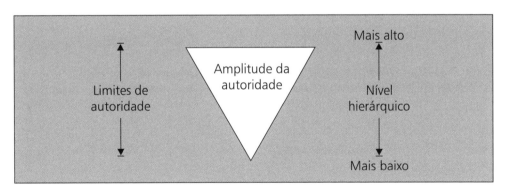

Figura 4.4 | *Amplitude da autoridade.*

Observa-se que, ao descer do nível hierárquico mais alto para o nível hierárquico mais baixo, a amplitude da autoridade vai diminuindo até chegar ao limite mínimo de supervisão de atividades em uma empresa.

Portanto, a análise da autoridade com a questão da interação dos níveis estratégico, tático e operacional é de elevada importância para se desenvolver a gestão direcionada para resultados. Mais detalhes são apresentados no Capítulo 4.

Etapa 2.7: *Estruturação do processo de comunicação entre as unidades organizacionais*

Comunicação é o processo interativo em que dados, informações, consultas e orientações são transacionados entre pessoas e/ou unidades organizacionais e/ou agentes externos da empresa.

No processo de comunicação, devem ser considerados os seguintes itens: o que deve ser comunicado, como deve ser comunicado, quando deve ser comunicado, de quem deve vir a informação, para quem deve ir a informação, por que deve ser comunicado, bem como quanto deve ser comunicado.

Como numa empresa se lida com pessoas, devem-se considerar os aspectos de dramaturgia que levam a situações em que as discrepâncias entre aquilo que se deve esperar das funções e as necessidades técnicas correlacionadas com a conquista dos resultados – objetivos e metas – são geralmente escondidas ou, pelo menos, dissimuladas com estratagemas, artifícios e *conduta fingida*, que são tão comuns em todos os tipos de empresa.

Quando os profissionais das empresas não têm o conhecimento e a capacitação necessários para a otimizada tomada de decisões, pode-se cair em uma situação em que a realidade é escondida por meio de *conversa fiada*, que pode provocar a transmissão de informações entre pessoas que não estão à altura de suas funções. Na transmissão de informações, deve-se considerar a interferência denominada *ruído*, que compreende qualquer coisa que se mova no canal que não sejam sinais ou mensagens reais desejados pelo emissor.

Portanto, nesse momento deve-se verificar até que ponto a forma da estrutura organizacional ou de outro instrumento de gestão atende às necessidades de comunicação na empresa, caso contrário, a gestão direcionada para resultados será algo irreal.

Para tanto, podem ser analisados alguns aspectos básicos do sistema de comunicação nas empresas, a saber: os esquemas de comunicação, os fluxos de comunicação, o custo da comunicação, bem como os processos de sustentação da comunicação.

Um aspecto importante é que devem-se considerar somente as comunicações que levam a ações. Nesse ponto, deve-se verificar que tipo de ação a comunicação está provocando. Portanto, é fundamental a gestão da comunicação, focando-a para resultados efetivos para as empresas.

Mais informações a respeito da comunicação nas empresas são apresentadas na seção 6.2.

Etapa 2.8: *Estruturação do processo decisório ideal*

Processo decisório é a escolha entre vários caminhos alternativos que levam a determinado resultado.

Existe relação interativa de causa e efeito quando se considera o processo decisório e a estrutura organizacional. Ou seja, o processo decisório influencia a estruturação organizacional, e esta influencia o processo decisório.

Parece ser lógico que o ideal é o processo decisório influenciar o delineamento da estrutura organizacional, e não vice-versa.

O gestor é, antes de tudo, um tomador de decisões, independentemente de seu nível hierárquico na empresa.

Portanto, esse gestor ou tomador de decisões precisa de elementos que lhe permitam:

- caracterizar o problema que está exigindo uma ou mais decisões para sua solução;
- compreender o ambiente que cerca as decisões;
- identificar os impactos que essas decisões poderão provocar para a empresa; e
- estruturar e aplicar a decisão que conduzirá a empresa para os resultados esperados.

A gestão empresarial apresenta a tomada de decisões como elemento básico; e, para um adequado processo decisório, é necessário ter um sistema de informações eficiente.

O processo decisório implica a necessidade de uma racionalidade objetiva que traz, como consequência, a necessidade de o tomador de decisão ajustar seu comportamento a um sistema integrado, por meio de uma visão ampla de alternativas que se lhe afiguram antes da tomada de decisão, da consideração de todo o conjunto completo de consequências que poderá ser gerado como resultado da escolha de uma alternativa e a própria escolha em face das alternativas disponíveis.

O processo de tomada de decisão implica o conhecimento prévio das condições básicas da empresa e de seu ambiente, bem como a avaliação das consequências futuras advindas das decisões tomadas; e esse conhecimento é propiciado pelas informações de que o tomador dispõe sobre as operações da empresa, de seus concorrentes, fornecedores, mercado financeiro, mercado de mão de obra, políticas governamentais etc., ou seja, dos fatores externos ou não controláveis, que fazem parte do nível estratégico. Verifica-se, portanto, a perfeita interação entre os três níveis considerados nesta seção, a saber: estratégico, tático e operacional.

Outro aspecto a salientar é que a forma de apresentação da informação pode afetar sua utilização e, portanto, a própria utilização de um sistema para a tomada de decisão.

O sucesso de uma decisão pode depender de um processo de escolha adequado, inclusive quanto às suas fases básicas.

Uma forma de estabelecer as fases do processo decisório é apresentada a seguir:

- identificação do problema;
- análise do problema, com base na consolidação das informações sobre ele. Para tanto, é necessário tratá-lo como um sistema, ou seja, interligar todas as partes do problema;
- estabelecimento de soluções alternativas;
- análise e comparação das soluções alternativas, por meio de levantamentos das vantagens e desvantagens de cada alternativa, bem como da avaliação de cada uma dessas alternativas em relação ao grau de eficiência, eficácia e efetividade no processo decisório;
- seleção de alternativas mais adequadas, de acordo com critérios preestabelecidos;
- implantação da alternativa selecionada, incluindo o devido treinamento e capacitação das pessoas envolvidas; e
- avaliação da alternativa selecionada por meio de critérios devidamente aceitos pela empresa.

Alguns dos elementos que o gestor pode considerar no processo decisório são:

- a incerteza, que ocorre tanto no conhecimento da situação do ambiente que envolve a decisão, quanto na identificação e valoração das consequências decorrentes da opção por um curso em ação em detrimento de outras alternativas; e

- os recursos do tomador de decisão, que normalmente são limitados, prejudicando a correspondente ação. Essa é uma das razões da necessidade de estabelecer planos de ação inerentes às principais decisões da empresa. Isso porque os cursos alternativos de que a empresa dispõe competem entre si, apesar de, hipoteticamente, estarem voltados para o mesmo propósito, objetivo, meta ou resultado estabelecidos.

Na realidade, os gestores das empresas têm visualizado uma situação de crescente dificuldade na tomada de decisões.

Uma tomada de decisão pode ser considerada como uma seleção criteriosa de um curso preferencial de ação, com base em duas ou mais alternativas viáveis.

O processo de tomada de decisão tem alguns fatores de influência, entre os quais podem ser citados:

- complexidade evolutiva do mundo moderno, apresentando, cada vez mais, variáveis complexas;
- redução do tempo disponível para a tomada de decisão, pela influência de algumas variáveis, tais como a concorrência;
- velocidade das comunicações; e
- melhoramentos nos processos de informações e com expectativa de resultados a curto prazo, com otimizados níveis de controle, avaliação e aprimoramento.

Também deve ser analisado o aspecto do ponto mais baixo em que deve e pode ser tomada a decisão. De maneira resumida, existem duas regras relacionadas ao aspecto mencionado:

- a decisão deve ser sempre tomada no nível mais baixo possível e o mais perto possível da cena de ação; e
- a decisão deve ocorrer sempre em nível que assegure a consideração plena de todos os objetivos e atividades afetados.

Etapa 2.9: *Estruturação dos relatórios gerenciais*

Relatório gerencial é o documento que consolida, de forma estruturada, as informações para o tomador de decisões.

Os relatórios gerenciais sofrem influência de quatro fatores:

- da estruturação do processo decisório;
- da qualidade das informações que são alocadas nos relatórios;
- da qualidade do decisor que toma a decisão; e
- do modelo de gestão da empresa.

E o modelo de gestão sofre influência do estilo decisório e de atuação dos principais gestores da empresa, bem como dos instrumentos de gestão existentes na empresa; lembramos que a estrutura organizacional é um desses instrumentos administrativos.

O gestor, em suas tarefas diárias, tem de ajustar os dados, pois, em geral, estes nunca são insuficientes ou abundantes de forma absoluta; o que ocorre é a escassez de alguns dados relevantes e o excesso de outros dispensáveis.

À medida que aumenta a complexidade interna na empresa e no ambiente em que ela atua, o processo de tomada de decisão tende a tornar-se, também, mais complexo. Para atender a essa situação de maneira adequada, o gestor necessita de sistemas de informação eficientes e eficazes, que processem o grande volume de dados gerados e produzam informações válidas.

Na seção 7.2, o leitor terá a oportunidade de identificar que o **dado** é qualquer elemento identificado em sua forma bruta, que por si só não conduz a uma compreensão de determinado fato ou situação; e **informação** é o dado trabalhado que permite ao gestor tomar uma decisão.

É importante salientar que essas informações devem propiciar a identificação dos problemas e das necessidades empresariais nos vários níveis da empresa – estratégico, tático e operacional –, bem como fornecer subsídios para avaliar o impacto das diversas decisões a serem tomadas pelos gestores das empresas.

Entretanto, nem sempre esse ideal tem sido obtido, apesar do volume de recursos aplicados à concepção e à operação desses sistemas.

Todo esse contexto deve estar sustentado por adequado **sistema de informações**, que é o processo de transformação de dados em informações. E, quando esse processo está voltado para a geração de informações que são necessárias e utilizadas no processo decisório da empresa, diz-se que esse é um **sistema de informações gerenciais**.

O resultado do sistema de informações gerenciais é a decisão e a base de sustentação são os relatórios gerenciais.

Geralmente, tem-se dificuldade de avaliar, de forma quantitativa, qual o efetivo benefício de um sistema de informações gerenciais e dos correspondentes relatórios gerenciais, ou seja, a melhoria no processo decisório, como algo básico para a consolidação dos resultados esperados pela empresa considerada.

Entretanto, pode-se trabalhar com base numa lista de hipóteses sobre os impactos dos sistemas de informações gerenciais na empresa, o que propicia aos gestores um entendimento, ainda que genérico, de sua importância.

Nesse sentido, pode-se afirmar que o sistema de informações gerenciais pode, sob determinadas condições, trazer os seguintes benefícios para as empresas:

- redução dos custos das operações;
- melhoria no acesso às informações, propiciando relatórios mais precisos e rápidos, com menor esforço;
- melhoria na produtividade;
- melhoria dos serviços realizados e oferecidos;
- melhoria na tomada de decisões, por meio do fornecimento de informações mais rápidas e precisas;
- estímulo de maior interação dos tomadores de decisão;
- fornecimento de melhores projeções dos efeitos das decisões;
- melhoria nos diversos instrumentos de gestão da empresa;
- melhoria na estrutura de poder, propiciando maior poder para aqueles que entendem e controlam o sistema em análise e o processo decisório da empresa;
- redução no grau de centralização de decisões na empresa;
- melhoria na adaptação da empresa para enfrentar os acontecimentos não previstos; e
- melhoria na estruturação e operacionalização nos instrumentos de gestão direcionados para resultados.

Pelas várias questões apresentadas, verifica-se que existe um contexto interativo de influência entre o sistema de informações gerenciais e a estrutura organizacional das empresas, o que ocorre, conforme já explicado, entre todo e qualquer instrumento de gestão de elevada amplitude. Mais detalhes são apresentados na seção 7.2.

Fase 3: Análise da capacitação profissional

Capacitação profissional é a habilidade de identificar, adquirir e aplicar conhecimentos – conceituais, metodológicos e técnicos – em processos e atividades de sua área de atuação e/ou em toda a empresa ou negócio.

Todo gestor deve trabalhar com e por meio de pessoas; e essas pessoas realizam os trabalhos que permitem que os objetivos ou resultados estabelecidos sejam alcançados.

A eficiência de uma estrutura organizacional depende de sua qualidade intrínseca, do valor proporcionado, bem como da integração das pessoas que ela organiza. Portanto, no desenvolvimento de uma estrutura organizacional eficiente, devem-se levar em consideração o comportamento e os conhecimentos das pessoas que terão de desempenhar as funções que lhes serão atribuídas.

A questão do nível de capacitação profissional é tão importante no processo de delineamento e operacionalização das estruturas organizacionais nas empresas que surgiu, no bom sentido, o termo *personograma*, em que pode ocorrer, em maior ou menor escala, a adequação estrutural para se utilizar a plena capacitação dos profissionais existentes na empresa, naturalmente, desde que essas capacitações sejam necessárias para a empresa consolidar a sua vantagem competitiva e sustentar o seu desenvolvimento, com uma gestão direcionada para resultados efetivos.

Fase 4: Elaboração do manual de organização com as fichas de funções

Manual de organização é o conjunto estruturado e formal de como a empresa aloca as atribuições, níveis de alçada e o processo decisório e de integração entre as diversas unidades organizacionais.

Esta fase se refere à consolidação formal, através de um manual ou outro documento, de todo o trabalho básico realizado.

O leitor pode considerar como verdadeiro o lema: "só se consegue aprimorar o que foi elaborado, operacionado e avaliado anteriormente, de maneira formal".

Fuja da situação: "eu sei tudo! Não tenho nada escrito, pois tudo está guardado em minha cabeça".

Fase 5: Plano de implementação da estrutura organizacional (ou de outro instrumento de gestão)

Pode-se afirmar que um problema de estrutura acarreta sempre um problema humano: o de preenchimento dos cargos, o qual deve ser resolvido, primeiramente, sob o seu aspecto teórico; e, neste caso, abstraindo-se das características pessoais, procura-se enquadrar as qualidades e as aptidões das pessoas às responsabilidades e às autoridades de cargo, abordadas nas unidades organizacionais da empresa.

Cada gestor da empresa tem a responsabilidade de zelar por sua unidade organizacional, procurando atualizá-la, a fim de que corresponda, em qualquer ocasião, aos objetivos ou resultados fixados.

A adequada estruturação organizacional elimina duplicidade de esforços, funções desnecessárias e atritos, possibilita melhor coordenação entre as diferentes atividades, atende à especialização, contribuindo para diminuir os erros e colocando os atos de decisão mais próximos dos problemas. Ou seja, contribui diretamente para uma otimizada gestão direcionada para resultados.

Etapa 5.1: *Atuação dos agentes de mudanças*

Agente de mudanças é o profissional capaz de desenvolver comportamentos, atitudes e processos que possibilitem à empresa transacionar, proativa e interativamente, com os diversos instrumentos de gestão da empresa, bem como com os fatores externos ou não controláveis.

Os detalhes inerentes aos agentes de mudanças ou agentes de desenvolvimento organizacional são apresentados na seção 6.3.

Etapa 5.2: *Otimização do processo de mudanças em uma gestão direcionada para resultados*

A este respeito, ver seção 6.4.

Fase 6: Interligação da estrutura organizacional com outros instrumentos de gestão das empresas

Mais uma vez, o lembrete: o autor foi obrigado, para apresentar uma metodologia de desenvolvimento e operacionalização, a se concentrar em um único instrumento de gestão, e o escolhido foi a estrutura organizacional.

Um interessante exercício para o leitor é fazer a adequação desta metodologia para o instrumento de gestão de seu maior interesse.

De qualquer forma, a adequada interligação da estrutura organizacional com outros instrumentos de gestão das empresas é um assunto de elevada importância, pois proporciona os seguintes benefícios para as empresas em um contexto de gestão direcionada para resultados:

- maior sustentação para a estrutura organizacional, pois as realidades dos outros instrumentos de gestão são transferidas para a estrutura organizacional, e vice-versa;

- maior rapidez e qualidade no processo de capacitação profissional, pois a abrangência das tarefas e dos processos se torna maior;
- maior visualização do todo pela efetiva interação entre as diversas atividades e processos da empresa; e
- forte sinergia positiva, em que o todo é maior que a soma das partes e, portanto, o processo decisório fica otimizado.

Para facilitar o entendimento, são apresentadas, de forma resumida, interligações de cinco instrumentos de gestão com a estrutura organizacional: planejamento estratégico, orçamento, relatórios gerenciais, avaliação de desempenho e análise de capacitação.

É importante notar que os instrumentos de gestão exemplificados se interligam entre si, antes e/ou após a interligação com a estrutura organizacional. Portanto, a partir deste momento, a interação entre os níveis estratégico, tático e operacional ficará perfeitamente entendido pelo leitor.

Essa situação consolida uma realidade da empresa como um sistema global integrado, o qual é um princípio básico da moderna gestão de empresas, principalmente quando direcionada para resultados efetivos.

A. Interligação da estrutura organizacional com o planejamento estratégico

Essa interligação é considerada, na prática, como a principal premissa da otimizada estruturação organizacional.

Essa questão foi elaborada quando do estabelecimento da Fase 1 e das seis etapas correspondentes, na metodologia de desenvolvimento, implementação e avaliação da estrutura organizacional das empresas, como um exemplo genérico neste livro.

O foco básico dessa interligação se inicia no estabelecimento das estratégias, as quais são fundamentais para a consolidação dos objetivos e metas – resultados em geral – das empresas.

Foi verificado que toda e qualquer estratégia – a qual pode ser representada por uma simples frase – deve se consolidar em um ou mais projetos, os quais possibilitam a implementação das estratégias anteriormente estabelecidas.

Posteriormente, todas as partes comuns dos diferentes projetos são agrupadas, constituindo os planos de ação, os quais são alocados nas diversas unidades organizacionais da empresa.

Essa situação pode ser visualizada na Figura 4.5:

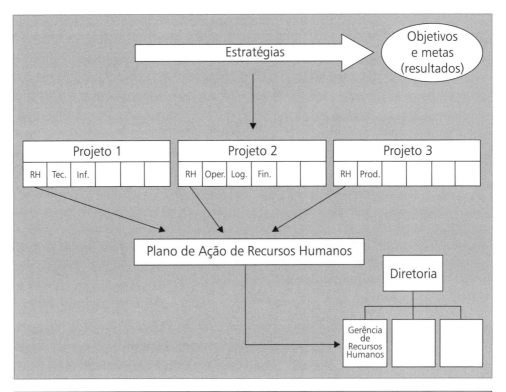

| **Figura 4.5** | *Interligação da estrutura organizacional com o planejamento estratégico.* |

B. Interligação da estrutura organizacional com o orçamento

A interligação da estrutura organizacional com o orçamento é uma complementação da interligação anterior.

Nesse caso, os vários projetos decorrentes das estratégias estabelecidas são alocados ao longo do tempo; e lembrando que os projetos, pela própria definição, têm os seus recursos distribuídos em contas contábeis de receitas, despesas e investimentos, o que possibilita fácil alocação das atividades – partes do projeto – nas contas orçamentárias –, que devem ser idênticas às dos projetos – ao longo do tempo.

Essa situação pode ser visualizada na Figura 4.6:

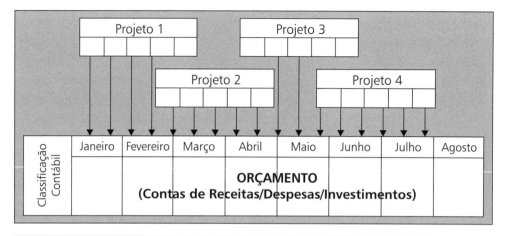

Figura 4.6 | *Interligação da estrutura organizacional com o orçamento.*

Verifica-se que os projetos podem ser realocados ao longo do tempo, de acordo com a alteração de suas prioridades, propiciando uma atualização, em *tempo real*, do orçamento empresarial.

Deve-se lembrar que o orçamento empresarial tem dois grandes grupos de contas:

- as contas correntes, que se referem a receitas e, principalmente, a despesas correntes, as quais podem ser orçadas, independentemente das realizações das empresas, tais como aluguéis, salários e encargos; e
- as contas esporádicas, as quais são originárias principalmente dos projetos, que devem ser decorrentes das estratégias das empresas.

Salienta-se que, a partir do orçamento, pode-se extrapolar a interligação da estrutura organizacional com o sistema de custos, bem como o fluxo de caixa projetado e o balanço projetado.

E, para o caso de se interligar a estrutura organizacional com o orçamento em nível de centros de resultados ou centros de custos, correspondentes às unidades organizacionais, devem-se utilizar os planos de ação, decorrentes das partes comuns dos diferentes projetos, conforme explicado anteriormente.

C. Interligação da estrutura organizacional com os relatórios gerenciais

Nesse aspecto, o ideal é recorrer a dois grupos de informações:

- de um lado, dos objetivos, estratégias e políticas decorrentes do plano estratégico; e

- de outro lado, das unidades organizacionais das empresas, com os seus gestores responsáveis. Naturalmente, esta questão depende do assunto de gestão considerado, sendo que, neste exemplo geral, foi a estrutura organizacional.

Isso porque:

- os objetivos e metas proporcionam as informações básicas a respeito dos resultados a serem alcançados;
- as estratégias – e os projetos correspondentes – proporcionam informações a respeito das ações que devem ser desenvolvidas para se alcançarem os objetivos e metas;
- as políticas fornecem as informações inerentes aos assuntos que devem ser respeitados pela empresa;
- as unidades organizacionais fornecem informações a respeito das responsabilidades e autoridades, bem com do processo decisório e das comunicações a serem operacionalizadas pela empresa; e
- a análise dos gestores da empresa fornece as informações básicas a respeito da individualidade e do *estilo* de gestão de cada profissional da empresa.

Portanto, o ideal é que os relatórios gerenciais estejam no *meio de campo* entre as questões estratégicas e as questões organizacionais das empresas.

Neste contexto, os relatórios gerenciais também servem como foco de análise da qualidade da gestão das empresas, principalmente quando estas direcionam suas atividades e decisões para resultados efetivos.

O leitor deve observar que a situação dos relatórios gerenciais sustentarem, com qualidade, o processo decisório direcionado para resultados efetivos nas empresas é de elevada importância, inclusive quanto à redução dos custos operacionais.

O problema é que, na prática, são poucas as empresas que proporcionam a devida importância aos relatórios gerenciais neste importante processo empresarial.

Essa situação pode ser visualizada na Figura 4.7:

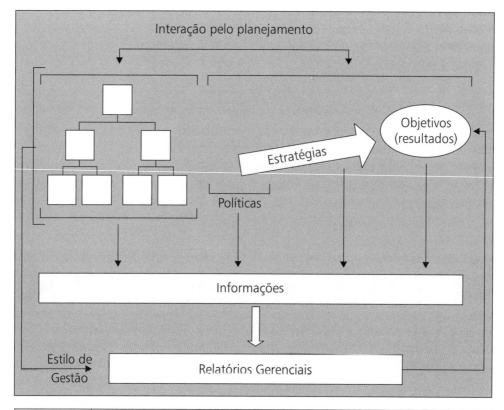

| **Figura 4.7** | *Interligação da estrutura organizacional com os relatórios gerenciais.* |

D. Interligação da estrutura organizacional com a avaliação de desempenho

Para fazer esta interligação, obrigatoriamente deve-se recorrer ao plano estratégico.

Isso porque as avaliações de desempenho de forma subjetiva, em que se verifica se o profissional é criativo ou não, sabe ou não se comunicar, sabe ou não trabalhar em equipes, estão caindo em desuso, para dar lugar a avaliações mais objetivas, as quais estejam relacionadas aos resultados esperados pela empresa, a partir dos objetivos e das metas estabelecidos no plano estratégico.

Essa situação pode ser visualizada na Figura 4.8:

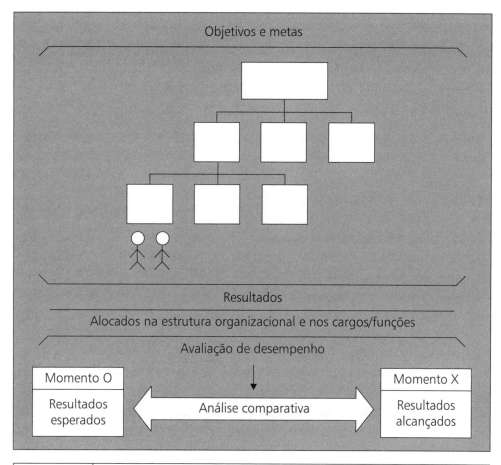

| Figura 4.8 | Interligação da estrutura organizacional com a avaliação de desempenho. |

É inquestionável o maior nível de motivação proporcionado por avaliações de desempenho sustentadas por questões objetivas, ao invés de questões subjetivas. E esta é uma questão fundamental, quando se considera uma gestão direcionada para resultados efetivos.

E. Interligação da estrutura organizacional com a análise de capacitação

Nesse caso, a interligação também deve se originar das estratégias estabelecidas no plano estratégico. Isso porque se está, dessa forma, correlacionando o nível de capacitação desejada com as ações e estratégias que a empresa vai desenvolver e operacionalizar ao longo do tempo.

Com base nas estratégias, são estabelecidos os projetos – indicando as atividades a serem desenvolvidas – e os processos – estabelecendo a normatização das atividades –, os quais permitem identificar as capacitações que serão necessárias ao longo do tempo na empresa.

Essa situação pode ser visualizada na Figura 4.9:

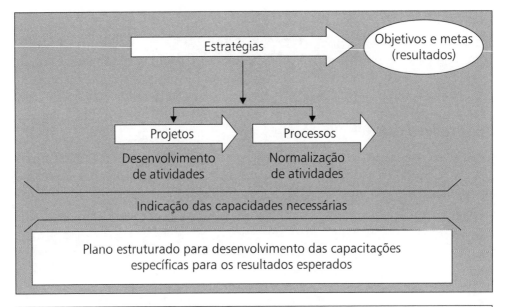

Figura 4.9	*Interligação da estrutura organizacional com a análise de capacitação.*

Fase 7: Avaliação e aprimoramento do instrumento de gestão

Avaliação e aprimoramento é o processo de efetuar comparações com padrões previamente estabelecidos, para medir o desempenho e o resultado das ações, com a finalidade de realimentar os tomadores de decisão, de forma que possam corrigir e, preferencialmente, melhorar esse desempenho e os resultados correlacionados, de forma evolutiva, gradativa e sustentada.

Os detalhes inerentes ao processo de avaliação e de aprimoramento da estrutura organizacional ou de qualquer outro instrumento de gestão nos níveis estratégico e/ou tático e/ou operacional são apresentados na seção 8.3.

O autor considera que ficou evidente a interação entre os níveis estratégico, tático e operacional, bem como a sua efetiva contribuição para a otimizada gestão direcionada para resultados efetivos nas empresas.

Resumo

Neste capítulo, foram evidenciados os principais aspectos que o leitor deve conhecer quanto à sua atuação nos contextos estratégico, tático e operacional, sempre de forma direcionada aos resultados efetivos que a empresa deve apresentar.

Para facilitar o entendimento pelo leitor, foi apresentado um exemplo, com metodologia estruturada e prática, de interligação entre o planejamento estratégico e a estrutura organizacional – nível tático –, sendo que o autor escolheu este exemplo pelo fato de toda e qualquer empresa se preocupar com estes dois assuntos, principalmente em seus trabalhos para tornar a gestão direcionada para resultados efetivos.

Naturalmente, o leitor deve estruturar a metodologia ideal de interligação entre os níveis estratégico, tático e operacional, de acordo com a realidade específica de sua empresa.

Mas este não deve ser um problema para o leitor, pois o conhecimento da metodologia básica de desenvolvimento e implementação de cada instrumento de gestão de sua empresa, em sua amplitude e área de atuação, seguramente é de seu conhecimento.

Questões para debate

1. Debater a atuação dos gestores e demais profissionais das empresas no contexto estratégico. Ampliar a abordagem apresentada neste capítulo, apresentando outras situações de interesse do leitor.
2. Idem quanto ao contexto tático.
3. Idem quanto ao contexto operacional.
4. Debater a interação entre os níveis estratégico, tático e operacional da atuação dos gestores e demais profissionais, quando direcionados para os resultados esperados pelas empresas.
5. Estabelecer outros exemplos de interligação entre os níveis estratégico e/ou tático e/ou operacional, além do exemplo apresentado (estrutura organizacional).

> **Caso:**
> A empresa Beta quer uma perfeita interação entre os níveis estratégico, tático e operacional, bem como a existência de otimizado direcionamento decisório para os resultados esperados.

A Beta é uma empresa produtora e distribuidora de produtos químicos, de médio porte, que tem como mercado, principalmente, as indústrias farmacêuticas e de agrotóxicos, com o principal objetivo atual de desenvolver um modelo de gestão que facilite à empresa consolidar os resultados esperados.

Ela é administrada por uma equipe de profissionais, sendo que os seus quatro proprietários vivem no exterior, recebendo, mensalmente, relatórios gerenciais detalhados e analisados.

O organograma resumido da Beta é apresentado a seguir:

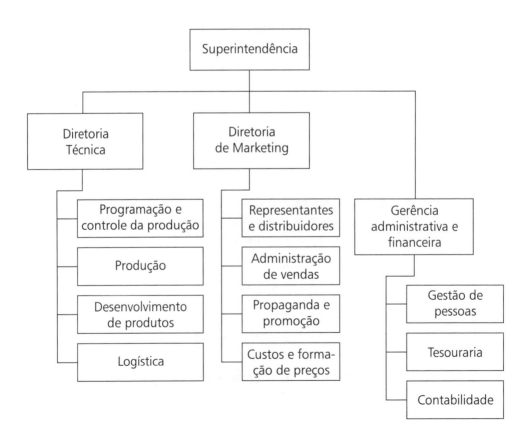

Os quatro proprietários que vivem no exterior têm reuniões semestrais com o superintendente da Beta, em que podem participar os dois Diretores e o Gerente.

A Beta desenvolveu um plano estratégico, o qual pode ser considerado relativamente respeitado, pois os quatro proprietários não têm a disciplina de cobrar a sua plena elaboração e os seus resultados.

O Superintendente se sente meio *desconfortável* com esta situação e decidiu que ele, junto com os dois Diretores e o Gerente, vão detalhar um planejamento tático, o qual será decomposto em vários planejamentos operacionais, tantos quanto forem necessários.

Esta situação provocou alguns questionamentos, principalmente dos subordinados do Superintendente, pois alguns consideravam que não deveriam dedicar horas de trabalho para algo com que os próprios proprietários de Beta não estavam muito preocupados.

O Superintendente retrucou esta posição, afirmando que, mais importante do que o que os quatro proprietários queriam, era o que a empresa Beta necessitava para ter um modelo de gestão direcionado para resultados efetivos.

O seu trabalho é esboçar um plano para consolidar, da melhor maneira possível, os planejamentos estratégicos, bem como os táticos e operacionais, e, principalmente, que estes estejam direcionados para a otimização dos resultados da Beta.

Para tanto, você deve complementar os dados apresentados com as situações e informações que julgar necessárias para o melhor desenvolvimento do *caso*, o qual é verdadeiro.

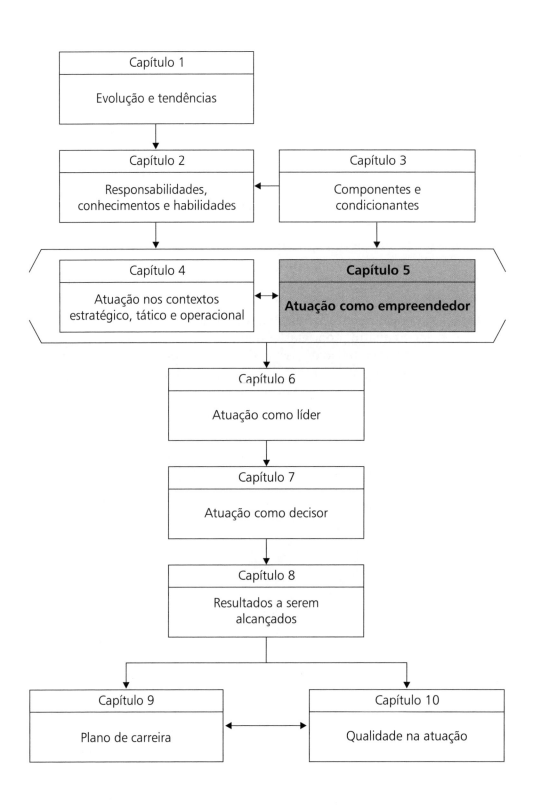

5

Atuação do profissional da empresa como empreendedor

"Um empreendedor é alguém que toma a iniciativa
na otimizada utilização dos recursos de gestão."

Belshaw

5.1 Introdução

Neste capítulo, são abordados os principais aspectos da atuação dos gestores e demais profissionais das empresas, quer seja no contexto do empreendedor externo – idealizador e desenvolvedor do negócio –, quer seja no contexto do empreendedor interno, ou seja, o profissional que conduz a empresa em direção aos seus resultados planejados.

Embora a maior parte das obras de gestão ou administração de empresas coloque o empreendedor externo como o grande diferencial na busca de resultados efetivos, na prática, tem-se observado que muitos empreendedores internos consolidam melhores resultados para as empresas, desde que algumas premissas, apresentadas neste capítulo, sejam respeitadas.

5.2 Atuação do profissional como empreendedor externo

Empreendedor externo é aquele que tem a capacidade de fazer um empreendimento *decolar do zero*, de operacionalizar novas ideias e fazê-las bem-sucedidas, apresentando resultados interessantes, através da otimização da capacidade de inovação e renovação.

Inicialmente, é válido apresentar alguns aspectos inerentes ao empreendedorismo no contexto empresarial.

Empreendedorismo é o processo evolutivo e inovador da capacidade e habilidade profissionais direcionadas à alavancagem dos resultados das empresas e à consolidação de novos projetos estrategicamente relevantes.

O termo *empreendedorismo* foi idealizado em 1949, pelo economista Joseph Schumpeter, designando um gestor de empresa que tenha elevada criatividade, bem como saiba conseguir resultados interessantes baseado em inovações.

Em 1950, Peter Drucker incorporou o conceito de risco, afirmando que o empreendedorismo exige determinado nível de risco no negócio considerado.

No contexto do empreendedorismo, deve-se considerar o tradicional *entrepreneur* ou empreendedor externo ou empreendedor que empreende um novo negócio ou empresa, bem como o *intrapreneur* ou empreendedor interno ou empreendedor funcionário de uma empresa, sendo o último conceito criado em 1985, por Gifford Pinchot.

Os empreendedores estão, normalmente, associados a atividades de alto risco, principalmente pelo seu aspecto inovador.

Os empreendedores devem saber praticar a inovação sistemática, que consiste na busca deliberada e organizada de mudanças e na análise contínua das oportunidades que tais mudanças podem oferecer para a inovação econômica ou social.

A maioria das inovações bem-sucedidas explora a mudança; e o inovador não precisa procurar entender por que as coisas não funcionam como deveriam. O que ele deve procurar é identificar como pode ser mudada determinada situação que não seja muito interessante para a sua empresa.

Quando se exploram mudanças na percepção, é necessário investigar se ela é uma necessidade passageira ou algo permanente; e quais são realmente as consequências. E a inovação baseada na percepção deve começar pequena e ser bem específica, podendo ser ampliada quando aquele pequeno foco de mudança começar a apresentar resultados efetivos.

A inovação baseada no conhecimento é a *superestrela* do espírito empreendedor. Ela ganha publicidade e reconhecimento, sendo aquela que proporciona melhor sustentação para o desenvolvimento dos gestores e demais profissionais das empresas, principalmente em um modelo de gestão direcionada para resultados.

As inovações baseadas no conhecimento apresentam algumas características básicas, como:

- possuem elevado período de maturação, pois precisam ser aplicáveis à tecnologia e depois transformadas em processos e, finalmente, em produtos ou serviços;
- quase nunca se baseiam em um só fator, mas na convergência de vários tipos de conhecimento, e nem todos eles científicos ou tecnológicos;
- requerem análise meticulosa de todos os fatores sociais, econômicos e tecnológicos. A análise precisa identificar quais são os fatores ainda não disponíveis, de modo que os gestores das empresas possam decidir se esses fatores que faltam podem ser produzidos, ou se a inovação talvez devesse ser adiada por ainda não ser viável; e
- não podem ser introduzidas por tentativas. O fato de que a introdução de uma inovação cria um estímulo envolvendo, inclusive, outras pessoas significa que o inovador tem que estar certo "na primeira vez". Dificilmente, ele terá uma segunda oportunidade.

Diante desses aspectos, pode-se considerar que os profissionais empreendedores apresentam a característica do *conservadorismo inteligente*, pois se concentram nas oportunidades de mercado e não nos riscos do negócio.

A inovação e o espírito empreendedor são, portanto, necessários na sociedade, tanto quanto na economia; na instituição de serviço público, tanto quanto em empresas privadas. Isto requer dos profissionais, em todas as instituições, que façam da inovação e do empreendedorismo uma atividade normal que funcione como parte integrante do seu dia a dia, sendo uma prática em seu próprio trabalho e no de suas empresas.

Para finalizar este assunto, deve-se lembrar George Bernard Shaw, que afirmou: "Algumas pessoas veem as coisas como são e perguntam: Por quê? Eu sonho com as coisas que nunca existiram e pergunto: Por que não?"

Em um contexto amplo, os empreendedores – externos e internos – devem atuar como gestores estrategistas e estadistas.

Gestor estrategista é aquele que está constantemente *ligado* e interativo com os fatores externos ou não controláveis, desenvolvendo e exercitando estratégias – com suas alternativas –, visando otimizar a interação da empresa com o seu ambiente externo e não controlável.

Gestor estadista é aquele que otimiza o estilo e o modelo de gestão do empreendedor e do gestor estrategista, bem como consolida empresas que contribuem, em maior ou menor escala, para o desenvolvimento consciente, sustentado e consistente do país e da economia como um todo.

Portanto, procuram-se, nestas abordagens, o planejamento e o desenvolvimento das empresas e dos países a mais longo prazo.

Naturalmente, e infelizmente, não são todos os empreendedores que se encaixam nesta situação mas, seguramente, o número deles está aumentando ao longo dos anos.

5.3 Atuação do profissional como empreendedor interno

Empreendedor interno é aquele que tem a capacidade de administrar situações novas e de assumir os riscos decorrentes das decisões tomadas na empresa onde trabalha.

A principal questão a ser analisada na atuação do profissional como empreendedor interno pode ser o seguinte processo:

- como o empreendedor externo identifica o empreendedor interno ideal; e
- como o empreendedor interno – auxiliado ou não pelo empreendedor externo – identifica o seu sucessor ideal.

Esta situação pode ocorrer em um processo sucessório familiar ou profissional, sendo que cada caso apresenta características específicas, com os principais detalhes da situação familiar apresentados no livro *Empresa familiar: como fortalecer o empreendimento e otimizar o processo sucessório*, dos mesmos autor e editora.

Sem querer afirmar que esse é um processo altamente sistematizado, existem algumas fases a serem consideradas, as quais são apresentadas a seguir, de forma resumida, para conhecimento geral do leitor.

Fase 1: Identificação dos resultados a serem alcançados

A identificação dos resultados deve ser estabelecida, inicialmente, no nível de toda a empresa e, posteriormente, se for o caso, no nível da unidade organizacional onde o empreendedor interno está alocado. Embora essa afirmação possa parecer óbvia, não é o que se tem encontrado em vários processos de identificação dos empreendedores internos ideais para a empresa considerada.

Com referência aos resultados a serem alcançados, o leitor pode considerar alguns dos indicadores de desempenho apresentados na seção 8.3.

Uma ideia é que essa identificação dos resultados esperados esteja perfeitamente interligada com um processo estruturado de planejamento estratégico, incluindo o delineamento de uma rede escalar de objetivos, considerando os objetivos da empresa e de cada uma de suas unidades organizacionais. A este respeito, ver alguns aspectos na seção 4.2, ou detalhes no livro *Planejamento estratégico: conceitos, metodologia e práticas*, dos mesmos autor e editora.

Fase 2: Estabelecimento do perfil básico do profissional

Nesse momento, devem ser considerados os aspectos de responsabilidades, conhecimentos e habilidades do empreendedor interno – ver seções 2.2, 2.3 e 2.4 –, tendo em vista os resultados a serem alcançados, conforme estabelecidos na Fase 1.

Esse perfil deve ser estabelecido de forma interativa com as forças que devem impulsionar as empresas ao longo do tempo e também com algumas questões básicas de gestão direcionada para resultados.

Sem a preocupação de listar todas as forças que podem impulsionar as empresas, podem-se considerar algumas, tais como a criatividade e inovação, a vantagem tecnológica, os processos bem sintonizados e a geração otimizada de valor, a obsessão com a qualidade, principalmente dos processos, das informações e do decisor, a cultura organizacional baseada em melhoria contínua e aprendizado, bem como o trabalho com equipes multidisciplinares.

Fase 3: Amplo debate dos resultados esperados e do perfil básico do empreendedor interno

Essa é a fase do *fechamento* do processo de sucessão, tendo em vista a perfeita interação dos resultados esperados e do perfil básico dos empreendedores internos. Se essa fase for bem trabalhada, o processo tem elevadas chances de ser bem-sucedido e, inclusive, proporcionar uma alavancagem nos resultados da empresa considerada.

O ideal é o leitor ir estabelecendo o perfil básico ideal do empreendedor interno ao longo da leitura deste livro, de acordo com sua interpretação do texto, bem como considerando a realidade de sua empresa.

Fase 4: Escolha do(s) empreendedor(es) interno(s)

Essa escolha pode ser fácil ou difícil, dependendo do que ocorreu nas fases anteriores.

O nível de negociação entre as partes deve ser bem aguçado, assim como a franqueza e a honestidade devem sustentar todo o processo de debate, análise final e escolha do(s) empreendedor(es) interno(s), pois este momento tem elevada influência na qualidade de gestão direcionada para resultados.

Fase 5: Implementação e avaliação do processo

Essa é a fase de consolidação do processo de identificação do(s) empreendedor(es) interno(s). E, sempre que possível, o gestor catalisador do processo deve concentrar um nível de esforço e de atenção, bem como de *jogo de cintura* nessa fase, para que sua evolução seja a mais adequada possível, inclusive apresentando os resultados esperados.

Nesta seção do livro, também é importante a apresentação, decorrente de aplicações práticas, de algumas sugestões que podem facilitar e otimizar a *passagem do bastão*, do empreendedor externo para o empreendedor interno e, deste, para o seu sucessor, quer este processo ocorra em uma empresa familiar ou profissionalizada, mas sempre em empresas cujos modelos de gestão priorizam a busca de resultados efetivos.

Parece inquestionável que todo este processo deve ser realizado com os *pés no chão*. Não se está afirmando que esse seja um processo irreversível e, muito menos, que seja de um só caminho; mas que toda vez que um empreendedor tem de reconsiderar sua decisão de iniciar um processo sucessório, ou tem de retroceder depois do referido processo implementado, os prejuízos e problemas para a empresa considerada são de elevada monta.

Com referência ao momento anterior à *passagem do bastão*, as orientações que o leitor deve considerar são:

a) Planejar muito bem o processo sucessório

É muito importante que o empreendedor planeje, e muito bem, o processo sucessório e que não se fiquem acumulando erros nesse assunto, pois parece ser evidente que os prejuízos para a empresa são volumosos.

Uma sugestão específica nesse aspecto do planejamento do processo sucessório é ele ser muito bem estruturado, tal como é o processo de elaboração do planejamento estratégico em uma empresa. Portanto, se o empreendedor fizer o planejamento do processo sucessório de forma global e interativa, os resultados podem ser bem mais interessantes.

A empresa deve otimizar seu modelo de gestão direcionado para resultados para facilitar o planejamento da sucessão do empreendedor externo para o(s) empreendedor(es) interno(s) e, destes, para os seus sucessores.

b) Iniciar o processo sucessório o mais cedo possível

O empreendedor externo ou interno deve iniciar o planejamento do processo sucessório assim que sentir as primeiras necessidades. Muitos proprietários e gestores de empresas procuram deixar para depois o planejamento e, pior ainda, a própria operacionalização do processo sucessório. Nesse caso, as consequências para a empresa são bastante danosas, principalmente quanto aos aspectos motivacionais e de resultados, tais como lucratividade, rentabilidade e participação de mercado.

c) Ter amplo debate sobre o assunto

Nesse caso, o empreendedor deve considerar uma pessoa não envolvida no processo sucessório que sirva de *paredão* ou de *advogado do diabo* para o debate. Essa pessoa pode ser um consultor, um advogado ou um amigo do empreendedor. A única premissa é que o referido convidado tenha mente aberta e pensamento estratégico; caso contrário, esse debate só servirá para piorar a situação e consolidar novos e inesperados problemas para o empreendedor e para a empresa considerada.

d) Ter visão de curto, médio e longo prazos

No processo sucessório, o empreendedor catalisador deve ter visão de curto, médio e longo prazos, pois, caso contrário, pode colocar um sucessor que seja operacional demais ou de menos (curto prazo) ou estratégico demais ou de menos (longo prazo).

É justamente esse equilíbrio entre os aspectos de curto, médio e longo prazos uma das características do empreendedor eficiente, eficaz e efetivo.

e) Ter *regra-três* para o sucessor

Embora o empreendedor catalisador do processo sucessório invista muito em seu sucessor escolhido, é válido ter um *regra-três* para seu sucessor, por algumas razões:

- o sucessor não deve se sentir único, sendo que um agradável clima competitivo é altamente interessante; e
- o sucessor escolhido pode ser um fracasso total quando assumir o novo cargo/função de maneira efetiva, embora não se devam esperar maiores resultados a curtíssimo prazo.

Se o leitor analisar sua realidade empresarial com outras empresas de seu conhecimento, é bastante provável que identifique, pelo menos, uma empresa em que a *regra-três* do sucessor assumiu o cargo/função do sucessor anteriormente indicado e os resultados para a empresa foram bem mais interessantes.

f) Estabelecer os objetivos da sucessão

Os objetivos correspondem aos alvos ou situações que o empreendedor pretende alcançar com o processo sucessório.

Esses objetivos devem ser muito bem delineados e negociados com o empreendedor sucessor; caso contrário, os mal-entendidos poderão deteriorar todo o processo. Também podem ser decompostos em metas intermediárias, que facilitem o desenvolvimento e a implementação do processo sucessório.

g) Estabelecer as estratégias do processo sucessório

De nada adianta o empreendedor catalisador estabelecer os objetivos do processo sucessório se não delinear as estratégias a serem operacionalizadas, ou seja, como os objetivos serão alcançados. Torna-se válido o empreendedor catalisador do processo delinear algumas estratégias alternativas, tendo em vista algumas dificuldades que podem surgir ao longo do processo sucessório.

h) Estabelecer as políticas do processo sucessório

As políticas correspondem aos parâmetros auxiliares para o processo decisório dos empreendedores e gestores das empresas. Portanto, servem para estabelecer os *muros* dentro dos quais o processo decisório vai desenvolver-se.

Um adequado conjunto de políticas pode facilitar a consolidação de um modelo de gestão direcionado para resultados efetivos.

i) Consolidar o processo sucessório em um projeto

O projeto corresponde a um trabalho com datas de início e término, resultado final previamente estabelecido com recursos alocados e administrados, bem como um coordenador responsável por seu desenvolvimento e implementação. Naturalmente, é válido que o coordenador responsável seja o próprio empreendedor – externo ou interno – que está *passando o bastão* para seu sucessor.

j) Debater o modelo de gestão

Qual deve ser o modelo de gestão que o sucessor deverá consolidar na empresa? É o estilo do atual gestor que está no comando? Ou será outro estilo? Quais as vantagens de cada um dos estilos para a empresa?

Muitos gestores não têm autocrítica e consideram, sem mais, seu modelo de gestão o *melhor do mundo*. Pode até ser o melhor modelo, mas somente será possível saber se realmente o é ocorrendo amplo debate a esse respeito, de formas introspectiva e extrospectiva. E não se esquecendo de que o foco de análise é de um modelo de gestão direcionado para resultados.

k) Estabelecer critérios e parâmetros de avaliação

O empreendedor deve estabelecer todos os critérios, parâmetros e indicadores para que o processo sucessório se desenvolva de maneira adequada. É bastante válido que esses critérios e parâmetros, assim como outros aspectos evidenciados nesta seção, sejam amplamente debatidos e incorporados pelo empreendedor sucessor.

Com referência aos indicadores de desempenho, alguns exemplos são apresentados na seção 8.3.

Quanto ao momento da *passagem do bastão*, o leitor pode considerar as seguintes sugestões:

a) *Estar junto* no processo decisório

Muitos pseudoempreendedores ficam assistindo *de cima do muro* ao desenvolvimento do processo sucessório, simplesmente para verificar *no que vai dar*. Essa é uma das piores situações que podem ocorrer em uma empresa.

Cada empresa tem o processo sucessório que merece. E, seguramente, o empreendedor que deixar o cargo/função e não acompanhar seu processo sucessório provoca uma série de problemas desagradáveis para seu sucessor e para a empresa considerada.

b) Não deixar a *peteca cair*

Em um processo sucessório ocorrem, o que é perfeitamente normal, várias oscilações de qualidade do postulante ao cargo/função. O empreendedor catalisador do processo sucessório, com uma postura interativa, conciliadora e negociadora, proporciona sustentação para que essas oscilações não coloquem seu sucessor *na geladeira*.

Naturalmente, está-se considerando que os problemas de qualidade provocados por seu sucessor não sejam inerentes a uma inadequada gestão. Porque, se o forem, o melhor é o empreendedor catalisador do processo de sucessão convocar o *regra-três* de seu sucessor.

c) Ser crítico e observador

O empreendedor catalisador do processo sucessório deve ter aguçada ação observatória sobre o empreendedor sucessor e seu modelo de gestão, bem como elevado nível de crítica e autocrítica.

Pode-se considerar que, na maior parte das vezes, a qualidade e veracidade do senso de autocrítica têm maior impacto sobre os resultados do processo sucessório. Isto porque os empreendedores geradores de otimizados processos sucessórios são os que, efetivamente, se autoconhecem de maneira real e adequada.

d) Ser negociador

Nesse ponto, é importante evidenciar que o empreendedor deve analisar todas as abordagens quando estiver negociando sua sucessão no cargo/função considerado, em uma abordagem de gestão direcionada para resultados.

e) Ter clareza e objetividade no diálogo

De nada adianta o empreendedor pretender ter um bom sucessor, planejar o processo sucessório adequadamente e consolidar vários aspectos abordados neste livro, se não tiver clareza e objetividade no diálogo perante os vários profissionais envolvidos e, principalmente, o empreendedor sucessor.

f) Considerar a cultura organizacional

A cultura organizacional, conforme já evidenciado na seção 1.5, é representada pelo conjunto de crenças, valores e percepções que consolida uma forma de ser da empresa, uma espécie de *personalidade* empresarial.

Como a cultura organizacional não é algo que se altera com facilidade – se ocorrer, será com elevada dificuldade –, o empreendedor catalisador do processo sucessório deve considerar, de forma interativa, essa realidade da empresa. Esse procedimento fará com que o empreendedor não fique *dando murro em ponta de faca*.

g) Verificar as interações com as várias áreas e unidades organizacionais da empresa

Essas interações devem ser consideradas em todos os sentidos na empresa, quer seja vertical, horizontal ou diagonal. Esse procedimento interativo propicia o desenvolvimento e a consolidação de um clima organizacional que facilita todo o processo sucessório, pois sua abrangência e seu entendimento serão os mais amplos possível. Aqui, o lema é: "Consiga o maior número de cúmplices a seu processo sucessório."

h) Ter avaliação em *tempo real*

Embora o empreendedor catalisador do processo sucessório estabeleça os critérios e parâmetros, bem como os momentos de avaliação do referido processo, é bastante interessante que esse acompanhamento seja efetuado em *tempo real*, ou seja, as respostas e as decisões do empreendedor gestor devem ser simultâneas à ocorrência dos problemas ou às alterações de rumo no processo sucessório. Talvez esse aspecto seja um dos mais importantes para a elevada qualidade dos resultados do processo sucessório nas empresas.

i) Não esperar grandes resultados a curto prazo

O problema é evitar esse grande erro que, muitas vezes, ocorre por simples *miopia* do empreendedor catalisador do processo sucessório.

Deve-se entender que o mais importante em um processo sucessório são, salvo raras exceções, os resultados a médio e longo prazos.

Os principais resultados a curto prazo devem estar correlacionados à efetiva consolidação do modelo de gestão direcionada para resultados pelo empreendedor sucessor.

j) Administrar conflitos

O conflito entre os empreendedores, gestores, profissionais de uma empresa sempre existirá, pois pode ser considerado como parte integrante desse processo. O importante é que esses conflitos não virem atritos pessoais e, mais ainda, que exista alguém que consiga administrá-los.

Essa pessoa deve ter apenas relacionamento profissional com os envolvidos, para que possa, se tiver condições e capacidade para tal, agir de maneira imparcial e contribuir, direta e rapidamente, para a redução das áreas de conflito.

Em um processo sucessório, podem ocorrer três conflitos de interesses que agitam o raciocínio lógico do empreendedor que está administrando esse processo de *passagem do bastão*, a saber:

- conflito de interesses provocado pela dúvida do empreendedor em *passar o bastão*;
- conflito de interesses provocado pelo processo e pela decisão de escolha do sucessor; e
- conflito de interesses provocado por disputas pelo poder entre os sucessores.

Os assuntos abordados neste livro procuram, na medida do possível, evitar esses conflitos ou, pelo menos, amenizar seus efeitos para a empresa que está aplicando o modelo de gestão direcionada para resultados.

E, finalmente, no momento depois da *passagem do bastão*, podem ser consideradas as seguintes sugestões para uma otimizada gestão para resultados:

a) Afastar-se do antigo cargo e função

Não perturbar! Esse deve ser o lema do empreendedor depois da efetiva implementação do processo sucessório.

O empreendedor catalisador do processo sucessório deve saber definir, e muito bem, os seguintes momentos:

- o momento de iniciar o planejamento do processo sucessório;
- o momento de *dividir o bastão*, que corresponde ao *estar junto* no processo sucessório; e
- o momento de *passar o bastão*, que corresponde ao *não perturbar* o empreendedor sucessor.

b) Ter processo de avaliação *interessante*

Essa avaliação está correlacionada aos critérios, parâmetros e indicadores anteriormente estabelecidos, tendo em vista os objetivos, estratégias e políticas que foram determinados no planejamento do processo sucessório. Devem-se adequar à realidade da empresa considerada e às características das partes envolvidas, representadas pelo empreendedor catalisador que deixa o cargo/função e pelo empreendedor sucessor.

Portanto, essa avaliação envolve muito pensar e repensar, criatividade e negociação para otimizar uma situação que consolide uma continuidade do negócio com uma nova abordagem de gestão direcionada para resultados.

c) Ter alternativa no *bolso do colete*

Se nenhuma das sugestões anteriormente apresentadas surtir o efeito esperado, o empreendedor catalisador do processo sucessório pode considerar uma alternativa estruturada que facilite a consolidação de um modelo de gestão direcionada para resultados efetivos.

d) Passar para o empreendedor sucessor uma empresa que seja saudável e estruturada

Neste momento, é válido se lembrar de Arie de Geus, estudioso da perpetuidade das empresas, que considera que as empresas devem ter quatro características principais:

- ser financeiramente conservadoras e, portanto, não podem se endividar muito para fazer negócios, sempre mantendo dinheiro em caixa, bem como não dependendo de terceiros para investir;
- ter identidade e cultura empresarial forte, da qual todos – funcionários, clientes, fornecedores, comunidade – se orgulhem;
- estar *ligadas* com o que acontece no mundo, ou seja, estar globalizadas em seu contexto mais amplo; e
- ter estilo de gestão tolerante, incentivando as pessoas a ter ideias e iniciativas e a tomar decisões.

5.4 Como otimizar a interação entre os empreendedores externos e internos

Esta questão da perfeita interação entre os empreendedores externos e o empreendedores internos pode ser algo fácil e simples ou algo complicado e conflitante.

A situação de facilidade e simplicidade, geralmente, está correlacionada a otimizados níveis de capacitação profissional, de inovação tecnológica e de estruturação metodológica de desenvolvimento e operacionalização dos trabalhos.

Deixando de lado a primeira questão, a qual é decorrente da realidade profissional de cada indivíduo, e a segunda questão, a qual é dependente da realidade dos negócios, produtos e serviços analisados, o leitor pode se concentrar na terceira questão, a qual pode ser considerada a base de sustentação para que possa ocorrer, na prática, uma adequada interação entre os empreendedores externos e os empreendedores internos de uma determinada empresa.

Existe uma natural dificuldade de apresentar uma metodologia que explicite, de forma genérica, esta interação profissional entre os dois tipos de empreendedores.

Entretanto, este autor tem trabalhado com uma metodologia – ou orientação geral de desenvolvimento dos trabalhos – que contempla sete fases básicas, cujo nível de detalhamento necessário vai depender de cada caso em análise.

Estas fases são:

Fase 1: Análise e debate do contexto dos negócios atuais perante a realidade de mercado

Verifica-se que esta fase proporciona o debate de várias questões estratégicas – ainda que de forma genérica – que, em muito, vão auxiliar o posterior delineamento do planejamento estratégico da empresa (ver seção 4.2).

Existe uma premissa inquestionável, a qual afirma que o efetivo entendimento das realidades dos negócios e dos mercados atuais é o ponto inicial de qualquer processo de interação profissional e pessoal entre as partes (empreendedores externos e internos).

Um erro que não deve ser cometido é se cair no modelo de *gestão diversa*, em que o empreendedor externo pensa que a sua empresa está sendo gerida de um jeito, quando, na verdade, a situação de sua empresa é bem diferente.

Seguramente, o leitor sabe de vários exemplos de empresas que caíram nesta *armadilha* de gestão, a qual direciona a empresa para resultados totalmente desinteressantes.

Portanto, as divergências profissionais devem ser identificadas, explicitadas, analisadas e debatidas, levando os empreendedores – externos e internos – a se direcionarem para os mesmos objetivos, utilizando as mesmas estratégias e respeitando as mesmas políticas.

Este processo interativo contribui diretamente para a maior qualidade dos trabalhos, pois os empreendedores têm a oportunidade de repensar cada um dos assuntos anteriormente analisados, mas em uma abordagem mais ampla.

Portanto, é como se os empreendedores – externos e internos – fossem sempre subindo os degraus de uma escada, mas podendo realizar ajustes em alguns degraus anteriores pelas novas abordagens e realidades que esse processo evolutivo fosse lhes proporcionando.

Fase 2: Identificação prévia do que a empresa quer ser no futuro – visão – e quais os valores e postura de atuação que devem sustentar o desenvolvimento dessa futura situação

Estes debates, realizados de forma genérica e no contexto de *brainstorming*, possibilitam a interação da empresa com a análise realizada na fase anterior, bem como contribuem para o melhor delineamento das principais decisões da empresa. Mais detalhes são apresentados na seção 4.2.

Fase 3: Identificação dos grupos de assuntos estratégicos que devem ser analisados, estruturados e operacionalizados pela empresa

Esta fase corresponde ao agrupamento, de alguma forma organizada, dos assuntos e atividades de gestão que tenham – com maior ou menor intensidade – abordagem estratégica. Ou seja, nesta fase o foco é o estabelecimento do modelo de gestão estratégica a ser utilizado na empresa.

Lembre-se que os assuntos estratégicos são os que interligam os fatores externos ou não controláveis e os fatores internos ou controláveis pelas empresas.

Fase 4: Delineamento do modelo ideal de gestão da empresa

Nesse momento, é necessário conceituar a expressão *modelo de gestão* no contexto da gestão estratégica das empresas.

Modelo de gestão é o processo estruturado, interativo e consolidado – sustentado pelos instrumentos estratégicos de gestão e pelo estilo de atuação dos principais gestores da empresa – de desenvolver e operacionalizar a gestão estratégica, visando ao incremento dos resultados e ao crescimento da empresa.

Também é necessário conceituar as duas partes do modelo de gestão, representadas pelas instrumentos estratégicos de gestão e pelo estilo de atuação estratégica e empreendedora.

Instrumento estratégico de gestão é a metodologia ou técnica estruturada e interligada, que possibilita a operacionalização e a gestão das diversas decisões tomadas ao longo do processo de gestão estratégica e empreendedora da empresa.

Neste caso, estão se interligando os fatores externos – não controláveis – e os fatores internos – controláveis – da empresa.

Estilo de atuação estratégica é o exercício da atividade de gestão pelos empreendedores – externos e internos – da empresa, sustentado pelos seus valores, conhecimentos, capacitações profissionais e habilidades direcionadas para a interação entre as questões externas e internas da empresa.

Alguns dos componentes básicos do modelo de gestão das empresas são apresentados na Figura 5.1, sendo que cada empresa deve debater a sua realidade e ajustar o modelo apresentado, procurando debater, primeiramente, os instrumentos de gestão alocados em cada um dos dez componentes e, depois, debater o estilo ideal de atuação dos empreendedores e dos gestores da empresa.

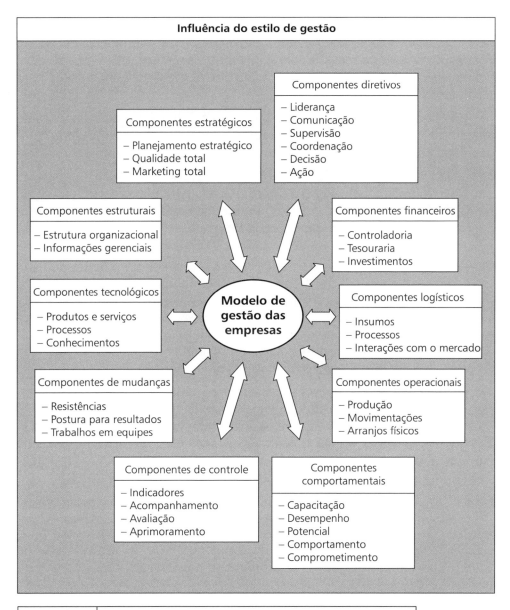

Figura 5.1 | *Modelo de gestão das empresas e seus componentes.*

Esta figura pode representar os instrumentos de gestão, que são um dos cinco componentes da gestão direcionada para resultados, conforme apresentado na Figura 3.1.

Fase 5: Aplicação do modelo de gestão na empresa

Esta é uma fase que deve ser desenvolvida com elevado nível crítico e de observação, pois a prática tem demonstrado que os modelos de gestão delineados anteriormente sofrem alguns interessantes ajustes e não se deve deixar *para mais tarde* essas mudanças no modelo de gestão direcionada para resultados.

Isso porque é muito difícil o otimizado – e definitivo – delineamento de modelo de gestão "entre quatro paredes", pois a realidade empresarial proporciona situações diferenciadas e específicas, as quais não foram identificadas e analisadas anteriormente.

Na prática, o modelo de gestão bem aplicado por uma empresa representa o principal elo de interação entre os empreendedores externos e os empreendedores internos, com a vantagem extra de que o referido modelo representa o mais adequado instrumento de gestão para a interligação estruturada entre os níveis estratégico, tático e operacional das empresas (ver seção 4.5).

Fase 6: Detalhamento dos principais instrumentos de gestão da empresa

Esta fase se torna tão mais importante quanto os empreendedores, principalmente os externos, querem consolidar uma interação com a realidade da empresa, considerando os seus diversos níveis de decisão.

De qualquer forma, pode-se considerar verdadeiro, na gestão de empresas, o seguinte princípio: "evite implementar todo o instrumento de gestão de uma única vez. O ideal é dividir em partes e ir implementando e aprimorando ao longo do processo, principalmente pelos resultados apresentados por cada parte, bem como pela interligação entre as partes".

Fase 7: Estruturação dos indicadores de desempenho e do processo de avaliação e de aprimoramento

Na realidade, os indicadores de desempenho devem ser estabelecidos na Fase 1, mas são apresentados neste momento por uma questão de estrutura metodológica.

Na seção 8.3, são apresentados alguns indicadores de desempenho que podem ser utilizados neste processo de avaliação, bem como de aprimoramento dos modelos de gestão das empresas, principalmente quando a preocupação básica é o direcionamento do processo decisório para resultados efetivos.

Resumo

Neste capítulo, foram abordadas as principais questões inerentes à atuação do profissional de empresa, como empreendedor externo ou como empreendedor interno.

A questão da identificação do potencial empreendedor interno e a questão da *passagem do bastão* pelo empreendedor externo também foram abordadas.

Foi apresentada uma metodologia para melhor consolidar a interação entre os diversos empreendedores – externos e internos – das empresas.

Questões para debate

1. Debater a atuação dos gestores e demais profissionais como empreendedores externos.
2. Debater a atuação dos gestores e demais profissionais como empreendedores internos.
3. Debater o processo de identificação dos empreendedores internos e de seus sucessores.
4. Debater a interação de atuação entre os empreendedores externos e os empreendedores internos, em uma situação otimizada de busca de resultados para a empresa considerada.

Caso:

A empresa Gama quer todos os seus gestores e demais profissionais atuando como empreendedores internos, bem como contribuindo para a melhor atuação dos empreendedores externos.

A Gama é uma empresa comercial de produtos agrícolas diversos – insumos, máquinas, equipamentos – que atua em uma região do oeste do país.

O seu tamanho pode ser considerado grande, sendo propriedade de duas famílias que têm outros negócios na região.

Os sócios-proprietários atuais – representantes de dois empreendedores externos e sócios majoritários que fundaram a Gama – consideram que os principais gestores da empresa devem atuar como empreendedores internos, bem como, e principalmente, contribuírem diretamente, através de um otimizado modelo de gestão, para que os empreendedores externos estejam integrando este processo.

Na teoria, esta é uma situação que parece ser relativamente fácil, principalmente pela sua inquestionável lógica; mas, na prática, a situação se complica, pois o seu desenvolvimento e operacionalização depende, diretamente, do estilo de gestão de cada pessoa.

Esta situação pode apresentar divergências, inclusive entre pessoas no mesmo contexto de atuação, tal como no caso de empreendedores internos; pode ser mais intensa no caso de termos, de um lado, empreendedores externos e, do outro lado, empreendedores internos; e mais ainda no caso da empresa Gama, quando os dois empreendedores externos, que realmente fundaram a empresa, se encontram afastados da gestão, sendo representados por sócios-proprietários – c acionistas minoritários – representantes das duas famílias.

Mas você aceitou o desafio e, como consultor da Gama, vai realizar os trabalhos necessários para atender às expectativas dos atuais sócios-proprietários.

É válido se lembrar que um dos empreendedores externos tem elevado nível de conhecimento do mercado e dos produtos e serviços da Gama, sendo seu estilo de gestão bem descentralizado, principalmente quando ele confia na equipe de executivos – empreendedores internos –, como é o caso da empresa Gama.

O outro empreendedor externo é mais *desligado* dos assuntos da Gama, sendo que incorporou esta situação e procura não atrapalhar o processo decisório na empresa.

Como informação geral, é apresentado, a seguir, o organograma resumido da Gama:

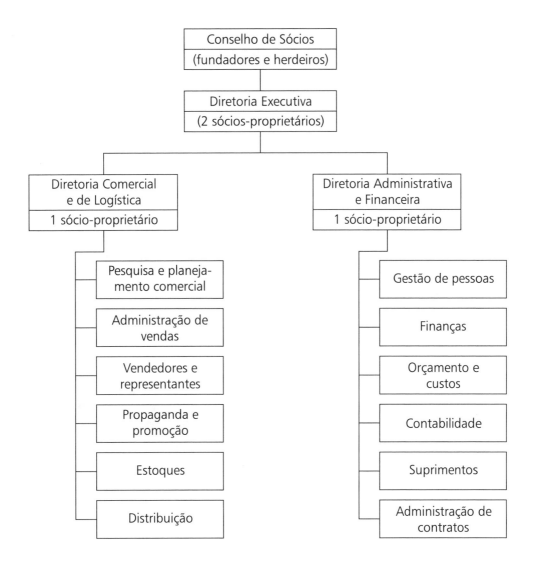

A sua primeira tarefa é identificar três ou quatro responsabilidades de cada uma das diretorias (3) e gerências (12) da Gama, de tal forma que as finalidades e, principalmente, os resultados gerais esperados fiquem mais claros para as análises posteriores.

A seguir, você deve estabelecer seis ou sete responsabilidades do conselho de sócios, separando as duas ou três responsabilidades que são exclusivas dos fundadores (empreendedores externos) da Gama.

A sua terceira tarefa é estruturar as interligações das diversas responsabilidades anteriormente elencadas, da melhor maneira possível, dentro de sua realidade de conhecimento de gestão das empresas.

O leitor deve se esforçar neste trabalho, pois é a melhor maneira de conseguir visualizar a interligação entre as diversas atividades de uma empresa.

A sua quarta tarefa é, focando as responsabilidades exclusivas dos empreendedores externos, elaborar a malha de interligações com as responsabilidades dos outros profissionais da Gama, os quais representam os empreendedores internos.

Esta interligação é fundamental, para que exista determinado nível de certeza de que uma realização decidida pela diretoria da Gama esteja interagente com as responsabilidades e a atuação dos empreendedores externos.

O autor já avisa o leitor que, independentemente da lista de responsabilidades estabelecidas nas primeira e segunda tarefas, existirá determinado nível de dificuldade de efetuar as interligações solicitadas nesta quarta tarefa. Mas a *dica* é: se esforce que valerá a pena em termos de entendimento do assunto *gestão direcionada para resultados*.

A sua quinta tarefa é estabelecer, para as diversas responsabilidades – pode ser pelo conjunto das responsabilidades homogêneas –, os correspondentes indicadores de desempenho para posterior análise de direcionamento efetivo para resultados. Se quiser, o leitor pode utilizar alguns exemplos de indicadores de desempenho apresentados na seção 8.3.

A sua sexta, e última, tarefa é apresentar os comentários gerais para o posterior aprimoramento dos seus trabalhos anteriores neste *caso* inerente à empresa Gama. Ou seja, você sabe que gestão é um processo e, como tal, ela está em constante evolução.

Para concluir as informações básicas a respeito deste *caso* da empresa Gama, são válidos alguns comentários a respeito dos empreendedores internos.

O que ocupa a Diretoria Comercial e de Logística tem forte estilo empreendedor e, na verdade, ele faz questão de que os dois empreendedores externos tenham pleno conhecimento desta situação.

Talvez – não existe comprovação a respeito – porque ele tenha espectativa de um dia se tornar o Diretor Presidente da Gama.

De qualquer forma, pelo menos no momento atual, não existe qualquer conflito aparente entre os dois empreendedores internos.

O empreendedor interno que ocupa a Diretoria Administrativa e Financeira tem uma forte abordagem nos processos administrativos e nos sistemas de controle, com o pensamento que esta postura de atuação não o prejudica como empreendedor; mas ao contrário, pois acredita que ninguém pode ter estilo empreendedor se não tiver, como retaguarda, otimizados processos administrativos e sistemas de controle com fortes indicadores de desempenho pois, neste caso, o estilo empreendedor fica *coisa de louco*.

Naturalmente, o leitor pode completar este *caso* com as informações e situações que julgar válidas, desde que respeite o apresentado no texto.

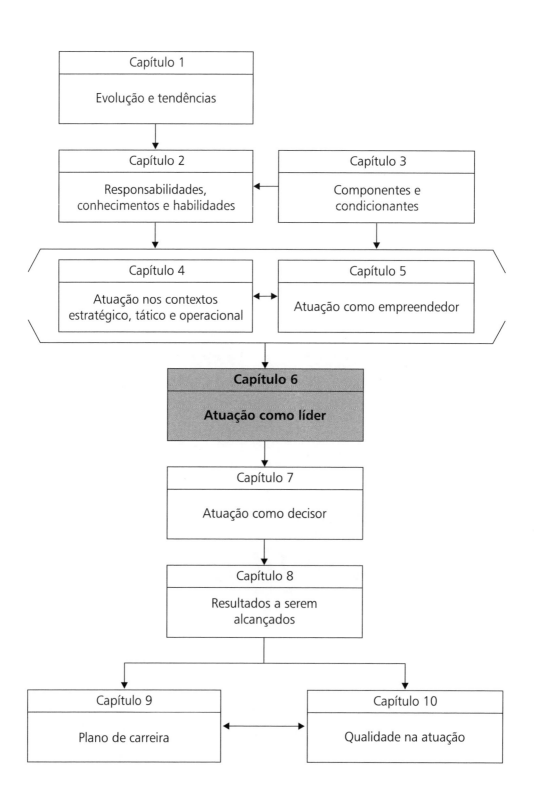

6

Atuação do profissional como líder

"Quando alguém pensa que ainda pode aprender,
progride espiritualmente;
mas quando pensa que já sabe tudo,
torna-se idiota."

Friedrich von Logau

6.1 Introdução

Neste capítulo, são abordados os principais aspectos da atuação do gestor ou profissional como líder e, portanto, também, como agente de mudanças nas empresas.

A importância da atuação como líder está correlacionada ao processo – e à competência – de orientar e conduzir outras pessoas em direção aos resultados planejados e esperados pela empresa.

A importância da atuação como agente de mudanças está correlacionada aos seus conhecimentos e, principalmente, habilidades, para orientar e conduzir outras pessoas da empresa a uma nova realidade, sem a ocorrência de conflitos interpessoais.

Portanto, estes dois assuntos estão bem interligados na realidade da gestão direcionada para resultados.

6.2 Atuação do profissional como líder

Líder é a pessoa capaz, por suas características individuais, de apreender as necessidades dos profissionais da empresa, bem como de exprimi-las de forma válida e eficiente, obtendo o engajamento e a participação de todos no desenvolvimento e na implementação dos trabalhos necessários ao alcance dos resultados – metas e objetivos – da empresa.

O líder tem, na prática, importante papel no processo de busca de resultados efetivos nas empresas. Isto porque os grupos sociais, tais como as empresas, atribuem a alguém o papel de líder quando veem, nele, a projeção de suas expectativas e desejos mais profundos realizados. Essa esperança é, frequentemente, mas não necessariamente, mística e carismática.

As pessoas consagram líderes, não por meio de raciocínios objetivos, mas por meio de uma comunicação que se processa em níveis inconscientes. Os profissionais das empresas sentem que um indivíduo entende suas necessidades, e vai atendê-las por intermédio de elementos emocionais, tais como atitudes, tom de voz, forma de olhar, frases, maneirismos.

Se a liderança se formar com base nas esperanças do grupo, ela será menos ou mais forte, conforme o volume das projeções individuais. Ou seja, quanto maior a esperança, mais forte a liderança; quanto mais variado o tipo de necessidades das quais o grupo espera atendimento, mais poderoso será o líder.

Verifica-se que, no caso das empresas em geral, pelo menos teoricamente, deveriam existir fortes lideranças. Inclusive, o fato de alguns gestores da alta hierarquia de empresas pensarem que são líderes, sem o serem, provoca sérios problemas para o desenvolvimento e a aplicação do modelo de gestão nessas empresas.

No papel do provedor de soluções, o líder representa a figura paterna, e isso pode distanciá-lo do grupo. Mesmo entre indivíduos de idênticos níveis social e profissional, o líder pode ficar numa posição à parte, o que pode prejudicar a qualidade de uma gestão direcionada para resultados.

A ausência do líder num grupo equivale ao inconsciente funcionando; e, sem a esperança de que possa *fazer as coisas acontecer*, cada integrante do grupo não sente condições de conscientizar suas necessidades, dada a impossibilidade de satisfazê-las. Essa falta de conscientização gera a inviabilidade da solução dos problemas do grupo, pois cada um sequer consegue identificá-los.

Dentro dessa ordem de ideias, o líder aparece como o ego e o *guru* do grupo, atuando como fonte de levantamento e explicitação das necessidades e expectativas gerais. Como o líder é a causa determinante de tal processo, não ocorrem riscos de ser rejeitado ou de enfraquecer ao interagir com os níveis hierárquicos inferiores da empresa.

Conhecer os níveis hierárquicos mais baixos é, também, uma forma de o líder identificar-se com seus liderados. Ao atuar nesse sentido, o líder reforça seu relacionamento com os liderados, pois há, de sua parte, uma dose de interação que lhe confere autenticidade. A identificação do líder com os liderados não ocorre apenas como uma forma de conscientização do grupo ou de reforço de posição, mas também como característica do processo de desenvolvimento do líder em seu papel de atuação na empresa.

Ao formular um esquema de resolução de necessidades, o líder, às vezes, tem de contradizer o grupo em aspectos estratégicos, táticos ou operacionais – ver Capítulo 4 –, exigir sacrifícios, bem como lidar com eventuais frustrações.

A necessidade de, eventualmente, contradizer o grupo é aceitável, desde que inserida em uma estratégia geral, cujo objetivo final é, sempre, a realização das expectativas dos profissionais da empresa. O líder precisa ter essas expectativas sempre em mente, bem como a flexibilidade de adequar-se a alterações sofridas por elas, sob pena de deixar de ser o portador das esperanças e, assim, perder a razão de ser de sua liderança.

O processo de escolha do líder em uma empresa não obedece a raciocínios lógicos, mas a uma comunicação realizada entre o inconsciente dos liderados e o daqueles a quem foi conferida a liderança.

As necessidades do grupo só se concretizam por meio da atuação do líder. É ele que provoca sua transferência de níveis inconscientes para a consciência dos liderados. Mesmo assim, essa consciência é apenas parcial, à medida que o grupo reconhece suas necessidades, mas geralmente não reconhece suas fraquezas, principalmente as inerentes à capacitação profissional; e essa situação pode ocorrer, inclusive, com a pessoa que se coloca como líder perante o grupo.

Uma forma de analisar a liderança nas empresas é por seus fatores de influência e de sustentação.

Pode-se visualizar esse contexto pela Figura 6.1:

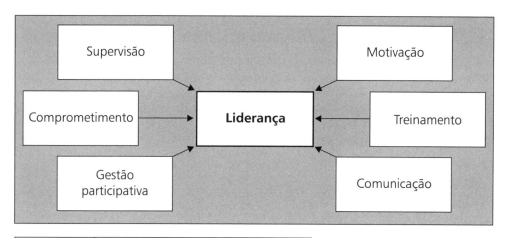

Figura 6.1 | *Fatores de influência da liderança.*

A seguir, são apresentadas algumas considerações a respeito de cada um dos seis fatores de influência da liderança nas empresas, salientando-se que a sequência de apresentação não representa qualquer ordem de importância.

Entretanto, se este autor fosse questionado a respeito, poderia afirmar que o nível de influência do fator comprometimento dos envolvidos é o de maior peso para uma alavancagem qualitativa da liderança nas empresas, quando se considera a gestão direcionada para resultados. Entretanto, essa não pode ser considerada uma colocação com base científica, e cada "caso deve ser considerado um caso específico", pois esse aspecto sofre elevada influência dos comportamentos e das atitudes de cada uma das pessoas envolvidas no processo de desenvolvimento e consolidação das lideranças nas empresas.

A supervisão pode ser considerada o primeiro fator de influência da liderança nas empresas.

Supervisão é a catalisação e a orientação dos recursos humanos, direta ou indiretamente subordinados, em direção aos resultados esperados – metas e objetivos – estabelecidos pela empresa em seus processos de planejamentos (estratégicos, táticos e operacionais).

Pela conceituação apresentada, verifica-se que a supervisão é, dos seis fatores de influência da liderança nas empresas, o que mais se distancia da abordagem da liderança. De qualquer forma, a supervisão pode ser considerada como uma premissa da liderança, se o leitor não a quiser considerar como fator de influência.

Além da catalisação e orientação dos profissionais da empresa, a supervisão também envolve o aspecto do mando, como resultado da estrutura de poder estabelecida na empresa. Nesse contexto, a supervisão caracteriza-se como a autoridade formal existente na empresa. Entretanto, a supervisão não deve ser confundida com uma simples autoridade formal, pois aquela é uma situação mais ampla e interativa.

A motivação dos gestores e demais profissionais que trabalham nas empresas pode ser considerada o segundo fator de influência da liderança.

Motivação é o processo e a consolidação do estímulo e da influência no comportamento das pessoas, tendo em vista um objetivo ou resultado específico e comum para os profissionais da empresa.

Portanto, o resultado final da motivação é a concretização dos resultados obtidos. Nesse contexto, a motivação é um importante insumo para otimização da produtividade setorial e global das empresas e, portanto, da gestão direcionada para resultados.

Deve-se lembrar que ninguém motiva outra pessoa, pois a motivação é algo intrínseco a cada pessoa; portanto, o máximo que as empresas podem – e devem – fazer é criar e consolidar instrumentos de gestão que facilitem o processo de desenvolvimento e de explicitação do nível de motivação pelos gestores e demais profissionais da empresa.

O terceiro fator de influência da liderança nas empresas é o treinamento.

Treinamento é o processo educacional aplicado, de maneira sistemática e organizada, sobre a qualificação e a capacitação dos profissionais de uma empresa, proporcionando aprendizado de conhecimentos, atitudes e habilidades em função de objetivos e metas – resultados – estabelecidos e negociados entre as partes.

A qualificação deve ser entendida pelo conjunto da capacitação do profissional alocado em um cargo e função específicos, e por sua integração no modelo de gestão da empresa, bem como por seu nível de motivação, como participante de uma equipe de trabalho na referida empresa.

O treinamento não deve ser confundido com instrução, com aprendizado, nem com capacitação.

Instrução é o ensino organizado de certa tarefa ou atividade.

Aprendizado é a incorporação do que foi instruído ao comportamento profissional da empresa. Portanto, aprender é modificar o comportamento em direção ao que foi instruído. Nas seções 1.2 e 2.3, foram apresentados alguns detalhes a respeito do processo de aprendizado nas empresas.

Capacitação, em um contexto genérico, é o aprendizado gradativo, acumulado e sustentado ao longo do tempo.

Portanto, treinamento é o processo de fornecer os meios e os instrumentos de gestão para possibilitar o aprendizado; e este fornece os meios e instrumentos de gestão para a capacitação profissional nas empresas.

Verifica-se que não se está considerando o treinamento em liderança por si só, pois uma pessoa que não tenha características intrínsecas como líder não consegue ser treinada em liderança.

As empresas devem ter estrutura e postura para o treinamento e desenvolvimento de seus profissionais nos enfoques de gestão – comportamental e nas tarefas – pois, na maior parte das vezes, o mercado de mão de obra não supre as necessidades das empresas. E existe, também, o problema de demanda de novas habilidades e conhecimentos, sendo que todo esse processo deve ser enfocado na palavra-chave *competitividade*, bem como no delineamento do que corresponderá ao modelo de gestão ideal das empresas no futuro, principalmente com as que se preocupam com o alcance dos resultados esperados.

Somente dentro desse contexto global é que a liderança poderá ser adequadamente exercitada. Tem-se verificado que a situação ideal desse treinamento *na tarefa* é que o profissional seja envolvido em todo o processo inerente ao modelo de gestão das empresas.

A comunicação pode ser considerada o quarto fator de influência da liderança nas empresas.

Já foi verificado, na seção 4.5, que **comunicação** é o processo interativo e de entendimento, assimilação e operacionalização de uma mensagem – dado, informação, ordem – entre o emissor e o receptor por um canal, em determinado momento, e visando a um objetivo específico da empresa.

Para a adequada comunicação, é necessário conhecer e entender a realidade da outra parte, ou seja, o ouvinte receptor da comunicação.

Existem dois tipos de formação de esquemas de comunicação nas empresas:

- o formal, que é conscientemente planejado, facilitado e controlado, sendo que ele segue a corrente de comando na estrutura hierárquica das empresas; e
- o informal, que surge espontaneamente nas empresas, em reação às necessidades de seus membros (gestores, funcionários e prestadores de serviços).

As relações informais não devem ser combatidas. No entanto, isso não implica na afirmação de que o formal deva ceder ao informal.

Dois pontos devem ser salientados:

- a oposição ao informal não destrói a informalidade, sendo que isso serve apenas para forçar o informalismo a uma posição mais afastada do formalismo; e
- por meio do estudo do informal, em que a informalidade existente é eficaz, algumas ações podem ser aplicadas para fortalecer o formal e julgar mais eficientemente o que é e o que não é formal.

Na realidade, a comunicação informal pode ser ruim para as empresas, quando, por exemplo, propaga muitos boatos, ou ser boa, quando facilita a ajuda entre seus membros.

No estudo das comunicações entre pessoas ou unidades organizacionais, deve-se levar em consideração o aspecto do custo para as empresas, pois a análise da transmissão das informações mostra que ela é muito mais custosa do que se poderia pensar, não tanto devido às despesas de apoio necessárias, mas, principalmente, em função do tempo que ela absorve e das demoras que acarreta.

O quinto fator de influência da liderança nas empresas é a gestão participativa.

Gestão participativa é o estilo de administração que consolida a democratização de propostas de decisão para os diversos níveis hierárquicos das empresas, com o consequente comprometimento pelos resultados.

A qualidade da gestão participativa nas empresas está centrada em duas questões:

- Até onde a gestão participativa está sendo adequadamente realizada na referida empresa?
- Até onde as pessoas se comprometem com os objetivos – resultados – e as estratégias – ações – que foram determinados por um adequado processo de gestão participativa?

Esta última questão é a mais problemática, e é abordada no próximo fator de influência da liderança nas empresas.

O sexto fator de influência da liderança é o comprometimento dos gestores e demais profissionais das empresas.

Comprometimento é o processo interativo em que se consolida a responsabilidade isolada ou solidária pelos resultados esperados pela empresa e por seus proprietários, gestores e demais profissionais.

O comprometimento pode ser considerado o elemento de maior impacto na liderança nas empresas. Até porque é o elemento que possibilita ter critérios e parâmetros de análise, acompanhamento e avaliação dos resultados esperados.

Um interessante exemplo é considerar a interação entre o comprometimento e a gestão participativa. Isso porque se tem observado que a grande maioria das pessoas das empresas – gestores e demais profissionais – quer participar, e muito, no processo decisório destas empresas. Entretanto, em toda decisão existe o *outro lado da moeda*, que é o resultado a ser apresentado, para o qual as pessoas devem ter, e explicitar, seu efetivo comprometimento.

Infelizmente, não é isso que se observa na grande maioria das empresas que apresentam amplos programas de participação. As pessoas solicitam, e até exigem, ampla participação no processo decisório e nos resultados da empresa. Entretanto, qual é seu comprometimento para o alcance dos resultados das empresas? Nesse momento, a *brincadeira* termina e poucos são os que se comprometem com o desenvolvimento das estratégias – ações – e a consolidação dos objetivos – resultados – da empresa, chegando até a colocar seus cargos e empregos em jogo, assim como a própria existência da empresa. Ou seja, eles procuram pular para fora do *barco da responsabilidade*.

Os gestores devem estar muito atentos a essa realidade e procurar manter adequado equilíbrio entre participação e comprometimento. Verifica-se que os objetivos estabelecidos no processo de planejamento *abrem* o espaço para que o comprometimento tenha grande influência na liderança, bem como em todo o modelo de gestão das empresas.

Ao lado desses seis fatores de influência que definem o processo de liderança nas empresas, devem-se considerar seis características pessoais que influem na maior ou menor receptividade dos líderes. Sempre que as possuem, os profissionais tendem a exercer uma liderança mais eficiente.

Essas características são objetividade, iniciativa, empatia, criatividade, delegação de poderes e combatividade.

Os principais gestores das empresas também devem realizar uma autoavaliação, bem como receber uma avaliação de seus colegas, quanto a essas seis características pessoais e aos seis fatores de influência da liderança (ver Figura 6.1).

Pelo que foi apresentado, verifica-se que as lideranças estão sustentadas pelo capital intelectual das empresas, e não pelo capital formado por dinheiro, máquinas e prédios.

E não se deve esquecer de uma famosa frase de Gandhi: "aquele que não é capaz de liderar a si mesmo não será capaz de liderar outras pessoas".

Schein (2009, p. 20) tem uma interessante afirmação que interage a atuação dos líderes e a cultura das empresas: "tente entender a cultura, dê-lhe o seu devido valor e pergunte a si mesmo quão bem pode começar a entender a cultura em que está envolvido".

Isto porque, embora a cultura seja uma abstração, não se pode esquecer que as forças – sociais e empresariais – decorrentes dela são poderosas, podendo influenciar os resultados das empresas, de forma positiva ou negativa.

Na prática, a cultura é uma realidade intrínseca a cada pessoa, mas como a cultura está em constante evolução, pelo fato das pessoas formarem, ao longo do tempo, novos grupos, os quais geram novas culturas, os gestores das empresas, principalmente os focados em resultados, devem estar muito atentos a esta situação, a qual, quando bem administrada, pode apresentar situações interessantes para as empresas.

O leitor já deve ter presenciado a situação, infelizmente muito corriqueira, em que áreas de uma mesma empresa ficam brigando entre si, quanto aos seus objetivos pessoais, e não se preocupam com os objetivos e os resultados da empresa. Estas pessoas deveriam colocar o espelho em sua frente e entender que o problema da empresa considerada são estas pessoas briguentas e improdutivas.

Existem estudos que demonstram que os principais gestores das empresas gastam, aproximadamente, ¼ de seu tempo útil lidando com conflitos. E, esta situação pode ficar um pouco mais complexa no caso da gestão direcionada para resultados, principalmente em seu momento inicial de implementação nas empresas (KOHLRIESER, 2006, p. 16).

Os conflitos podem resultar em situações negativas ou positivas para os resultados das empresas.

Conflito é a diferença entre duas ou mais pessoas ou equipes, caracterizada por tensão, desacordo, emoção ou polarização, em que o vínculo entre as duas partes é quebrado ou é insuficiente.

Na prática, a melhor solução para os conflitos é usar a razão, que é um dos instrumentos mais poderosos das pessoas.

Baseadas em pesquisas de Chris Neck e Charles Manz (2006, p. 80), podem ser identificadas seis habilidades essenciais para resolver eventuais conflitos nas empresas, os quais podem nos levar a situação de oportunidades ou de ameaças.

São elas:

- criar e manter o vínculo, até mesmo com o *adversário*, do qual não precisamos gostar, mas respeitar e, principalmente, termos um objetivo ou resultado comum a ser alcançado;
- estabelecer um diálogo interessante e saber negociar, a qual inclui trocas e concessões;
- saber levantar, no momento certo, uma questão polêmica e difícil, sem ser agressivo ou hostil;
- entender a causa do conflito, a qual pode estar em diferentes objetivos, interesses e valores pessoais;
- saber usar a lei da reciprocidade, ou seja, o que você dá é o que você recebe; e
- construir uma relação positiva, na busca de objetivos comuns.

A cultura e a liderança são os dois lados da mesma moeda, pois nem uma nem a outra pode ser entendida por si própria (SCHEIN, 2009, p. 10).

Portanto, a principal finalidade dos líderes é criar e administrar a cultura empresarial; o principal talento dos líderes é entender e trabalhar proativamente com esta cultura, bem como o ato final do líder é, se necessário, alterar a cultura que não esteja facilitando a empresa na busca de resultados efetivos.

Nesta abordagem apresentada, pode-se considerar, para a otimizada situação de gestão direcionada para resultados, que a cultura das empresas seja analisada contendo as seguintes características:

- adequado nível de estabilidade ao longo do tempo, pois a cultura não se altera com facilidade;
- nível de profundidade que represente a realidade do grupo considerado;
- extensão plena, abrangendo toda a realidade de atuação da empresa ou grupo considerado;
- interação entre as diversas partes e/ou pessoas que compõem a empresa ou grupo considerado, facilitando o processo de padronização de valores, comportamentos e atividades; e
- neutralidade, pois uma cultura não deve ser considerada boa ou ruim por si só, quando se considera a atuação de diferentes grupos em uma mesma empresa.

No caso da gestão direcionada para resultados, o sucesso da empresa ou grupo considerado é que os resultados esperados realmente aconteçam, caso contrário, o fracasso levará o grupo ou a empresa à extinção ou falência.

Por tudo que foi apresentado, pode-se apresentar o conceito a seguir.

Cultura empresarial ou de um grupo pode ser conceituada como um padrão de imposições básicas compartilhadas, o qual é aprendido e incorporado por um grupo de pessoas à medida que soluciona seus problemas de adaptação externa – fator não controlável – e de integração interna (fator controlável) (adaptado de SCHEIN, 2009, p. 16).

Naturalmente, na formação de qualquer grupo, todos os indivíduos devem consolidar a questão de identidade, ou seja, "quem é quem", quanta influência cada um poderá ter, como o grupo deverá atuar.

De qualquer maneira, parece que a prática tem demonstrado que uma cultura não sobrevive se os seus principais orientadores saírem da empresa, ou mesmo se a maioria das pessoas envolvidas na empresa passarem por momento de conflito, por uma razão qualquer.

É necessário lembrar-se de que os líderes podem ser bons ou danosos para os seus liderados.

No momento de escrever este livro, por exemplo, alguns líderes de mau caráter tinham acabado de provocar um colapso em cadeia e levado a economia mundial a uma crise de grave proporções.

Não é necessário gastar tempo exemplificando líderes fanáticos e/ou corruptos que emolduraram – e emolduram – as histórias mundial e brasileira.

Por isso é que o foco da boa leitura deve ser sempre inerente aos líderes responsáveis, os quais pensam a longo prazo e agem a curto prazo, apresentam desempenhos superiores sustentáveis, criam valor para as empresas, obtêm todos os resultados de forma correta, com justiça, confiança e lealdade, têm visão ampla do impacto das estratégias da empresa na comunidade e no meio ambiente, bem como buscam oportunidades de investimento para ajudar a resolver problemas críticos da sociedade, tais como a miséria e a fome das pessoas.

Apesar de vários exemplos interessantes que já se consolidaram nas empresas, a questão da liderança ainda é algo a ser aprendido pelas empresas, principalmente pelo seu nível de complexidade e abrangência.

Uma abordagem interessante foi desenvolvida por Deepak Chopra (1993, p. 22), que afirma que cada profissional de empresa deve estabelecer, com o nível de detalhes necessários, o seu "mapa da mente", que é uma representação gráfica de diferentes aspectos pessoais que possibilita organizar a vida da referida pessoa concentrando suas ações no que é realmente essencial para conseguir os resultados esperados.

Neste contexto, o mapa do líder do futuro considera atributos básicos que podem ser desenvolvidos por meio do conhecimento e da prática, focando sete dimensões de análise pessoal.

São elas:

- olhe e ouça: observe, com atenção, tudo à sua volta. Analise cuidadosamente a situação, sinta com empatia e abertura emocional, e seja sempre você mesmo;
- conexão emocional: aprenda a resolver conflitos desenvolvendo a ressonância com o outro, sem medo nem julgamentos, sem certo ou errado. Ao contatar suas emoções, você aprenderá a conhecer as emoções dos outros *flutuando* à sua volta;
- estado de alerta: é um estado de consciência expandida. Você deve responder cuidadosamente às seguintes questões: Quem sou eu? O que eu quero? O que eles querem? O que todos nós queremos?;
- sonhe e faça: crie e mantenha a sua visão. Saiba preencher e antecipar as necessidades em seu trabalho. Cultive resultados inteligentes;
- *empowerment*: com flexibilidade, destemor e empatia, aprenda a delegar e promover sempre sua equipe. Dê força aos seus profissionais e estimule sempre o espírito de iniciativa para que a criatividade flua naturalmente na empresa;

- responsabilidade: saiba colocar seu ego de lado. Em caso de sucesso, entregue os louros ao time. Você não pode imaginar os milagres que acontecem quando você é capaz de fazer isso; e
- sincronicidade: acompanhe o ritmo dos eventos. Se você estiver presente e envolvido, estará na hora certa, no lugar certo. Saiba usar o poder do foco.

Se o leitor considerar interessante, pode realizar uma autoavaliação quanto a estes sete atributos, bem como pedir para pessoas que o conhecem fazer comentários – verdadeiros! – a seu respeito.

A maior deficiência nos líderes é a incapacidade ou falta de disposição para se concentrar nos detalhes necessários à implementação adequada de uma abordagem estratégica na empresa considerada (STAHL, 2007, p. 130).

Isto porque os melhores líderes são "situacionais", ou seja, profissionais que identificam quando – e por que e onde – é mais conveniente se concentrar nos aspectos estratégicos da empresa, ou quando convém se concentrar em detalhes práticos, isto é, mais a nível tático-operacional.

Pode-se encerrar esta seção com uma famosa colocação de Sam Walton, para o leitor pensar a respeito: "Comprometa-se a alcançar o sucesso e não permita que a paixão o abandone; compartilhe o sucesso com aqueles que ajudaram você; motive-se e motive os outros a perseguir seus sonhos; comunique-se com as pessoas e mostre interesse por elas; valorize e reconheça os esforços das pessoas e os resultados obtidos; celebre suas conquistas e também as dos outros; escute as pessoas e aprenda com suas ideias; supere as expectativas das pessoas fixando padrões cada vez mais altos; controle suas despesas e economize em prol de sua prosperidade; nade contra a corrente, seja diferente e desafie o *status quo*."

6.3 Atuação do profissional como agente de mudanças

Agente de mudanças é aquele profissional capaz de desenvolver comportamentos, atitudes e processos que possibilitam à empresa transacionar, proativa e interativamente, com os diversos aspectos externos – não controláveis – e internos – controláveis – da empresa considerada.

Na prática, o agente de mudanças tem elevada importância sobre os resultados apresentados por todo e qualquer modelo de gestão das empresas. Ou seja, muitas vezes, a forma como as mudanças ocorrem tem maior influência nos resultados da empresa do que o conteúdo do processo da referida mudança.

Toda e qualquer mudança nas empresas deveria ocorrer de forma planejada, o que, infelizmente, não é uma verdade.

As razões destas situações podem ser as mais diversas, tais como o desconhecimento das metodologias e técnicas de gestão que proporcionam sustentação e qualidade a estas mudanças necessárias, e também o *ímpeto* dos gestores que querem tudo *aqui e agora*. Independentemente das razões, as mudanças mal ou não planejadas provocam, sempre, resultados desinteressantes para as empresas.

Mudança planejada é o processo estruturado em que se estabelece uma situação futura viável desejada e se direciona todos os recursos, direta ou indiretamente envolvidos, para o resultado comum, minimizando os conflitos interpessoais.

Neste processo de constantes mudanças nas empresas, podem-se considerar duas situações básicas:

a) As pessoas serão forçadas, cada vez mais, a saber trabalhar em situações de constantes mudanças

Pelo fato da gestão das empresas ser uma tecnologia e, portanto, em constante processo evolutivo, o mesmo acontecendo com as empresas e seus negócios, produtos e serviços, bem como os segmentos de mercado onde elas atuam, as pessoas devem saber trabalhar nestes contextos de mudanças e, preferencialmente – para o caso dos mais inteligentes –, saber se antecipar a estas mudanças.

b) Os proprietários e principais gestores das empresas só passam a acreditar na importância das mudanças realizadas quando os resultados efetivos para as empresas começam a aparecer

O comentário, neste caso, pode ser único: as pessoas estão ficando cansadas de *conversa mole*.

É necessário se evidenciar, também, que os planejamentos de mudanças – de processos, de estrutura organizacional, de negócios etc. – nas empresas devem ser realizados com forte análise da cultura organizacional existente nestas empresas.

Conforme já explicado em algumas partes deste livro, **cultura organizacional** é o conjunto estruturado de valores, crenças, normas e hábitos compartilhados, de forma interativa, pelas pessoas que atuam em uma empresa.

A estruturação e a aplicação da análise da cultura organizacional ou empresarial pode trazer os seguintes benefícios para as empresas:

- desenvolvimento da competência interpessoal;
- mudança nos valores pessoais, de modo que os fatores e os sentimentos humanos sejam mais válidos para o assunto de gestão empresarial considerado;
- desenvolvimento de crescente compreensão entre as – e dentro das – equipes de trabalho envolvidas nos assuntos de gestão considerados, com o objetivo de reduzir tensões e atritos;
- geração de informações objetivas e subjetivas, válidas e pertinentes, sobre as realidades da empresa, bem como assegurar o retorno analisado dessas informações aos seus usuários;
- criação de um ambiente de aceitação e receptividade para o diagnóstico e a solução de problemas da empresa;
- estabelecimento de um ambiente de confiança, respeito e não manipulação entre chefes, colegas e subordinados no assunto de gestão considerado;
- maior integração entre necessidades e objetivos da empresa e os profissionais que fazem parte desta empresa;
- desenvolvimento de um processo de *afloração* de conflitos, atritos e tensões e posterior tratamento de modo direto, racional e construtivo;
- criação de ambiente favorável para o estabelecimento de resultados esperados – objetivos e metas –, sempre que possível quantificados e bem qualificados, que norteiem a programação de atividades e a avaliação de desempenhos de forma adequada e mensurável de unidades organizacionais, equipes e profissionais;
- desenvolvimento da empresa pelo aprimoramento dos profissionais envolvidos nas várias atividades realizadas; e
- aperfeiçoamento de sistemas e processos de informação, decisões e comunicações (ascendentes, descendentes, diagonais e laterais).

A aplicação da cultura organizacional pode ser auxiliada pelo *iceberg* organizacional, estruturado, em 1975, por Selfridge e Sokolik.

***Iceberg* empresarial – ou organizacional** – é a identificação e a interação dos componentes visíveis e dos componentes não visíveis de uma empresa, formando um todo unitário e indivisível.

O *iceberg* empresarial pode ser visualizado na Figura 6.2:

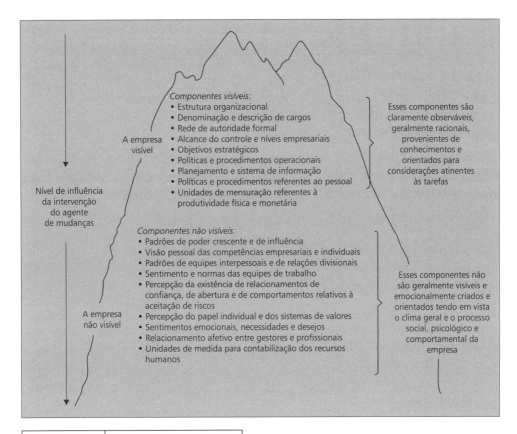

Figura 6.2 | Iceberg *empresarial*.

O gestor responsável pelas mudanças deve procurar conhecer os aspectos *invisíveis* da empresa, tendo em vista o processo da transação profissionais *versus* empresas.

A identificação do *iceberg* empresarial é básica para o gestor das mudanças efetuar o estudo da cultura organizacional ou empresarial.

Inclui-se, ainda, na cultura organizacional, a estrutura informal, ou seja, todo o sistema de relações informais, com seus sentimentos, ações e interações, grupos de pressão, valores e normas das equipes etc.

O desempenho de cada profissional depende de um processo de mediação ou de regulação entre ele e a empresa. Nesse caso, a empresa é o meio no qual o profissional pode ou não satisfazer as suas necessidades; sendo dessa satisfação ou insatisfação de necessidades que dependem sua motivação na tarefa, sua dedicação ao trabalho, sua produtividade, eficiência e eficácia.

6.4 Como alcançar resultados otimizados como líder e agente de mudanças

As empresas – pelo menos as que se perpetuam – estão em constantes processos de mudança.

O gestor inteligente trata esse processo de mudança como uma oportunidade para a empresa e considera que o mesmo pode e deve ser administrado, visando maximizar os resultados empresarias e as relações interpessoais.

Também deve considerar que o processo de mudança pode ser esperado ou inesperado, bem como deve ser tratado em nível acima do óbvio, ou seja, o gestor deve debater a amplitude da mudança com o máximo de criatividade, a qual representa o foco básico de sustentação da qualidade das decisões nas empresas (ver seção 10.2).

O núcleo básico do processo de liderança e de mudanças nas empresas é o ser humano. Portanto, enquanto no modelo de gestão o sistema, ou seja, o foco de análise, é a empresa inteira, no caso específico dos assuntos abordados nesta seção o sistema é o indivíduo. E, com base no indivíduo, vai-se extrapolando a análise para as equipes e unidades organizacionais, até se chegar à empresa como um todo.

Nesse momento, é válido lembrar o princípio da força motriz desenvolvido por Tregoe e Zimmermann (1982, p. 17) para o delineamento do processo de liderança e de mudanças nas empresas.

Quando se aloca esta abordagem para o indivíduo, pode-se ter a **força motriz humana**, que corresponde à energia total e à estrutura que movimentam o indivíduo para novas situações, otimizando o nível de competitividade de toda a empresa.

Para consolidar esse processo, é necessário identificar os talentos atuais e potenciais da empresa; e, inclusive, onde e por que existem carências de talentos.

Entretanto, esse não é um processo fácil, pois existem dúvidas de como identificar e de como operacionalizar talentos. E também quanto às atitudes das pessoas, pois algumas têm talento, mas são inativas, enquanto outras se antecipam ao processo, ou seja, são pessoas interativas.

Para haver talentos na empresa, também é preciso haver recrutamento e seleção de alta qualidade, com perfeita interação com o profissional que é candidato, não se transferindo, de forma simples, os critérios e os parâmetros a serem utilizados para um selecionador da área de gestão de pessoas da empresa.

Na abordagem do desenvolvimento empresarial, pode-se considerar o indivíduo foco de análise como um gestor – cargo de chefia – ou como um profissional subordinado.

Respeitando essas considerações iniciais, o processo de consolidação de desenvolvimento de lideranças e de mudanças planejadas nas empresas pode ser elaborado e implementado em seis fases.

Como vários dos aspectos foram abordados nos capítulos anteriores, parte das fases apresentadas a seguir é evidenciada de forma resumida.

Fase 1: Identificação da situação ou do problema

Nesta fase, a finalidade é identificar qual deve ser o perfil de liderança e o foco da mudança planejada.

É importante identificar não só o foco do problema, mas também os fatores de influência e os impactos nas atividades e nos resultados da empresa. Verifica-se que o ideal é alocar o foco do problema ao longo de um processo estruturado.

Talvez a principal premissa para a adequada identificação da situação ou problema seja a existência de liderança que entenda a realidade do problema.

Existem gestores que administram sistemas e processos, bem como controles, e – graças a Deus! – gestores que lideram indivíduos e otimizam a força motriz humana. A empresa do futuro precisa de líderes e não de chefes.

O líder enfoca a educação, o desenvolvimento, a orientação, o estímulo, o talento, a inovação, a confiança, o "fazer as coisas certas". O chefe enfoca o mando, a disciplina, a supervisão, a coordenação, o controle, a estrutura, o sistema, o "fazer as coisas de maneira certa".

O Quadro 6.1 apresenta algumas diferenças entre líderes e chefes.

Quadro 6.1	*Diferenças entre líderes e chefes.*	
Nº	Assunto	Chefe	Líder
1	Gestão direcionada para resultados	Atua via controles. Procura resultados satisfatórios	Atua via delegação de autoridade e por processos. Procura resultados otimizados
2	Cultura organizacional	Aceita como fato consumado	Desenvolve e sabe trabalhar com diferentes culturas
3	Comprometimento	Considera secundário e atua com manipulação e medo	Considera prioritário e atua com voluntariedade e entusiasmo
4	Equipe profissional	Considera como custo a ser reduzido	Considera o recurso mais importante da empresa
5	Forma de trabalho	Utiliza a forma estabelecida pelo chefe	De qualquer maneira, desde que consolide os resultados da empresa
6	Expressão pelos funcionários	É restrita	É encorajada e debatida
7	Nível de risco envolvido	Aceita o mínimo. Quer certezas e fatos	Aceita e encoraja. Trabalha com incertezas e ambiguidades
8	Problemas empresariais	Elimina ou resolve os problemas	Elimina as causas dos problemas. Procura problemas para serem resolvidos. As soluções representam os principais diferenciais das empresas
9	Abordagem sistêmica	Enfoca sua própria pessoa	Enfoca a empresa como um todo
10	Processo decisório	É prático, racional e direto	É intuitivo e criativo, mas também prático, racional e direto
11	Indicador de desempenho básico	Eficiência	Eficiência, eficácia e efetividade
12	Visão do contexto empresarial	Basicamente a curto prazo	Enfoca também o médio e o longo prazos

Os líderes utilizam, de maneira sustentada e adequada, todo o potencial de suas capacidades, considerando tanto as lógicas, analíticas e técnicas, quanto as capacidades intuitivas, conceituais e de sentimentos. Aprendem com outras pessoas, mas não são feitos pelas outras pessoas. Isso não é um jogo de palavras, mas a representação de uma situação em que os gestores devem fazer uma autoanálise e pensar muito sobre a abordagem de atitudes das pessoas que trabalham, direta ou indiretamente, com ele.

Para se consolidar uma situação de lideranças e mudanças otimizadas, deve-se ter um processo participativo. E, para interligar estas duas questões, é necessário interagir com as outras partes do modelo de gestão da empresa, como, por exemplo, o controle e avaliação, que está correlacionado a resultados efetivos.

Entretanto, o processo participativo não deve estar atrelado, única e exclusivamente, a resultados; mas é altamente interessante se ter resultados com a sustentação de um processo participativo. Isso não representa um jogo de conceitos, mas uma abordagem para a qual os gestores das empresas devem estar atentos.

O processo participativo deve ser consolidado independentemente do nível de alavancagem facilitado para o alcance dos resultados da empresa, sendo que a qualidade participativa geralmente proporciona situações interessantes.

O leitor deve ter conhecimento de algumas empresas que apresentam o modelo de gestão – quando o têm – voltado para um direcionamento, e o modelo de atuação de seus gestores voltado para o outro direcionamento. É o chamado "faça o que eu falo, mas eu não faço o que está estabelecido pela empresa".

Na realidade, o modelo de atuação – o qual é operacionalizado pelos principais gestores das empresas – deve estar perfeitamente interativo com o modelo de gestão estabelecido no início do desenvolvimento dos trabalhos, quando a empresa quer se direcionar para resultados efetivos.

Se algum leitor tiver dúvidas sobre a existência deste problema, deve solicitar que os principais gestores – de forma isolada e individual – descrevam o modelo de gestão da empresa onde trabalham.

Nesse momento – esteja certo disso –, várias divergências interpretativas serão evidenciadas, mostrando que não existe um modelo de gestão consolidado, entendido e absorvido pelos principais gestores da empresa.

A seguir, independentemente do resultado decorrente do modelo de gestão apresentado, solicite aos gestores que explicitem – de forma isolada e individual – a atuação profissional ideal para consolidar o modelo – ou modelos – de gestão da empresa.

Nesse momento – também esteja certo disso –, outras divergências surgirão, evidenciando uma situação problemática no processo decisório da empresa, quando esta procura se direcionar para resultados efetivos.

Imagine o tamanho do problema, quando se lembra de que as principais questões empresariais consideram, com forte abordagem, além dos fatores internos ou controláveis da empresa, também os fatores externos ou não controláveis.

E, finalmente, deve-se reforçar algo muito importante nesta fase, que é o efetivo conhecimento das questões de gestão, bem como as metodologias e técnicas que envolvem a situação ou o problema identificado.

Se este conhecimento não existir ou se for insatisfatório, geralmente ocorre o erro de não se identificar, adequadamente, o problema e de todos os esforços se direcionarem para os efeitos do problema e não para as suas causas.

Muitas empresas perdem grande volume de recursos – tempo dos profissionais, dinheiro – nessas identificações erradas da situação e do problema.

Fase 2: Entrada do líder e agente de mudanças na situação encontrada ou problema

Nesta fase, ocorre a entrada do líder, que também é agente de mudanças, o qual tem a responsabilidade de coordenar e catalisar o processo de mudança planejada.

Embora o ideal é que o líder e o agente de mudanças inerentes a um assunto empresarial específico sejam a mesma pessoa, não existe problema que, em termos de atuação integrada, sejam duas pessoas. Mas que estas duas pessoas tenham a plena competência, conhecimento e habilidade para atuar como líder e/ou como agente de mudanças.

Esse agente deve apresentar requisitos, entre os quais podem ser citados: autoconhecimento, conhecimento da empresa, conhecimento do assunto em análise, bom relacionamento, bem como flexibilidade de ação.

Se o agente tiver essas qualificações, tal fato torna o processo de mudança planejada muito mais viável. É importante que o gestor líder saiba contratar o agente ideal, pois só assim a empresa terá possibilidade de usufruir de todas as vantagens das mudanças planejadas.

Pode-se afirmar que o agente ideal de mudanças é aquele que, entre outros aspectos, trabalha "com" a empresa e não "para" a empresa.

O agente de mudanças pode atuar como consultor externo ou consultor interno à empresa.

Antes de analisar a situação ideal, é necessário examinar, no Quadro 6.2, algumas vantagens e desvantagens de cada uma das duas posições em que o agente de mudanças, que também deve ser líder, pode atuar no transcorrer de seus trabalhos.

Quadro 6.2	Vantagens e desvantagens do consultor interno e do consultor externo.

Consultor Interno (Funcionário da Empresa)	
Vantagens	Desvantagens
– Maior conhecimento da empresa – Presença diária – Maior acesso a pessoas e equipes – Participação na avaliação dos processos e das atividades – Poder informal	– Menor aceitação pela alta gestão – Menor experiência profissional – Menor liberdade de dizer e fazer coisas
Consultor Externo	
Vantagens	Desvantagens
– Maior experiência – Maior aceitação pela alta gestão – Pode correr mais riscos – Mais imparcial	– Menor conhecimento dos aspectos informais – Não tem poder formal – Menor acesso informal – Não tem presença diária

Analisando os vários aspectos, pode-se concluir que o ideal é a empresa conseguir trabalhar, simultaneamente, com o consultor ou agente externo e o gestor ou agente interno, procurando melhor usufruir das vantagens de atuação de cada um deles.

Quando se considera o consultor externo, é necessário que a empresa saiba efetuar essa contratação; caso contrário, poderá comprar *gato por lebre*. Para detalhes a respeito deste assunto, o leitor pode verificar no livro *Manual de consultoria empresarial*, dos mesmos autor e editora.

Nesta fase, é o último momento adequado para se rever, se for o caso, a situação ou problema identificado como o foco real do assunto de gestão a ser analisado e resolvido. Ou seja, se a identificação estiver errada, as quatro fases subsequentes poderão estar direcionadas para a solução de problemas inexistentes, provocando fortes perdas de recursos de forma desnecessária pela empresa. Ou seja, neste caso não existirá uma gestão direcionada para resultados.

Fase 3: Auditoria de posição

Nesta fase, devem-se identificar todos os fatores internos, inseridos no assunto ou problema analisado, bem como os fatores externos de influência para o assunto de gestão considerado, incluindo uma análise de causas *versus* efeitos.

O gestor líder e agente de mudanças deve procurar conhecer também os aspectos invisíveis, tendo em vista o processo de transação entre os profissionais e a empresa. A identificação dos aspectos invisíveis é básica para o gestor efetuar o estudo da cultura organizacional e o estabelecimento do *iceberg* empresarial (ver Figura 6.2).

Foi verificado que a **cultura organizacional** – ou empresarial – é composta de padrões prevalentes de valores, crenças, sentimentos, atitudes, normas, interações, tecnologia, processos, métodos e procedimentos de execução de atividades e suas influências sobre as pessoas da empresa.

Inclui-se ainda na cultura organizacional a estrutura informal, ou seja, todo o sistema de relações informais, com seus sentimentos, ações e interações, grupos de pressão, valores e normas grupais etc. Assim, a liderança e as mudanças planejadas enfocam os dois sistemas, o formal e o informal, mas a estratégia de intervenção que os gestores das empresas devem usar, normalmente, inicia-se pelo sistema informal, porque as atitudes e os sentimentos das pessoas são, usualmente, as primeiras informações a serem confrontadas.

A cultura ou sistema de valores pode ser a maior força da empresa quando for consistente com sua estratégia. Mas a cultura que a impede de enfrentar ameaças competitivas, ou de adaptar-se às mudanças econômicas ou sociais do ambiente empresarial, pode levá-la à estagnação ou, até mesmo, ao desaparecimento, caso não faça um esforço consciente de mudar.

A primeira preocupação do gestor deve ser identificar o sistema de valores da empresa e, em seguida, adotar uma metodologia de planejamento de mudanças consistente com estes valores, com a necessidade de mudá-los para enfrentar uma nova realidade empresarial.

As mudanças no sistema de valores de uma empresa podem ocorrer pela alteração nas necessidades identificadas por seus indivíduos e grupos, bem como em consequência de más percepções sentidas decorrentes de fortes alterações no ambiente empresarial.

Fase 4: Planejamento dos trabalhos

Este planejamento deve ser o mais detalhado possível, envolvendo todos os fatores componentes e de influência do processo de consolidação das lideranças e de mudanças planejadas nas empresas.

No caso específico dos focos de mudança, estes podem estar, principalmente, nas seguintes forças que afetam a sobrevivência dos negócios das empresas:

- as mudanças que podem ocorrer nos atuais nichos de mercado – segmentos nos quais a empresa tem representatividade – de atuação da empresa e como esta pode estar ou não na vanguarda desse processo de mudança;

- as mudanças que podem ocorrer nos atuais e principais fornecedores de insumos prioritários da empresa e como esta pode estar na frente para conduzir esse processo de evolução tecnológica interativa entre os fornecedores e a empresa – cliente do processo –, e como esta pode estar no comando do processo;
- as mudanças que podem ocorrer nos atuais concorrentes e sua correlação com o quadro futuro possível da estrutura concorrencial e como a empresa pode catalisar esse processo e fortalecer suas vantagens competitivas; e
- as mudanças que podem ocorrer no perfil do quadro de gestores e demais profissionais da empresa, bem como será possível consolidar uma situação otimizada do processo decisório e alavancadora dos resultados da empresa. E não se esqueça: coloque o espelho em frente de você nesse momento da análise. Será que você é a força catalisadora da mudança ou da *não mudança* da empresa?

Os gestores das empresas devem acabar com a **dissonância estratégica**, a qual, conforme apresentado na seção 4.2, é uma situação em que os proprietários e os gestores e demais profissionais da empresa estão delineando estratégias interessantes, mas as táticas e ações correlacionadas não são operacionalizadas, por falta de coragem para as mudanças necessárias.

Alguém precisa tomar *pulso forte* nessa situação; tem de existir um comando com ordens claras, disseminadas e entendidas por todos os envolvidos no processo de mudança planejada na empresa.

As mudanças – planejadas ou não – podem provocar uma série de efeitos sobre os gestores da empresa e, a partir dessas situações, pode-se ter o início de um processo de resistência a estas mudanças.

Muitas mudanças não chegam a provocar o real efeito sobre os gestores e demais profissionais da empresa, mas a simples expectativa desse efeito pode ocasionar a resistência.

Alguns desses efeitos são:

- econômicos, tais como mudanças nos salários e nos benefícios;
- organizacionais, tais como mudanças no poder, no *status* e na carga de trabalho; e
- sociais, tais como mudanças no relacionamento com o chefe, com os subordinados, com os pares e com o ambiente externo.

Entretanto, esses efeitos pessoais sofrem influência de duas variáveis, a saber: características pessoais e grau de poder dos indivíduos.

Com base nessa situação, cada gestor pode enquadrar-se numa das três situações, perante as mudanças na empresa: situação de aceitação, situação de alienação – ignorar ou acomodar-se –, ou ainda situação de resistência do processo de mudança.

O gestor da empresa deve estar atento a todo esse processo, para evitar quantidade maior de situações que fujam de seu controle.

Entre as causas e resistências às mudanças na empresa, podem-se relacionar o medo do desconhecido; o não aceitar o que incomoda; a tendência a só perceber o que convém; a desconfiança; o receio de perder coisas boas atuais; a insegurança pessoal – por desconhecimento ou falta de controle –; a dependência de ação para com outra pessoa; a necessidade de reagir contra; a alteração na estrutura de poder; o processo afiançado no passado; a incapacidade de análise do mercado; os compromissos psicológicos e sociais para com produtos, pessoas, processos e empresas existentes; os vultosos investimentos de capital em instalações duradouras; as normas ou associações da indústria de cartéis que perpetuam o modo de pensar ligado à indústria; a atitude inadequada da cúpula empresarial, que olha mais para dentro do que para fora, com senso de compromisso e interesse investido nas decisões do passado; a baixa tolerância natural para as mudanças, normalmente provocada pela falta de interesse para ampliar a capacitação; a não identificação dos pontos abstratos das mudanças, pelo esquecimento de pequenos aspectos que causam grandes impactos; o não trabalho das fases psicológicas da mudança; a pouca preocupação em identificar as forças de resistência; os modos, os comportamentos e os pensamentos previamente programados ou bloqueio perceptivo da realidade – a mente bloqueada às inovações –, bem como a identificação inadequada da natureza e da magnitude da mudança.

O leitor deve considerar que, tendo em vista as causas de resistências às mudanças nas empresas, devem-se estabelecer alguns processos que podem reduzir a resistência a essas mudanças, como informar fatos, objetivos e prováveis efeitos da mudança, persuadir sobre as causas que levaram à decisão da mudança, bem como solicitar colaboração na identificação do problema básico na auditoria de posição e no planejamento dos trabalhos. E não se esquecer de informar os resultados a serem alcançados, bem como debater as melhores maneiras de alcançá-los.

Existe a impressão de que a mudança é boa e de que a resistência é má. Entretanto, nem sempre é assim. A resistência a certas mudanças pode estar baseada em razões até que muito sólidas.

Quando as razões subjacentes à resistência são identificadas, às vezes os principais gestores descobrem que a mudança proposta pode não atender aos melhores interesses da empresa. Assim, a resistência pode esclarecer os motivos para a mudança, gerar novas alternativas, e mesmo ser benéfica para a empresa.

Quando o gestor decide implementar a mudança planejada na empresa, deve estar atento a algumas condições que podem levar tanto ao fracasso, quanto ao êxito dessa metodologia de gestão.

Os Quadros 6.3 e 6.4 apresentam situações de aceitação e de rejeição de mudanças, com base em um processo natural, bem como em um processo traumático, cujas consequências são as piores para as empresas.

Quadro 6.3 | *Situações de aceitação de mudanças.*

Processo natural	Processo traumático
– Senso de curiosidade e de atração pelo novo – Receptividade à mudança – Incorporação de processo de experimento e de teste de novas situações – Aceitação de fracassos e erros	– Jogar o velho no *lixo* – Otimismo exagerado – Insensibilidade a desperdícios e perdas – Irresponsabilidade decisória

Quadro 6.4 | *Situações de rejeição de mudanças.*

Processo natural	Processo traumático
– Receio de que é novo – Tendência a manter a situação atual – Receio de perder posição e espaço – Insegurança – Incapacidade de trabalhar com situações novas	– Atitude paranoica – Simples boicote – Fortalecimento do *feudo* – Preservação do poder pessoal

Pode-se considerar, desde que bem planejado o processo de mudança, que a situação de aceitação natural é a que mais deve ocorrer, contribuindo diretamente para o desenvolvimento do modelo de gestão da empresa na abordagem direcionada para resultados.

Fase 5: Ação

Esta é a fase em que os gestores têm a oportunidade de consolidar as novas realidades para as empresas, dentro de um processo de aprimoramento das lideranças e/ou de mudanças planejadas.

A todo processo diretivo e de mudanças, o gestor deve conseguir um equilíbrio adequado entre seu nível de percepção e o de ação correspondente.

O quadrante de situações que podem ocorrer pela interação entre a percepção e a ação dos gestores perante as questões de gestão das empresas direcionadas para resultados pode ser visualizado na Figura 6.3:

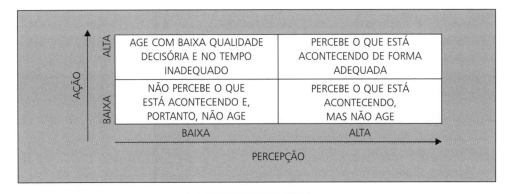

Figura 6.3 | *Interação entre percepção e ação.*

A capacidade de perceber, analisar e entender as mudanças e seus efeitos sobre o gestor, o processo decisório e a empresa, bem como a de adaptar-se às exigências de novas realidades e, se possível, antecipar-se à chegada das mudanças e dos novos fatos são aspectos de suma importância para as empresas, quando se considera o modelo de gestão ideal para direcionamento para resultados efetivos.

Um aspecto que deve ser analisado é o do processo de condicionamento do comportamento humano, que parte da "cultura" e chega aos "comportamentos", passando pelas "percepções". O resultado desse processo é o indivíduo que apresenta diferentes atitudes perante os outros profissionais da empresa e a questão de gestão empresarial analisada.

Estas diferentes percepções, atitudes e ações dos diversos profissionais das empresas podem criar um todo interessante, em que o nível de criatividade é elevado, e o modelo de gestão otimizado.

Mas uma premissa é de que todos saibam trabalhar em equipes multidisciplinares, tenham humildade e saibam *aprender a aprender*.

Fase 6: Acompanhamento, avaliação e aprimoramento

Nesta fase, os gestores devem correlacionar os resultados que vão aparecendo ao longo do tempo com os indicadores de desempenho previamente estabelecidos (ver seção 8.3).

Deve-se lembrar que os resultados esperados foram estabelecidos, antecipadamente, no planejamento estratégico (ver seção 4.2).

O ideal é que este acompanhamento e avaliação seja efetuado em *tempo real*, ou seja, no momento em que ocorre a situação a ser avaliada.

E, mais ideal ainda, principalmente porque o desenvolvimento das lideranças e de mudanças nas empresas está baseado nos comportamentos e atitudes dos profissionais destas empresas, é que esse processo seja consolidado pelo autocontrole, ou seja, os próprios envolvidos atuam diretamente nos desvios de resultados verificados.

As atividades de acompanhamento e de avaliação realizadas nesta fase devem servir como base de sustentação para o processo de aprimoramento contínuo das lideranças e das mudanças planejadas e realizadas nas empresas.

Aprimoramento contínuo é o conjunto de atividades orientadas para aumentar a confiabilidade, eliminar as variações, bem como descobrir e eliminar os problemas do processo de desenvolvimento de lideranças e de mudanças planejadas nas empresas.

Quando as empresas conseguem consolidar o acompanhamento e a avaliação em *tempo real*, o autocontrole e o aprimoramento contínuo das suas atividades e processos, pode-se considerar, na prática, que o desenvolvimento das pessoas está se tornando realidade nas empresas consideradas.

Neste momento, é válido apresentar três frases para o leitor pensar a respeito:

- Ernest Hemingway: "não confunda movimento com ação".
- Ghandi: "seja em você a mudança que quer para o mundo".
- Madre Teresa de Calcutá: "por vezes, sentimos que aquilo que fazemos não é senão uma gota de água no mar. Mas o mar seria menor se lhe faltasse uma gota".

A prática tem demonstrado que a maioria das iniciativas de mudanças nas empresas fracassa, inclusive no caso de utilização de "planos excepcionais", que não apresentam qualquer tipo de resultado interessante para as empresas.

A causa desta situação inadequada é que as pessoas têm enorme dificuldade de mudar o seu modo de pensar (SENGE et al., 1999, p. 17).

Isto porque estas pessoas visualizam duas situações "normais" nas empresas:

- os líderes das empresas não conseguem operacionalizar a maioria das estratégias estabelecidas; e
- estes líderes não conseguem identificar e/ou administrar os fatores limitantes que poderão retardar ou impedir a mudança planejada pela empresa.

Os referidos autores colocam, para debate, que o início de mudanças sustentadas deve ocorrer, conjuntamente, com:

- existência de aspirações compartilhadas entre todos os envolvidos, incluindo comprometimento compartilhado (o leitor pode concordar que esta é uma situação, muitas vezes, difícil de ser alcançada, principalmente se a empresa não tiver verdadeiras e fortes lideranças);
- pessoas que saibam debater, abertamente, questões complexas e conflitantes sem assumir atitude defensiva (muitas pessoas imaginam que sabem fazer isto, mas na verdade *não batem nem na trave*); e
- pessoas com a habilidade do pensamento sistêmico, as quais sabem identificar o foco do problema, todas suas partes integrantes, bem como suas causas e efeitos, incluindo as interações, diretas e indiretas, com os assuntos internos e externos à empresa (este autor tem encontrado alguns poucos profissionais com esta habilidade).

O leitor deve se autoavaliar – de forma verdadeira – quanto a estas três questões e se esforçar, ao máximo, para evoluir neste processo, sendo um profissional diferenciado como líder e agente de mudanças.

É válido lembrar para o leitor a existência de um mito, para o qual as empresas devem tomar cuidado, o qual afirma que o mais importante para um processo de mudança dar certo é que o presidente tenha *comprado a ideia*.

Esta questão é importante, mas seguramente o leitor deve conhecer casos em que o processo de mudança fracassou, ainda que o presidente tivesse lançado a ideia e administrado o processo de mudança na empresa.

O sucesso de um processo de mudança, como todo e qualquer sistema, depende de uma série de fatores interativos, correlacionados e sob o *guarda-*

chuva de um assunto qualquer de elevada e ampla importância e conhecimento da maior parte dos profissionais da empresa.

Por exemplo, este autor tem administrado os processos de mudanças nas empresas sob o *guarda-chuva* do planejamento estratégico, que é um instrumento de gestão que envolve, de forma direta ou indireta, toda a empresa, facilitando o processo de entendimento e de incorporação da necessidade de mudança na empresa, na busca coletiva de um futuro melhor para todos e, portanto, para a empresa.

Lembre-se! Enquanto você estiver ouvindo frases como: "Nós sabemos tudo!"; "Este trabalho novo não está funcionando!" (e não é apresentada, formalmente, uma alternativa); "Isto não é importante, é perda de tempo!", entre outras, a sua empresa – e as pessoas que trabalham nela – não estão preparadas – moral, ética e profissionalmente – para uma nova – e interessante – realidade.

De qualquer forma, processos de mudança com sucesso apresentam outras premissas interessantes, tais como:

- proporcionam para as pessoas uma melhor qualidade de vida, no sentido mais amplo;
- facilitam o processo das pessoas obterem maior capacitação e habilidade profissionais, criando novas oportunidades de desenvolvimento nas empresas;
- favorecem a operacionalização das decisões, transformando-as em ações efetivas e de resultados interessantes para a empresa; e
- facilitam os trabalhos em equipes multidisciplinares.

Nos atuais processos de mudanças, os agentes devem estar atentos aos diversos fatores de influência, tais como a forma como as negociações estão mudando, por causa de algumas evoluções, entre as quais pode-se citar a tecnologia à disposição das empresas, tendo-se como exemplos a Internet, os novos métodos de comunicação, a produção industrial mais rápida e personalizada.

Também existem outros fatores de influência, tais como o aumento vertiginoso da área total onde os diversos negócios acontecem, pois pequenas empresas podem estar *roubando vendas* de grandes empresas.

Existe, ainda, o aspecto do fato dos consumidores se tornarem cada vez mais exigentes, bem como os profissionais das empresas também apresentarem novas expectativas, tanto profissionais como pessoais.

O leitor também pode considerar que a interdependência entre diferentes empresas – privadas e públicas – está cada vez maior e mais complexa, bem como a velocidade das mudanças tem se acelerado de tal forma que o tamanho das empresas já não é uma proteção segura, pois grandes empresas estão morrendo em curto período de tempo.

Neste contexto de fortes e inquestionáveis mudanças, o verdadeiro líder parece ser aquele que desenvolve e operacionaliza processos e atividades na empresa considerada, efetivando forte e sustentada fidelidade de todos os seus profissionais, e de outros que interagem com a empresa, tais como os seus clientes e os seus fornecedores.

Existem alguns aspectos que podem *facilitar a vida* dos gestores que gostariam de ser líderes, no verdadeiro conceito do termo.

Um destes aspectos é que a empresa tenha um processo estruturado de planejamento estratégico, pois a prática tem determinado que pelo menos dois itens estratégicos são essenciais para a liderança: a visão e a missão da empresa.

O leitor já verificou, na seção 4.2, que **visão** é a explicitação do que a empresa quer ser, em um futuro próximo ou distante. Neste contexto, a visão tem a finalidade de indicar o que a empresa quer ser e, portanto, para onde todos devem se direcionar.

A visão da empresa auxilia o líder neste processo de direcionamento ao longo do tempo pois, perante os liderados, não existe o perigo do líder ser considerado, por alguns profissionais da empresa, como um megalomaníaco ou algo parecido. Isto porque é a empresa que apresenta a sua visão para o futuro; e o líder "apenas" auxilia a todos – empresa e seus profissionais – neste processo evolutivo.

Na seção 4.2, também foi explicado que **missão** é a razão de ser da empresa, explicitando a quem a empresa atende com seus produtos e serviços. Neste contexto, a missão tem a finalidade de indicar o *campo de futebol* dentro do qual a empresa deverá jogar, de forma delimitada pelas regras do jogo e pelas dimensões do campo, sobrepujando a atuação do adversário (empresa concorrente).

Dentro de um processo de planejamento estratégico estruturado, a visão e a missão, quando bem definidas, facilitam o subsequente estabelecimento das oportunidades e ameaças externas ou não controláveis, dos pontos fortes e fracos internos ou controláveis, dos cenários, dos objetivos e metas, das estratégias, das políticas, dos projetos.

É importante se evidenciar que, no caso dos objetivos e metas, o líder deve ser sutil, para que a empresa não estabeleça resultados pouco motivadores a serem alcançados por todos os profissionais das empresas. Por exemplo, uma empresa não deve se preocupar apenas com maiores lucros, maiores participações de mercado. Não se questiona que estes resultados são importantíssimos, inclusive para a sobrevivência da empresa considerada, mas o líder deve mesclar estes resultados esperados com outros tipos de resultados, que estejam mais diretamente ligados às pessoas que trabalham e interagem com a referida empresa. Como exemplo, pode-se citar a questão do desenvolvimento profissional e pessoal.

Mas sempre tomando o cuidado de saber medir a evolução e a consolidação dos resultados – objetivos e metas – a serem alcançados, para evitar possíveis conflitos e desentendimentos entre as pessoas.

Outro cuidado que as empresas devem tomar é quanto à contratação de novos profissionais. Sempre que possível, deve-se contratar alguns profissionais que tenham raciocínios profissionais diferentes, para que a empresa não caia na liderança da *mesmice*, em que não existe o contraponto, o contraditório.

Naturalmente, neste amplo contexto, o líder deve consolidar o efetivo comprometimento com o aprendizado e a justiça, facilitando para que todos entendam e respeitem a visão e a missão da empresa e, portanto, ela possa se direcionar para resultados planejados e efetivos.

Resumo

Neste capítulo, foram apresentados os principais aspectos que o leitor deve considerar quanto à atuação dos líderes e dos agentes de mudanças, sempre direcionados para a otimização dos resultados das empresas.

Foi observado que estas questões sofrem forte influência do comportamento e das atitudes das pessoas envolvidas no processo e, muitas vezes tem-se sérias dificuldades de se trabalhar com as duas questões abordadas no capítulo.

A prática tem demonstrado que empresas com estruturados e otimizados modelos de gestão, mas que não tenham líderes e agentes de mudanças – em quantidade e qualidade ideais –, apresentam elevada dificuldade de direcionar estas empresas para resultados efetivos.

Questões para debate

1. Debater a atuação do gestor ou profissional de empresa como líder.
2. Debater a atuação do gestor ou profissional de empresa como agente de mudanças.

3. Debater como os gestores e demais profissionais podem alcançar resultados otimizados como líder e agente de mudanças.
4. Debater como o leitor – em sua realidade – pode se tornar líder.
5. Idem quanto a se tornar agente de mudanças.

> **Caso:**
> A empresa Ipisilon quer todos os seus gestores e demais profissionais atuando como líderes – e não como chefes –, e também como agentes das mudanças necessárias para a consolidação dos melhores resultados da empresa.

A empresa Ipisilon é uma fábrica de doces e biscoitos, de médio porte, que trabalha apenas com produtos de qualidade certificada.

Embora o proprietário esteja contente com a qualidade de seus produtos, principalmente pelo elevado nível de aceitação no mercado, ele gostaria que todos os gestores e demais profissionais atuassem como líderes e como agentes de mudanças, sempre focando a otimização dos resultados da Ipisilon.

Portanto, o problema está basicamente focado no comportamento e nas atitudes das pessoas. Ou seja, embora seja uma questão de fácil identificação, geralmente é complicado o processo de fazer as pessoas mudarem os seus estilos de atuação.

De qualquer forma, você, que é assessor do proprietário da empresa, o aconselhou a idealizar e estruturar uma situação futura desejada para a Ipisilon e, focando esta situação, as pessoas que trabalham na empresa iriam se desenvolvendo e aceitando um novo modelo de gestão para a empresa.

Decorridos nove meses dos trabalhos, você constatou uma situação interessante e preocupante:

- apenas três gestores – responsáveis por unidades organizacionais ou áreas – e dois profissionais – funcionários alocados nas áreas – se consolidaram como líderes;
- apenas dois gestores e três profissionais da Ipisilon se consolidaram como agentes de mudanças; e
- apenas um gestor e um profissional se consolidaram, ao mesmo tempo, como líderes e como agentes de mudanças.

O organograma resumido da Ipisilon é apresentado a seguir:

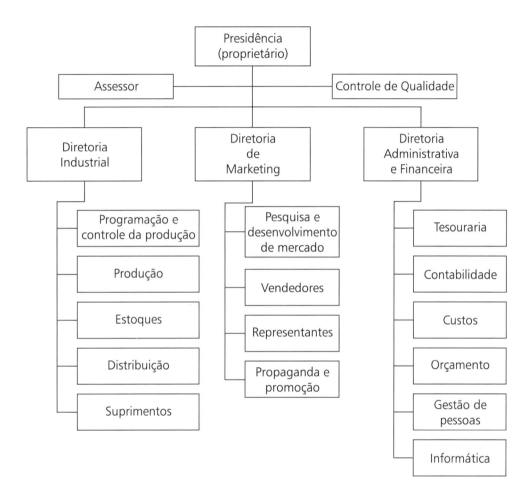

As questões básicas para você resolver são:

- Como ampliar o elenco de líderes e de agentes de mudanças na Ipisilon?
- Como fazer com que uma mesma pessoa seja líder e agente de mudanças?
- Como deve ser elaborado um plano de trabalho para apresentar ao proprietário da Ipisilon, para que o mesmo tenha fortes esperanças de sucesso?

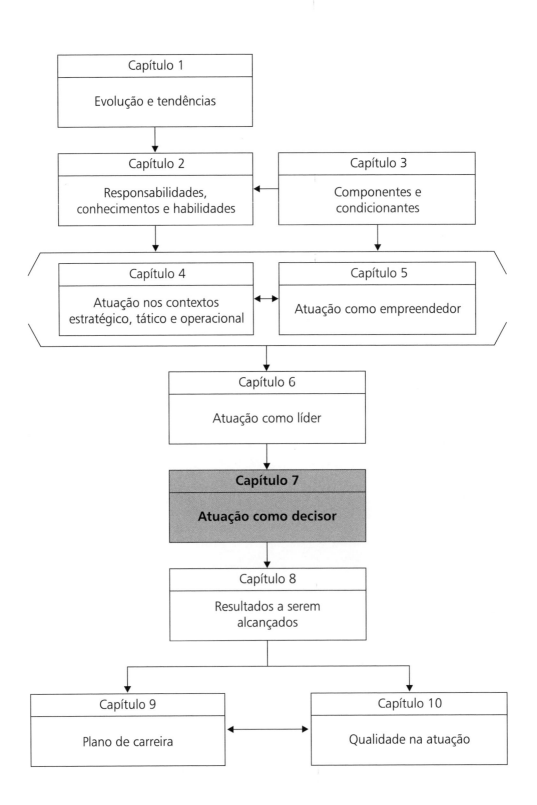

7

Atuação do profissional como decisor

"Deve-se pensar muitas vezes;
mas deve-se decidir de uma só vez."

Publílio Siro

7.1 Introdução

Neste momento, os profissionais das empresas devem se preocupar com a qualidade do processo decisório, quando na efetiva busca dos resultados anteriormente planejados.

Para tanto, eles devem iniciar os trabalhos na estruturação das informações – que são os dados trabalhados que permitem aos profissionais sustentar, com qualidade, as suas decisões –, bem como alocando estas informações em processos estruturados e em otimizados relatórios gerenciais, mas não esquecendo de uma questão bastante *sutil*, referente à qualidade – conhecimento, habilidade, atitude, estilo de gestão – de cada profissional que toma decisões.

A questão da qualidade do processo decisório é algo que, praticamente, todos os gestores de empresas consideram de elevada importância para as empresas na busca de resultados efetivos para os seus negócios, produtos e serviços; entretanto, poucos são os que proporcionam, efetivamente, a devida importância a este instrumento de gestão. Ver detalhes no Capítulo 10.

7.2 Estruturação das informações e dos relatórios gerenciais

A informação é o foco central da atuação do profissional como decisor nas empresas, principalmente quando estas têm modelo de gestão direcionado para resultados.

Ao longo da leitura deste livro, fica evidente que informação é qualquer espécie de conhecimento ou mensagem que pode ser usada para aperfeiçoar ou tornar possível uma decisão ou ação.

A informação facilita o desempenho das funções que cabem à gestão das empresas: planejar, organizar, desenvolver pessoas, dirigir e controlar atividades. Corresponde à matéria-prima para o processo de gestão da tomada de decisão.

A tomada de decisão refere-se à conversão das informações em ação. Portanto, decisão é um ação tomada com base na análise de informações.

Ao longo da leitura deste livro, será possível verificar que o valor da decisão é inversamente proporcional ao tempo que se leva para tomá-la e diretamente proporcional à qualidade das informações utilizadas.

Inicialmente, deve-se distinguir dado de informação. O que distingue dado ou um conjunto de dados de informação, a qual auxilia no processo decisório, é o conhecimento que ela propicia ao tomador de decisões.

Dado é qualquer elemento identificado em sua forma bruta que, por si só, não conduz a uma compreensão de determinado fato ou situação.

Portanto, o gestor deve obter o conhecimento necessário ao processo decisório a partir do dado transformado, o que lhe propicia um processo dinâmico ou elemento de ação. Essa situação dinâmica permite ao gestor posicionar-se diante de um problema ou uma situação qualquer.

Informação é o dado trabalhado que permite ao gestor tomar decisões.

Como exemplo de dados em uma empresa, citam-se quantidade de produção, custo de matérias-primas, número de empregados. A informação seria o resultado da análise desses dados, ou seja, capacidade de produção, custo de venda do produto, produtividade dos funcionários etc.

Essas informações, ao serem utilizadas pelos gestores, podem afetar ou modificar o comportamento existente na empresa, bem como o relacionamento entre as suas várias unidades organizacionais ou áreas da empresa.

Naturalmente, essa é uma forma de conceituar dado e informação. Outra forma é conceituar dado como a informação – que permite a tomada de decisão – registrada. Entretanto, esse conceito não será utilizado neste livro.

A informação – como um todo – é recurso vital da empresa e integra, quando devidamente estruturada, as funções das várias unidades organizacionais – áreas – da empresa. Esse fato indica a necessidade de uma abordagem interunidades organizacionais e, portanto, uma solução de equipe multidisciplinar, de forma interativa e sistêmica.

O propósito básico da informação é o de habilitar a empresa a alcançar seus resultados – objetivos e metas – pelo uso eficiente dos recursos disponíveis, nos quais se inserem pessoas, materiais, equipamentos, tecnologia, dinheiro, além da própria informação. Nesse sentido, os estudos da informação consideram os problemas e as adequações do seu uso eficiente, eficaz e efetivo pelos gestores da empresa.

A eficiência na utilização do recurso informação é medida pela relação do custo para obtê-la e o valor do benefício derivado do seu uso pela empresa. Os custos associados com a produção da informação são aqueles envolvidos na coleta, no processamento e na distribuição. O custo total da produção da informação aumenta diretamente com o volume, o que provoca duas preocupações, pois um aumento do custo marginal diminui a utilidade marginal da informação e a redução dos custos de informação limita a abrangência da informação.

Nesse particular, a preocupação maior deveria residir em descobrir o nível ótimo da geração da informação, ou seja, de utilidade efetiva, pois incorpora o conceito de valor, que sempre embute certa subjetividade, embora o custo possa ser mais facilmente determinado. Além de seu propósito, deve-se considerar o valor da informação, o qual está associado ao seu uso final. Sua qualificação evidencia-se à medida que possibilita a redução do grau de incerteza quando da tomada de decisão pelo seu gestor, permitindo melhoria na qualidade das decisões.

Outros aspectos de vital importância são a oportunidade e a prioridade. Uma informação produzida que não seja distribuída em tempo hábil da tomada de decisão praticamente perde o seu sentido. Sua capacidade de reduzir incertezas está associada com a oportunidade de sua distribuição, assim como a identificação das prioridades será função direta do processo de planejamento que identifica a necessidade de avaliação e controle, conforme determinado no modelo básico de gestão estabelecido pela empresa.

A informação é o resultado da análise dos dados existentes na empresa, devidamente registrados, classificados, organizados, correlacionados e interpretados em um determinado contexto, para transmitir conhecimentos e permitir a tomada de decisão de forma otimizada.

A informação representa a consolidação do poder na empresa, desde o momento de posse de dados básicos que são transformados em informações, até a possibilidade de otimizar conhecimentos técnicos e o domínio de políticas, bem como a maior especialização e consequente respeito profissional ao gestor considerado.

Quando da coleta de informações, influi o poder anterior já consolidado pelo referido gestor e, a partir desse momento, começam a pesar a confiabilidade, a segurança e a qualidade dos dados e das informações coletados.

Também deve ser considerada a qualidade das informações, que sofre influência de boatos e fofocas; do *radiocorredor*, o que pode ter a situação de fofocas, bem como de verdades não ditas; das situações desequilibradas de fatos *versus* suposições; das informações em *estado bruto* – dados – *versus* informações *lapidadas*, bem como das informações *hard versus soft*.

A questão da evolução do uso da informação pelas empresas está fortemente correlacionada à tecnologia da informação.

Tecnologia da informação é a interação estruturada entre sistemas de *software* e *hardware* para o registro, transformação, transmissão e arquivamento de todos os tipos de informações das empresas.

Neste momento, é importante alocar as informações em dois contextos interativos:

- o do sistema de informações gerenciais (SIG); e
- o do processo onde são alocadas as informações para as adequadas decisões pelos gestores das empresas.

Com referência ao SIG – sistema de informações gerenciais –, é válido o leitor se lembrar de alguns aspectos básicos dos sistemas nas empresas.

Sistema é um conjunto de partes interagentes e interdependentes que, conjuntamente, formam um todo unitário, com determinado objetivo e efetuando determinada função.

Os sistemas apresentam alguns componentes, a saber:

- os resultados, que se referem tanto aos objetivos e/ou metas dos usuários do sistema quanto aos do próprio sistema. O resultado é a própria razão de existência do sistema, ou seja, é a finalidade para a qual o sistema foi criado; e, no caso deste livro, é o resultado efetivo apresentado pelo modelo de gestão da empresa considerada;

- as entradas do sistema, cuja função caracteriza as forças que fornecem ao sistema o material, a energia e a informação – que é o item básico abordado nesta seção do livro – para a operação ou o processo, o qual gera determinadas saídas do sistema que devem estar em sintonia com os resultados anteriormente estabelecidos;

- o processo de transformação do sistema, que é definido como a função que possibilita a transformação de um insumo (entrada) em um produto, serviço ou resultado (saída). Esse processador é a maneira pela qual os elementos componentes do sistema interagem no sentido de produzir as saídas desejadas e que facilitam a consolidação da gestão direcionada para resultados;

- as saídas do sistema, que correspondem aos resultados do processo de transformação. As saídas podem ser definidas como as finalidades para as quais se uniram objetivos, metas, atributos e relações do sistema. As saídas devem ser, portanto, coerentes com os objetivos ou resultados esperados do sistema; e, tendo em vista o processo de controle e avaliação, devem ser quantificáveis, de acordo com critérios, parâmetros e indicadores de desempenho previamente fixados (ver seção 8.3);

- os controles e as avaliações do sistema, principalmente para verificar se as saídas estão coerentes com os objetivos ou resultados estabelecidos. Para realizar o controle e a avaliação de maneira adequada, é necessária uma medida, chamada padrão; e

- a retroalimentação, ou realimentação, ou *feedback* do sistema, que pode ser considerada como a reintrodução de uma saída sob a forma de informação. A realimentação é um processo de comunicação que reage a cada entrada de informação, incorporando o resultado da *ação-resposta* desencadeada por meio de nova informação, a qual afetará seu comportamento subsequente, e assim sucessivamente. Essa realimentação é um instrumento de regulação retroativa ou de controle, em que as informações realimentadas são resultados das divergências verificadas entre as respostas de um sistema e os parâmetros ou indicadores de desempenho previamente estabelecidos. Portanto, a finalidade do controle é reduzir as discrepâncias ao mínimo, bem como propiciar uma situação em que esse sistema se torne autorregulador, que é uma importante premissa para a gestão direcionada para resultados.

Os componentes de um sistema podem ser visualizados na Figura 7.1:

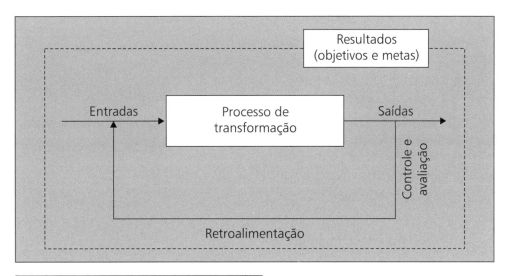

Figura 7.1 | *Componentes do sistema.*

O sistema também pode ser considerado como o núcleo central ou o foco de estudo dentro de um processo de gestão da empresa.

Existem os limites do sistema, dentro dos quais se analisa como o ambiente influi ou é influenciado pelo sistema considerado.

Ambiente do sistema é o conjunto de elementos que não pertencem ao sistema, mas qualquer alteração no sistema pode mudar ou alterar os seus elementos e qualquer alteração nos seus elementos pode mudar ou alterar o sistema.

A segunda situação (atuação dos elementos do ambiente provocando alterações no sistema) é mais fácil de ocorrer do que a primeira situação (atuação do sistema alterando os elementos do ambiente).

O ambiente de um sistema, representado por uma empresa, pode ser visualizado na Figura 7.2:

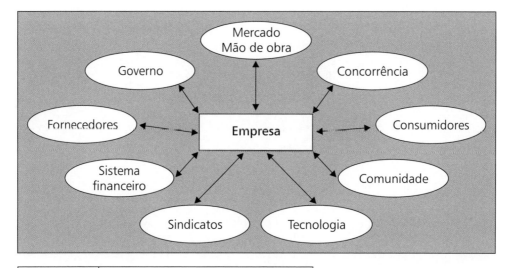

Figura 7.2 | *Ambiente do sistema empresarial.*

A Figura 7.2 apresenta o ambiente do sistema "empresa". Portanto, o foco de estudo é a empresa como um todo.

Naturalmente, pode-se considerar o ambiente para qualquer amplitude de sistema, como sistema orçamentário, de recursos humanos, financeiro, de tecnologia etc. Nesse caso, podem estar no ambiente do sistema considerado tanto variáveis dentro da própria empresa, como variáveis que estão fora da referida empresa.

O ambiente é também chamado de meio ambiente, meio externo, meio ou entorno.

O gestor deve considerar, no mínimo, três níveis na hierarquia de sistemas:

- sistema: é o que se está estudando ou considerando;
- subsistemas: são as partes identificadas de forma estruturada, que integram o sistema; e
- supersistema ou ecossistema: é o todo, sendo que o sistema é um subsistema dele.

Com base nestas considerações iniciais, pode-se apresentar o conceito e alguns dos principais aspectos do SIG nas empresas.

Sistema de Informações Gerenciais (SIG) é o processo de transformação de dados em informações que são utilizadas na estrutura decisória da empresa, proporcionando, ainda, a sustentação básica para otimizar os resultados esperados.

Quando se considera o SIG, deve-se saber que o mesmo aborda apenas uma parte das informações globais das empresas, sendo que essa situação pode ser visualizada na Figura 7.3:

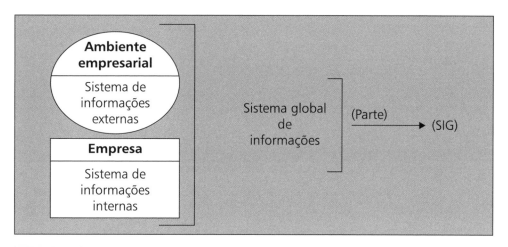

Figura 7.3 | *Sistemas de informações e as empresas.*

O desenvolvimento do SIG envolve altos níveis de criatividade e de realização das pessoas participantes. Isso porque, a partir de um problema identificado, o gestor deve explicitar elevada criatividade para chegar até a decisão a ser operacionalizada. E a sua satisfação e realização, como profissional, pode ocorrer no momento em que o processo decisório apresentar os resultados esperados e que foram anteriormente estabelecidos nos diversos planejamentos elaborados pela empresa (ver seções 4.2, 4.3 e 4.4).

Além disso, o processo envolve fatores comportamentais que o tornam ainda mais interessante. Alguns desses fatores são: cultura organizacional, emoção, instinto, expectativas e necessidades. Isto porque a gestão das empresas está, cada vez mais, focada nas pessoas, as quais representam o núcleo da decisão.

Pelo que foi apresentado, pode-se considerar, pela prática da gestão das empresas com direcionamento para resultados, que o SIG das empresas tem dez componentes, conforme apresentado na Figura 7.4:

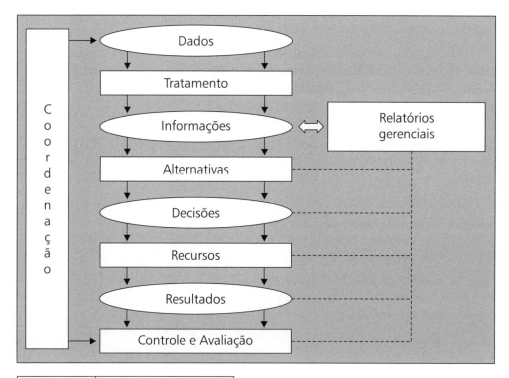

Figura 7.4 | *Componentes do SIG.*

Pela Figura 7.4, verifica-se que os relatórios gerenciais, os quais são documentos que consolidam, de forma estruturada, as informações para o tomador de decisões, são estruturados a partir do componente informação, bem como recebem ou proporcionam influência direta em todos os outros componentes subsequentes, representados pelas alternativas, pelas decisões, pelos recursos, pelos resultados e pelo controle e avaliação do SIG.

O outro contexto de alocação das informações nas empresas refere-se ao delineamento dos processos e à correspondente identificação das informações necessárias para a otimizada decisão inerentes a cada um destes processos e à empresa como um todo.

Inicialmente, é válido apresentar o conceito do termo *processo*.

Processo é um conjunto de atividades sequenciais que apresentam relação lógica entre si, com a finalidade de atender e, preferencialmente, suplantar as necessidades e expectativas dos clientes externos e internos da empresa.

A maneira como a estrutura de processos contribui para o sistema de informações gerenciais pode ser visualizada na Figura 7.5:

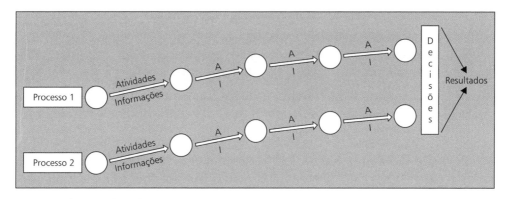

Figura 7.5 | *Estrutura de processos e o SIG.*

Verifica-se que os processos são decompostos em atividades nas quais são alocadas as informações representativas do insumo básico para a decisão voltada para os resultados da empresa.

Essa questão da interligação entre as atividades – partes dos processos empresariais – e as informações é da mais elevada importância, pois as informações devem proporcionar toda a sustentação às atividades e aos processos, bem como devem ser decorrentes destes.

Com referência ao que vem primeiro: a informação ou a atividade/processo, não tenha dúvidas em afirmar que deve ser a informação, desde que esta seja, efetivamente, válida para o processo decisório na empresa.

Outro princípio é que se deve evitar a repetição das mesmas atividades, ainda que em diferentes processos; mas as informações podem se repetir no mesmo processo.

A atual revolução da informação nas empresas pode provocar algumas consequências interessantes ou desagradáveis, conforme evidenciado por Mackenna (1992, p. 29):

- mais obrigações, pois as empresas devem empenhar-se em atender bem aos consumidores, sendo que a satisfação dos clientes e a qualidade total são fundamentais;
- novos rivais, pois, com a tecnologia da informação acessível a todo mundo, novos e poderosos concorrentes surgem a cada momento;
- vulnerabilidade, pois as informações, inclusive estratégicas, sobre as empresas ficaram mais acessíveis a todos;
- lentidão, pois as empresas, especialmente as maiores, são mais lentas do que as pessoas para acompanhar as mudanças;
- versatilidade, pois as empresas devem oferecer várias opções aos clientes, sendo que a escolha se tornou um valor tão importante quanto o produto ou serviço que cada empresa oferece ao mercado; e
- mais opções, pois foi encorajada a fragmentação do mercado e nenhum nicho hoje é estreito ou obscuro demais para ser trabalhado pelas empresas.

Pelo que já foi apresentado até este momento, verifica-se a importância de os gestores operacionalizarem uma abordagem sistêmica quando das análises de empresas com modelos de gestão direcionada para resultados.

Neste contexto, a empresa pode ser identificada como um complexo de canais ao longo dos quais fluem produtos, serviços, recursos e informações de ponta a ponta da empresa, bem como entre a empresa e os fatores de seu ambiente externo e não controlável (clientes, fornecedores, governos).

A partir da apresentação resumida dos contextos interativos da alocação das informações para o processo decisório nas empresas – SIG e informações *versus* processos –, pode-se abordar a resultante destes dois aspectos, correspondendo aos relatórios gerenciais.

Esta questão do desenvolvimento dos relatórios gerenciais pode ter um trabalho anterior, correspondente ao desenvolvimento e à implementação de um Plano Diretor de Sistemas de Informações (PDSI) na empresa.

O PSDI é, também, um instrumento que possibilita a obtenção de uma visão global da empresa. Por essa razão, deve-se procurar, na elaboração desse plano, a participação efetiva das várias unidades organizacionais usuárias na definição da rede de sistemas, pela própria interdependência que existe entre elas.

De maneira mais detalhada, considera-se Plano Diretor de Sistemas de Informações (PSDI) o estudo que contém, no mínimo, os seguintes aspectos:

- identificação, através de adequado levantamento, junto aos vários usuários da empresa, de todos os sistemas empresariais;
- estabelecimento da situação atual e, principalmente, da situação futura desejada pelos usuários e necessária para a empresa;
- estabelecimento da interligação operacional de todos os sistemas identificados, proporcionando a operacionalização, de maneira lógica e oportuna, para a empresa;
- alocação estruturada, através da gestão de projetos, de todos os recursos necessários para o desenvolvimento e a implantação de cada sistema na empresa considerada;
- estabelecimento dos vários critérios técnico-operacionais para a elaboração do cronograma de desenvolvimento dos sistemas da empresa; e
- promoção da interligação dos sistemas de informações afins, racionalizando a utilização de arquivos e equipamentos, minimizando o custo de processamento e reduzindo o tempo de tratamento dos dados e informações da empresa.

Ao final de sua estruturação, o PDSI deve ter identificado um conjunto de projetos a serem desenvolvidos e implementados, contendo, no mínimo, as prioridades e sequências de desenvolvimento, os prazos estimados, os custos de desenvolvimento, a análise de custos e benefícios, bem como o modelo global do sistema de informações voltado para a otimização do processo decisório da empresa, principalmente em um contexto de busca de resultados efetivos.

Além disso, deve-se preocupar com a identificação de alguns aspectos gerais, tais como a estrutura organizacional e a adequação dos profissionais da empresa – responsabilidades, quantidades e qualidades –, o processo de recrutamento, seleção e treinamento, a metodologia de desenvolvimento e implantação de projetos, bem como a política de gestão de projetos, de documentação, de distribuição dos manuais etc.

Esses vários projetos inerentes ao PDSI devem passar por um processo de seleção dentro de uma matriz de resultados *versus* projetos *versus* recursos.

Esse esquema geral pode ser visualizado na Figura 7.6:

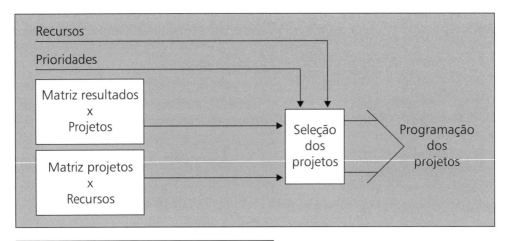

Figura 7.6 | *Seleção de projetos do PDSI.*

Portanto, esse trabalho proporciona as condições básicas para o processo de planejar, desenvolver e manter o sistema de informações da empresa, de forma a propiciar a todos os níveis hierárquicos um desempenho operacional eficiente, racional, eficaz e efetivo.

Para auxiliar no desenvolvimento dos trabalhos, a empresa pode utilizar um levantamento participativo através de um comitê de informações, evitando, dessa forma, as possíveis resistências e frustrações quanto aos prazos e/ou às expectativas inerentes ao conteúdo dos sistemas considerados.

As principais finalidades de um comitê de informações são:

- fornecer informações básicas para a elaboração do PDSI (fase inicial);
- analisar e propor, para a alta gestão da empresa, as prioridades dos sistemas;
- verificar os prazos de desenvolvimento e implantação dos sistemas, de acordo com os padrões de qualidade estabelecidos;
- informar as necessidades de novos sistemas, bem como de alterações ou de extinções dos atuais sistemas;
- debater as necessidades e as dúvidas sobre os sistemas;
- avaliar as necessidades de desenvolvimento e manutenção dos sistemas (fase posterior);
- analisar e propor eventual necessidade de treinamento dos usuários; e
- integrar os vários usuários dos sistemas de informações gerenciais da empresa.

Todo comitê de informações deve ter um coordenador, cujas principais atribuições são:

- orientar e dirigir os trabalhos, de forma que fique garantido seu bom funcionamento;
- coordenar as discussões e os julgamentos, sem impor sua vontade e tolher a atuação dos demais participantes;
- selecionar os assuntos a serem julgados;
- colher dados e elementos para estudo nas diversas unidades organizacionais da empresa;
- estabelecer contatos com as diversas chefias das unidades organizacionais da empresa;
- consultar opiniões de terceiros, com a finalidade de preparar um esquema preliminar de matéria a ser discutida;
- proceder à leitura da ata de reunião anterior, incentivar os demais membros a apresentarem seus pontos de vista sobre os assuntos da ordem do dia e, conforme ocorram debates, fornecer os elementos e esclarecimentos necessários;
- redigir a ata, assimilar e transformar em relatório a súmula dos julgamentos aprovados; e
- providenciar a execução das tarefas que lhe forem confiadas.

As principais atribuições dos membros do comitê de informações são:

- comparecer à reunião munido de toda a documentação que possa facilitar os trabalhos, bem como estar perfeitamente ciente do assunto a ser tratado;
- cultivar o método de, partindo de várias ideias dissociadas, reuni-las sob uma forma utilizável, proveitosa e, sobretudo, impessoal;
- contribuir, durante os trabalhos, para que seja alcançado o julgamento coletivo; e
- ter como objetivo soluções e não apenas acordos ou fórmulas para os problemas discutidos.

O gestor da empresa deve estar atento às vantagens do uso de comitês pelas empresas, para que não ocorram problemas de má utilização.

De maneira resumida, pode-se apresentar a seguinte situação:

a) Vantagens (condições favoráveis para o uso de comitês):
- para tomada de decisões e julgamentos em equipes multidisciplinares;
- para treinamentos *na tarefa* e em *tempo real* dos participantes;
- para incrementar o nível motivacional dos participantes;
- para reduzir possíveis inibições inerentes a debates em equipes, principalmente as multidisciplinares;
- para coordenação e alcance de resultados específicos em atividades multidisciplinares;
- para transmissão de informações; e
- para restringir a delegação de autoridade a um único profissional da empresa.

b) Desvantagens:
- pode levar à perda de tempo na tomada de decisões;
- normalmente, representa elevado custo em tempo e dinheiro;
- tira a iniciativa de comando do gestor responsável pelo assunto;
- absorve tempo útil de numerosos participantes;
- proporciona a divisão da responsabilidade; e
- exige um coordenador eficiente, o qual nem sempre é fácil de ser encontrado.

Se forem observados esses aspectos, o comitê de informações da empresa poderá alcançar um resultado altamente satisfatório.

Na dúvida, é sempre preferível ter um comitê de informações e investir em seu desenvolvimento, a atuar sem esta importante equipe de trabalho.

O leitor também deve se preocupar com a estruturação básica dos formulários para a realização dos levantamentos e análises necessários.

Sob a orientação geral do gestor catalisador do SIG, o usuário pode identificar as suas necessidades, conforme formulário apresentado na Figura 7.7:

PLANOS	IDENTIFICAÇÃO DAS NECESSIDADES DE SISTEMAS DE INFORMAÇÕES	DATA __/__/__	Nº
Sistema: Grau de prioridade: Finalidade(s):			
Usuário principal: Usuários secundários:			
Subsistemas		Finalidades	
Saídas (relatórios etc.)	Periodicidades	Comentários	
Entradas		Comentários	
Interligações com outros sistemas:			
Solicitantes		Divisão de informações	

Figura 7.7 | *Identificação das necessidades de sistemas de informações.*

Através do formulário de identificação das necessidades de sistemas de informações – Figura 7.7 –, são desenvolvidas análises no seguinte contexto:

a) Finalidade:
  - identificar os sistemas que serão desenvolvidos ou revistos.

b) Identificação dos campos:
  - Sistema: nome do sistema proposto (sistema a ser desenvolvido ou sistema que deverá sofrer um processo de manutenção).
  - Grau de prioridade: estabelecimento do grau de prioridade do sistema a ser proposto pelo comitê de informações.

- Finalidade do sistema: detalhamento das finalidades identificadas pelo usuário principal e pelos usuários secundários para o sistema proposto. Corresponde à informação básica para a análise da validade do sistema pelo comitê de informações.
- Usuário principal: nome e sigla da unidade organizacional do usuário principal do sistema proposto.
- Usuários secundários: nomes e siglas das unidades organizacionais dos usuários secundários do sistema proposto.
- Subsistemas: nome dos subsistemas identificados, até o nível de maior detalhamento, bem como a explicação de suas finalidades.
- Saídas: identificação das saídas – relatórios – que o sistema deverá proporcionar:
  - detalhamento das finalidades de cada saída identificada;
  - determinação das datas ideais de emissão dos relatórios de saídas;
  - determinação da periodicidade ideal para cada relatório de saída; e
  - apresentação dos comentários gerais a respeito dos relatórios decorrentes do sistema considerado.
- Entradas: identificação, com o melhor nível de detalhamento, das possíveis referências de entradas que serão necessárias para o processamento do sistema proposto. Os comentários a respeito destas entradas ao sistema analisado são de elevada importância.
- Interligação com outros sistemas: identificação das várias interligações com outros sistemas (existentes e/ou propostos).

A sistemática de administração de projetos é a sustentação metodológica e administrativa do PDSI. Para tanto, a empresa pode utilizar o formulário conforme Figura 7.8:

PLANOS	PROJETO DE DESENVOLVIMENTO DE SISTEMA	DATA __/__/__	Nº
Sistema:			
Resultado final:			

Atividade	Responsável	Data de início		Data de término		Observações
		Prevista	Real	Prevista	Real	

Recursos humanos alocados:				
Função	Nº	Horas previstas	Horas reais	Valor unitário	Valor total

Outras despesas previstas:	
Previsão de tempo de equipamentos:	
Usuário (de acordo)	Divisão de informações:

Figura 7.8 | *Projeto de desenvolvimento de sistema.*

Através do conteúdo dos dois formulários, verifica-se que o Plano Diretor de Sistemas de Informações (PDSI) é um relatório que contém, no mínimo, os seguintes itens:

- identificação de todas as necessidades de sistemas, a partir da análise das áreas usuárias, incluindo uma análise visando à otimização das necessidades atuais;
- interligação operacional dos mesmos;
- cronograma de desenvolvimento, implementação e documentação; e
- recursos necessários por projeto de sistema.

Alguns dos elementos que podem contribuir para a otimização do Plano Diretor de Sistema de Informações (PDSI) nas empresas são:

- planejamento adequado e efetivo, sendo que se estão considerando os três tipos ou níveis de planejamento que uma empresa deve ter, a saber: estratégico, tático e operacional (ver Capítulo 4);
- claro, entendido e aceito estilo de gestão, que facilite o processo decisório dos vários gestores da empresa que se direcionarem aos resultados previamente estabelecidos;
- efetivo programa de treinamento que seja, ao mesmo tempo, abrangente e específico, bem como direcionado a otimizar o desenvolvimento dos profissionais da empresa;
- adequada estruturação dos processos empresariais que facilitem a consolidação de um elevado nível de produtividade global e setorial na empresa;
- adequado clima organizacional, propiciando condições para um agradável ambiente de trabalho, no qual não ocorram melindres, desentendimentos e resistências;
- conjunto adequado de políticas e diretrizes que orientem o processo decisório dos gestores da empresa;
- equipe interativa de gestores, cada um conhecendo sua responsabilidade e contribuindo para o todo (empresa);
- conjunto equilibrado, justo e estruturado de objetivos, incentivos e recompensas;
- adequado sistema de acompanhamento e avaliação dos resultados parciais e totais estabelecidos pelo Plano Diretor de Sistemas de Informações (PDSI); e
- efetivo sistema de comunicações envolvendo todos os canais da empresa.

Neste momento, o leitor pode considerar, de maneira adequada, a estruturação dos relatórios gerenciais que contribuirão, diretamente, para a consolidação de um modelo de gestão direcionado para resultados.

Pode-se considerar bastante normal e óbvio o leitor identificar que esta seção do livro, ao tratar do assunto inerente ao sistema de informações gerenciais, procura contribuir, de maneira efetiva, para a otimização do processo decisório nas empresas. E, para que isso seja realidade operacional nas empresas, é necessário que algumas coisas aconteçam, e duas das mais importantes são a estruturação e a operacionalização dos relatórios gerenciais.

Relatórios gerenciais são os documentos que consolidam, de forma estruturada, as informações para o tomador de decisões.

Para a estruturação dos relatórios gerenciais, o gestor pode considerar alguns aspectos básicos:

A – Números

Os números devem apresentar a situação atual, bem como outros aspectos, tais como o período anterior, o mesmo período no ano – exercício – anterior, bem como a situação desejada.

Os números devem sempre apresentar uma situação de relatividade, principalmente percentual.

B – Gráficos

Um aspecto de grande valia para os relatórios gerenciais são os gráficos, pois os mesmos têm a finalidade de facilitar o entendimento do assunto através de melhor visualização. Devem apresentar os níveis da tomada de decisão, através da indicação das situações máxima, média ou mínima.

C – Comentários

As pessoas podem ter, algumas vezes, diferentes interpretações dos relatórios gerenciais, o que pode gerar problemas no processo decisório. Portanto, são válidos os comentários sobre o conteúdo apresentado pelo relatório.

Esses comentários devem, preferencialmente, apresentar análises comparativas com momentos passados e/ou outras empresas.

D – Decisões e ações

De acordo com o modelo proposto neste trabalho, as decisões e as ações tomadas representam o ponto mais importante para o relatório gerencial. A explicação das decisões e das ações tomadas em relação a determinado assunto força o gestor a tornar claro o seu procedimento. Fica evidente a necessidade de explicitar os recursos de que as decisões e as ações vão necessitar.

Outro aspecto a ser considerado é o das decisões e das ações alternativas que o gestor poderá adotar no desenvolvimento dos trabalhos.

E – Resultados

O gestor está em constante busca da otimização dos resultados. Portanto, deve explicitar os resultados que pretende alcançar através das decisões e das ações tomadas com base nas informações apresentadas através de números e gráficos.

De forma esquematizada, os relatórios gerenciais da empresa devem apresentar o conteúdo básico conforme a Figura 7.9. Fica evidente que a figura não apresenta todos os aspectos e, em alguns casos, os números ou os gráficos podem ser suprimidos, mas nunca os comentários, as decisões, as ações e os resultados.

PLANOS	RELATÓRIO GERENCIAL – MODELO GERAL –	DATA __/__/__	Nº
Área:			
Assunto:			
Números			
Gráficos			
Comentários (com análises comparativas)			
Decisões e ações		Resultados	

Figura 7.9 | *Relatório gerencial (modelo geral).*

7.3 Como otimizar o processo decisório direcionado para resultados

Para que o leitor possa exercitar o seu raciocínio quanto ao delineamento de um otimizado processo decisório direcionado para resultados efetivos, o autor propõe a análise e debate desta questão considerando três momentos:

- Momento 1: Preparação da empresa para o modelo decisório direcionado para resultados.

- Momento 2: Desenvolvimento e estruturação de um otimizado modelo decisório direcionado para resultados.

- Momento 3: Implementação e avaliação do modelo decisório direcionado para resultados.

Para cada um destes momentos, o autor apresenta algumas *dicas* que o leitor poderá considerar no desenvolvimento de seus trabalhos.

O autor não teve qualquer preocupação de priorizar as *dicas* apresentadas, pois isto dependerá da realidade de cada leitor, bem como da realidade em que ele desenvolve os seus trabalhos. E, naturalmente, a lista de *dicas* – que deve ser completada com outras sugestões apresentadas no texto do livro – não é completa, e nem poderia ser, pois o leitor deve completar com a sua compreensão e aplicação de um modelo de gestão direcionado para resultados.

Salienta-se, também, que as *dicas* inerentes a cada um dos três momentos podem – e devem – se interligar entre si, sendo que a explicitação de todas estas interligações não foi abordagem deste livro, pois o texto poderia ficar de leitura confusa.

E mais importante é o leitor, que sabe interligar, com exatidão, de acordo com a sua realidade – pessoal e profissional –, estas várias sugestões ou *dicas*.

Estas *dicas* são:

Momento 1: *Preparação da empresa para o modelo decisório direcionado para resultados*.

Para que este momento ocorra de maneira adequada, sem maiores problemas para os gestores das empresas, alguns cuidados devem ser tomados, tendo em vista um otimizado processo decisório direcionado para resultados.

São eles:

a) Desenvolver e implementar um planejamento estratégico.

Este planejamento deve respeitar uma metodologia bem estruturada, quanto ao seu desenvolvimento e implementação, evitando, ao máximo, a situação de consolidar apenas algumas decisões estratégicas, pois estas, geralmente, consideram apenas uma parte da empresa, provocando danos para a empresa considerada.

É importante, também, que considere o maior número de gestores e demais profissionais da empresa, pois este planejamento estratégico deve proporcionar um treinamento *na tarefa* e em *tempo real* no processo decisório da empresa, inclusive possibilitando uma melhoria na qualidade decisória de cada um dos gestores da empresa. Ou seja, muitas vezes se observa que várias pessoas pensam que sabem decidir com qualidade; mas isto pode ser uma inverdade.

Naturalmente, o planejamento estratégico ajuda a consolidar outros instrumentos de gestão nas empresas, tais como projetos, processos, orçamentos, custos, indicadores de desempenho – ver seção 8.3 –, avaliação de desempenho, desenvolvimento das capacitações profissionais.

O autor considera que a obrigatoriedade de desenvolver e implementar um planejamento estratégico é uma *dica* mandatória para a melhoria do processo nas empresas, principalmente as que utilizam modelos de gestão direcionada para resultados.

b) Desenvolver e implementar uma estrutura organizacional decorrente do plano estratégico anteriormente elaborado.

Esta é uma questão fundamental para o estabelecimento das responsabilidades, das autoridades, das comunicações e das decisões da empresa, sendo que estes quatro assuntos devem estar proporcionando a devida sustentação para que a empresa tenha um modelo de gestão direcionado para resultados, os quais devem ter sido estabelecidos, anteriormente, pelo planejamento estratégico.

Embora o autor tenha certeza que os leitores concordam com esta afirmação, pode-se desafiar estes a identificarem um elenco de empresas que, realmente, respeitem, na plenitude, esta situação.

O autor não entende esta dificuldade das empresas, esperando que, em futuro breve, esta *dica* seja retirada das novas edições deste livro.

Com referência à efetiva necessidade da empresa só ter profissionais competentes, acredita-se que não há necessidade de se gastar tempo com isto.

Ainda com referência à presente *dica*, é importante que o maior número de gestores e profissionais da empresa tenha participação efetiva no processo, evitando que esses trabalhos sejam elaborados por um pequeno número de pessoas e, portanto, o seu nível de entendimento e assimilação na empresa seja baixo e com resultados inadequados.

E lembre-se: todos os trabalhos devem ser desenvolvidos "pela" empresa, e não "para a" empresa.

Em alguns casos, o leitor pode – e deve – deslocar a *dica* "b" para depois da *dica* "c", bem como da *dica* "d". As razões são apresentadas nestas referidas *dicas*.

c) Explicar e consolidar a importância de um processo decisório direcionado para resultados.

Muitas empresas não proporcionam o devido valor para esta *dica*, afirmando que a empresa tem obtido ótimos resultados, mesmo que não tenham – pois não conseguem demonstrar de forma estruturada – um modelo de gestão direcionado para resultados. Ou seja, elas conseguem resultados interessantes por outras razões, tais como, sorte, baixo nível de concorrência, mercado muito amplo.

É válido a empresa realizar algumas palestras, com debate, em que todos possam apresentar suas expectativas e dúvidas. Mas desde que a apresentação seja com uma estrutura metodológica adequada, para não criar uma *bagunça* no entendimento do assunto.

Em algumas situações, o leitor pode considerar esta *dica* como a inicial, embora o autor tenha observado que as pessoas só começam a "entender" a necessidade de uma mudança após ser explicado para elas para "onde" a empresa vai, e "como" ela vai poder chegar lá, principalmente quanto à questão das contribuições dos diversos recursos – humanos, materiais, tecnológicos, financeiros – alocados nas unidades organizacionais da empresa, sendo que esta pergunta pode ser respondida pela apresentação de uma estrutura organizacional decorrente de um planejamento estratégico bem elaborado e implementado.

O autor teve a oportunidade de realizar serviços de consultoria em empresas que decidiram dar a maior amplitude possível a este momento, citando-se, como exemplo, o debate e aperfeiçoamento ou elaboração do código de ética da empresa. Ou seja, estas empresas queriam que aquele debate proporcionasse o delineamento de vários assuntos de elevadas abrangência e importância.

Com referência à administração das questões éticas, é necessário a criação de códigos de ética para diferentes grupos e segmentos de atuação, tais como médicos, advogados, engenheiros, administradores, contabilistas, consultores, agências de propaganda, professores, indústrias em geral, empresas de serviços em geral etc.

Código de ética é o conjunto estruturado, lógico e disseminado de normas de conduta e de orientações ao processo decisório, quanto ao que deve ser considerado certo ou errado.

Um exemplo de código de ética de elevada abrangência é o Código de Defesa do Consumidor, o qual representa uma resposta direta da sociedade aos danos e prejuízos, provocados por fornecedores de produtos e serviços, de forma intencional ou não.

De maneira mais restrita, a ética pode ter uma abordagem absoluta ou relativa.

A abordagem absoluta considera que a questão ética analisada não deve ser questionada, pois não dá margem a interpretações pessoais. Um exemplo é a questão do preconceito quanto a raça, cor, religião ou nível socioeconômico.

A abordagem relativa evidencia que a questão ética considerada está correlacionada a interpretações pessoais, tais como não aceitar preços menores em serviços recebidos pela não emissão de nota fiscal pelo prestador de serviços, não aceitar presentes de vendedores de produtos ou serviços, não *falar mal* da empresa onde trabalha, bem como reconhecer os seus erros pessoais sem querer *jogar a culpa* nos outros, saber escolher o que é importante para não envolver os outros em atividades inúteis para a empresa, reconhecer e saber utilizar as boas ideias apresentadas pelos outros profissionais, quer sejam internos ou externos à empresa.

Durante a realização dos debates diversos inerentes à dica "c", podem ser consideradas outras questões, tais como:

- não ter expectativas da empresa começar a ter rápido e eficiente processo decisório direcionado para resultados, pois este é um processo de mudança planejada que pode demandar um período de tempo considerado médio, de acordo com o nível de complexidade – negócios, tecnologia – existente na empresa analisada (ver seção 6.3);
- não aceitar a simples transposição de um modelo decisório direcionado para resultados de uma empresa que teve sucesso com o mesmo, pois a realidade de uma empresa é diferente das outras empresas. O ideal é que o modelo seja feito *sob medida* para a empresa considerada, inclusive como forma de entendimento e de comprometimento por parte de todos profissionais dessa nova realidade esperada pela empresa;
- debater como serão trabalhadas as possíveis resistências ao modelo decisório a ser implementado na empresa (ver seção 6.3); e
- explicar que o modelo decisório direcionado para resultados efetivos está diretamente associado ao processo de gestão da empresa, constituído das atividades de planejamento, organização, desenvolvimento de pessoas, direção e avaliação (ver Figura 2.1), auxiliando, em idênticas situações, cada um dos cinco itens deste processo.

d) Desenvolver e implementar os processos que sustentarão as decisões direcionadas para os resultados planejados

Esta *dica* pode ser elaborada no Momento 1 ou no início do Momento 2 do modelo de gestão direcionado para resultados, com otimizada qualidade decisória pelos gestores e demais profissionais da empresa.

Foi verificado, na Figura 7.5, que é nas atividades – partes – do processo que as informações devem ser alocadas, correspondendo à maneira mais fácil de estruturar um processo decisório direcionado para resultados.

Para entendimento de uma metodologia completa para o desenvolvimento e implementação destes trabalhos, analisar o livro *Administração de processos: conceitos, metodologia e práticas*, dos mesmos autor e editora.

Momento 2: *Desenvolvimento e estruturação de um otimizado modelo decisório direcionado para resultados.*

Lembre-se que a *dica* "d" do Momento 1 pode ser a primeira sugestão correspondente ao Momento 2.

Embora, em princípio, estas alternativas de alocação da referida *dica* não seja de elevada importância, na prática o é, pois o leitor deve tomar uma decisão de acordo com a realidade da empresa: "o quão mais a empresa tiver uma cultura dos processos, desenvolvendo-os com facilidade e operacionalizando-os com competência, a referida *dica* deve estar no final do Momento 1; caso contrário, deve estar no início do Momento 2".

Isto pelo simples fato de que sempre deve-se "concluir bem" cada etapa de um processo, mas colocando-se as principais dificuldades para o degrau seguinte, evitando-se desânimos e má qualidade no desenvolvimento dos trabalhos.

As outras *dicas* do momento 2 são:

a) Estabelecer adequadamente as necessidades e prioridades das informações

Para evitar o estabelecimento de informações e de suas prioridades por vontade própria dos gestores e profissionais da empresa, fato muito comum nas empresas, é válido desenvolver esse trabalho através de equipes de trabalho multidisciplinares e interagentes.

Essa situação pode ser visualizada na Figura 7.10:

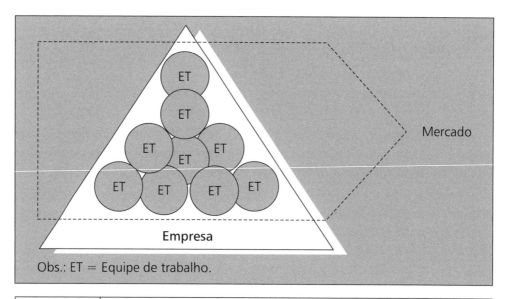

Figura 7.10 | *Estrutura geral da interligação das informações com o mercado.*

Esse processo interativo com o mercado deve ser efetuado no sentido da identificação das necessidades e das expectativas do mercado para a análise e a capacitação da empresa, visando atender a essas expectativas.

Podem ser identificadas três fases nesse processo interativo da empresa com o mercado, quando do estabelecimento das necessidades de informações:

Fase 1: Estruturação geral, com as seguintes etapas:

- estruturação do processo;
- entendimento das necessidades do mercado;
- delineamento dos resultados – objetivos e metas – a ser alcançados, os quais são correlacionados ao plano estratégico;
- mapeamento dos processos, das atividades e das informações; e
- identificação dos fatores críticos de sucesso para que a empresa alcance os resultados esperados.

Fase 2: Detalhamento e análise dos processos, com as seguintes etapas:

- detalhamento dos requisitos e das prioridades dos clientes externos e internos da empresa;
- estabelecimento dos segmentos de sistemas, subsistemas, processos e atividades;

- identificação dos processos críticos e essenciais;
- mapeamento geral dos processos;
- ordenação dos processos e atividades;
- estruturação de projetos e planos de ação;
- análise de viabilidade e da relação custos *versus* benefícios; e
- identificação dos projetos e planos de ação a serem operacionalizados para que a empresa alcance os seus resultados planejados de forma otimizada.

Fase 3: Operacionalização, com as seguintes etapas:

- estruturação do sistema de informações gerenciais correlacionada aos processos e às atividades;
- estabelecimento das políticas e dos processos básicos a serem respeitados pelos gestores e demais profissionais da empresa;
- treinamento dos envolvidos; e
- operacionalização dos processos e dos sistemas de informações gerenciais, procurando consolidar a gestão direcionada para resultados.

Esta abordagem inerente ao mercado deve se repetir quanto a todo e qualquer fator externo, ou ambiental, ou não controlável pela empresa, como fornecedores, governos, mercado de mão de obra, comunidade.

b) Ter atitudes adequadas dos gestores perante o modelo decisório direcionado para resultados

Nesse caso, espera-se que todos os gestores e demais profissionais da empresa tenham uma atitude interativa perante o SIG. A atitude pré-ativa pode ser aceita. Entretanto, as atitudes inativas e reativas devem ser evitadas ao máximo.

Quando se aborda o aspecto de adequado SIG, deve-se lembrar que muitas empresas têm dificuldades de se anteciparem às mudanças e, portanto, tendem a agir reativamente.

Essa situação é resultado de não se buscarem informações, ter baixo grau de integração, comodismo, inércia, baixa criatividade, falta de planejamento e de visão, falta de credibilidade, medo de fracassar, esperar a atuação dos outros, falta de recursos e/ou dificuldade de delegação.

Essas situações são provocadas, na maior parte das vezes, por comportamentos inadequados dos gestores das empresas, representados por falsa *com-*

pra de ideias, prepotência, *fofoca*, pessimismo, falsa expectativa, insegurança, visão unilateral, autoritarismo, *dono da verdade*, ilusão, escorregamento, conceito certo *versus* errado, descrédito, desconfiança, inveja, individualismo, falta de vontade, modismo, desinteresse e falta de modéstia.

De qualquer forma, a realidade tem demonstrado elevada dificuldade de se mudar, geralmente provocada por acomodação, medo ou insegurança, "sempre foi assim, por que mudar?", orgulho, dificuldade de adaptação, falha na comunicação, medo do desconhecido, medo do fracasso, cultura, falta de credibilidade, falta de vontade, intransigência pessoal e resistência impensada (tem governo? Sou contra!!).

c) Não ter defeitos na elaboração do modelo decisório direcionado para resultados

Esta situação pode ser conseguida pelo respeito a alguns aspectos básicos da adequada gestão das empresas, entre as quais podem-se citar:

- interligação do SIG com outros sistemas de informações da empresa, sendo que essa pode ser considerada uma premissa que, ocorrendo, caracteriza a existência de um SIG na empresa, pois, nesse caso, o enfoque sistêmico foi respeitado;
- não apresentação de falhas no estabelecimento e na interligação dos vários itens componentes do SIG (dado, informação, decisão, resultado etc.). Salienta-se que esta situação pode *desbalancear* todo o processo de desenvolvimento do SIG, na empresa considerada;
- não apresentação de excesso – ou falta – de simplicidade, formalidade e flexibilidade, pois o SIG deve estar adequado à realidade da empresa e, em seus aspectos de gestão, não deve apresentar excessos que prejudiquem a sua utilização nas empresas;
- adequação no estabelecimento da abrangência e do período de tempo de validade do SIG, sendo que estas duas questões devem ser consideradas como o resultado de um processo, não como algo previamente determinado. E não se deve esquecer de que o tempo é cada vez mais um recurso escasso, bem como sempre foi inelástico, não estocável e irreversível; ele não é importante apenas como recurso, pois o efeito que seu uso provoca nos gestores é fundamental. Pressa, ansiedade e frustração também provocam má qualidade; e não apenas nos produtos e serviços, mas também na qualidade de vida, nas relações de trabalho e nos resultados finais da empresa. A pressa gera ansiedade, que corresponde ao desejo de fazer cada vez mais coisas em um período de tempo cada vez menor. E a ansiedade

leva ao *stress*, que empobrece as relações e deforma ou mata cada vez mais pessoas;
- competência dos responsáveis pelo SIG, sendo que, felizmente, essa frase é uma verdade em significativa parte das empresas. Outro aspecto importante a ser lembrado é que ter boas ideias é necessário, mas não é suficiente, pois os resultados das empresas são gerados por ações e não por ideias; portanto, para que uma empresa seja eficaz, é necessário haver perfeita conexão entre ideias, objetivos e ações, pressupondo a necessidade de uma interligação e proximidade dos que têm as ideias, dos que estabelecem os objetivos e dos que executam as ações; e
- associação para com o processo evolutivo da empresa; isto porque o SIG deve ser delineado para levar a empresa para frente, e não *estacionar* ou, pior ainda, levar a empresa *para trás*.

d) Ter credibilidade quanto à validade do modelo decisório direcionado para resultados.

Para tanto, alguns aspectos devem ocorrer, tais como:
- continuidade no processo, ou seja, o SIG deve, inclusive, ser incorporado ao dia a dia dos gestores e demais profissionais da empresa e ter sistemática atualização;
- utilização de situações realistas;
- disseminação das informações do SIG, sendo que este é um dos principais itens de um SIG bem elaborado;
- facilidade de se trabalhar com o SIG, sendo que esta situação, normalmente, é provocada pela boa estruturação do SIG e/ou pela *elevada qualidade* decisória dos gestores da empresa; e
- boa qualidade da comunicação, a qual depende do nível de aprendizado dos profissionais envolvidos e da tecnologia aplicada, sendo que este é um elemento essencial no processo de transformação dos dados em informações e em conhecimento.

Para avaliar o nível de qualidade da comunicação interna em uma empresa, os gestores podem considerar as seguintes questões:
- – o *timing* e a velocidade das decisões;
- – a qualidade e a precisão das informações;
- – o nível de inovação na informação e no processo decisório;

- o nível de integração entre a decisão e a sua correspondente comunicação;
- o nível de integração entre a comunicação e a ação esperada;
- a autenticidade e a liberdade de decisão;
- o senso de importância que as pessoas sentem para a concretização dos objetivos da empresa;
- o nível de respeito e lealdade envolvido (empresa *versus* funcionários *versus* empresa);
- o entendimento dos objetivos e da *regra do jogo*; e
- o tipo e o nível de liderança exercida.

Momento 3: *Implementação e avaliação do modelo decisório direcionado para resultados*

Para este momento, os gestores devem estar atentos a alguns aspectos, tais como:

I – Adequação no processo de controle e avaliação, que pode ser gerada por:

 a) Existência ou otimização do sistema de controle e avaliação.

 b) Consideração da relação custos *versus* benefícios.

Ou seja, o SIG deve proporcionar efetivos benefícios ao processo decisório dos gestores e, consequentemente, à empresa, em relação aos seus custos de desenvolvimento e implementação.

II – Interação adequada com os profissionais da empresa, que pode ser provocada por:

 a) Efetiva participação e envolvimento dos diversos profissionais.

 b) Conhecimento do assunto por parte dos envolvidos no processo, o que pode ser conseguido através de adequados programas de treinamento e de capacitação profissional.

 c) Comprometimento das pessoas para com os resultados esperados.

Através do conteúdo desta seção, espera-se ter contribuído para que os gestores possam desenvolver e implementar, de forma otimizada, um sistema de informações gerenciais em suas empresas, pois essas *dicas* representam a consolidação da experiência do autor deste livro em serviços de consultoria em várias empresas, bem como a troca de ideias com vários profissionais da área.

Resumo

Neste capítulo, o foco é a otimizada atuação do profissional como decisor.

Para tanto, foram apresentados os vários aspectos inerentes à estruturação das informações – *centro nervoso* do processo decisório –, bem como dos relatórios gerenciais, os quais representam a consolidação estruturada das informações.

Também foram apresentadas as principais *dicas* que o leitor deve considerar para a otimização do processo decisório direcionado para resultados.

Estas *dicas* foram apresentadas para três momentos: preparação da empresa para o modelo decisório direcionado para resultados; desenvolvimento e estruturação do modelo; e implementação e avaliação do referido modelo.

Questões para debate

1. Para a empresa onde você trabalha ou faculdade onde estuda, estabelecer a situação ideal da estruturação das informações necessárias. Se possível, apresentar as justificativas.

2. Para a empresa onde trabalha ou faculdade onde estuda, estabelecer três ou quatro dos principais relatórios gerenciais. E justificar as suas proposições.

3. Debater o conjunto de *dicas* apresentadas para otimizar o processo decisório direcionado para resultados.

4. Para a questão anterior, procurar identificar algumas outras *dicas* para uma realidade empresarial conhecida por você, bem como estabelecer uma ordem de importância para todas as *dicas* estabelecidas (no texto do livro e por você).

Caso:

A empresa Centrum quer todas as suas informações básicas alocadas em relatórios gerenciais, bem como o processo decisório de seus gestores realizado de forma otimizada e direcionada para resultados.

A empresa Centrum é do ramo de administração de bens, quer sejam de propriedade própria ou de terceiros, envolvendo imóveis, investimentos financeiros e quotas ou ações de empresas.

Os seus clientes são investidores de médio porte residentes na cidade onde a Centrum está localizada.

Os gestores e demais profissionais da Centrum podem ser considerados de adequada "qualidade decisória", embora a empresa não disponha, no momento, de qualquer critério de avaliação, a não ser que a Centrum está crescendo nos últimos anos de acordo com a média de crescimento do seu mercado de atuação.

Mas os seus três sócios, sendo um majoritário, têm plena consciência de que a Centrum deve melhorar – e muito – em sua questão decisória, principalmente quando se aborda o seu direcionamento para os resultados anteriormente planejados.

O sócio majoritário tem uma atuação centralizada do processo decisório, sendo que, apesar de acreditar em um modelo de gestão descentralizado, ele tem dificuldades de acreditar e confiar em seus sócios e nos seus subordinados na Centrum.

Com referência aos outros dois sócios, eles têm adotado uma postura passiva, para não entrar em conflito com o sócio majoritário, pois acreditam que esta situação pode acabar com a Centrum, como uma empresa lucrativa e promissora.

No que se refere aos planejamentos – estratégicos, táticos e operacionais –, o leitor não deve se preocupar, pois a Centrum implementou, com sucesso, um sistema integrado que aborda todos os planejamentos da empresa, sendo que todos os seus gestores e demais profissionais assimilaram este instrumento de gestão de forma plenamente adequada.

Para o leitor poder se enquadrar na atual realidade da Centrum, apresenta-se, a seguir, o organograma representativo da sua estrutura organizacional:

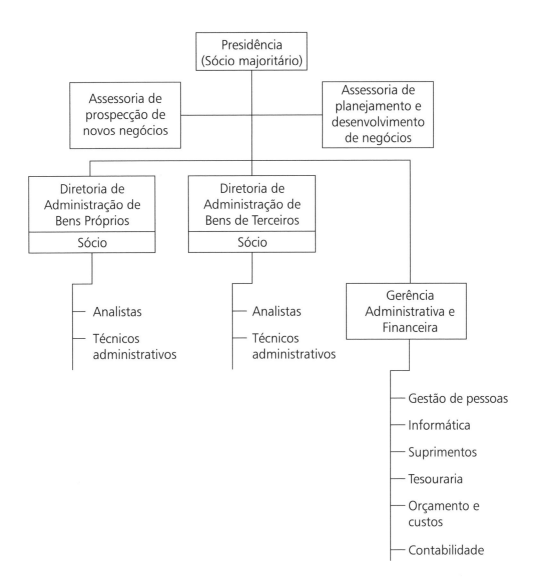

O leitor é o gestor da Assessoria de Planejamento e Desenvolvimento de Negócios, tendo recebido a responsabilidade de orientar a estruturação das informações necessárias, bem como dos decorrentes relatórios gerenciais, criando uma situação em que todos os gestores e profissionais da Centrum estejam direcionados para os resultados anteriormente planejados.

Neste contexto, a primeira tarefa do leitor é elencar um conjunto de cinco responsabilidades para cada uma das unidades organizacionais – ou áreas – da Centrum, considerando todas as 16 macroatividades identificadas no organograma da empresa.

Para este trabalho o leitor pode ser bem criativo, não tendo qualquer tipo de restrição, inclusive, para criar novas áreas que julgar necessárias para facilitar os seus trabalhos.

A segunda tarefa do leitor é fazer, da melhor maneira possível, a interligação – preferencialmente em uma relação de causa e efeito – de todas as responsabilidades elencadas para as diversas áreas da Centrum.

Neste momento, será muito natural que o leitor sinta a necessidade de alocar mais responsabilidades para cada área da Centrum.

A terceira tarefa do leitor será identificar as informações – pelo menos, as essenciais – que a Centrum deve ter de forma estruturada, como forma de sustentação para o adequado desempenho das responsabilidades anteriormente elencadas.

Um aspecto interessante é o leitor estabelecer a interligação entre estas informações, utilizando, novamente, a relação de causa e efeito.

A quarta tarefa do leitor é estabelecer e estruturar os relatórios gerenciais – pelo menos, dez para toda a Centrum –, os quais servirão de base de sustentação para o modelo de gestão direcionada para resultados efetivos, a ser implementado – espera-se, com sucesso – na Centrum.

E, finalmente, o leitor deve preparar um relatório com as principais recomendações para que todos os gestores e demais profissionais da Centrum atuem, em seu dia a dia, de forma direcionada para resultados.

Neste momento é válido apresentar algumas considerações a respeito dos executivos da Centrum, que não sejam sócios da empresa.

O assessor de planejamento e desenvolvimento de negócios – que é você –, tem um estilo de atuação sustentado por forte conhecimento de metodologias e técnicas administrativas, incluindo uma ambição – natural – de evoluir profissionalmente e ocupar "mais espaço" na Centrum.

Por enquanto, você está obtendo sucesso neste plano pessoal de evolução profissional.

O debate é como você pretende otimizar e consolidar esta situação.

O assessor de prospecção de novos negócios é um amigo pessoal seu e você o considera um tanto "atirado e ousado" e, muitas vezes, um inconsequente.

Você deve explicitar como irá trabalhar com esta situação.

O gerente administrativo e financeiro apresenta como principal característica ser o profissional da máxima confiança do presidente da Centrum.

Neste contexto, qualquer questionamento a respeito da atuação deste gerente é altamente problemático.

Não se está afirmando que o referido gerente é um problema, mas como será abordada uma situação em que a realidade deste gerente seja questionada.

Favor completar com todas as outras informações que julgar necessárias para o melhor debate deste caso.

Boa sorte!

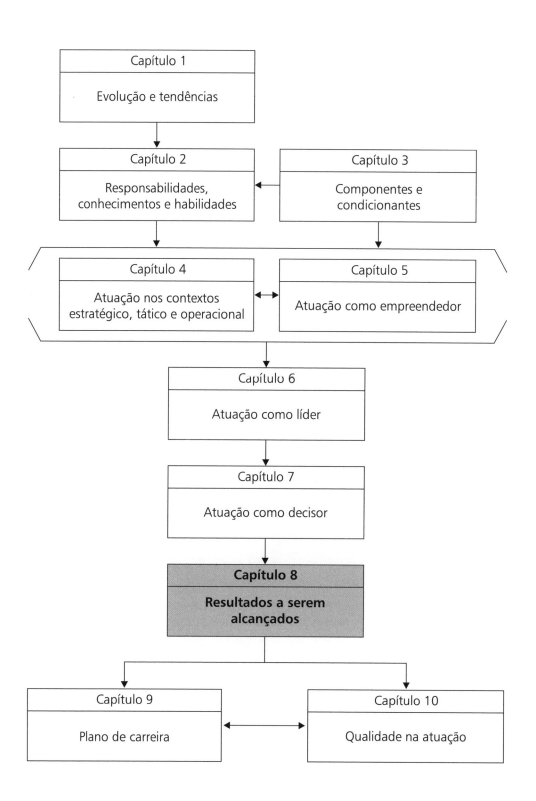

8

Estabelecimento dos resultados a serem alcançados

"Sempre faço o que não consigo fazer
para aprender o que não sei."

Pablo Picasso

8.1 Introdução

Neste capítulo, são apresentados os principais aspectos inerentes ao estabelecimento e à análise do alcance dos resultados esperados.

A importância do estabelecimento dos resultados a serem alcançados está correlacionada à premissa de que os resultados das empresas têm que estar bem definidos, entendidos e incorporados por todos os gestores e demais profissionais envolvidos no referido processo.

A importância da análise do alcance dos resultados esperados se refere ao efetivo conhecimento do que deve ser feito e de quais os resultados decorrentes.

8.2 Estabelecimento dos resultados a serem alcançados

Muitas empresas, por incrível que possa parecer, apresentam sérias dificuldades para o estabelecimento dos resultados a serem alcançados.

Podemos excluir desta análise os *pseudoprofissionais*, que não estabelecem os resultados a serem alcançados, por simples medo de serem cobrados pelos outros (acionistas, colegas de trabalho, superiores e até subordinados).

Para os demais – espera-se que seja a grande maioria –, são apresentadas algumas *dicas* de fácil aplicação para que o processo de estabelecimento dos resultados a serem alcançados pela empresa e por cada uma de suas áreas seja o melhor possível quanto à sua estruturação e operacionalização, bem como à motivação proporcionada aos profissionais envolvidos.

De qualquer forma, tem-se observado um processo evolutivo e de maior aceitação, pelas empresas em geral, de modelos de gestão direcionados para resultados, sendo a principal causa desta situação a incorporação de novos modelos de gestão pelas empresas, bem como de novas posturas de atuação pelos profissionais destas empresas.

Neste processo de mudanças – ver seção 6.3 –, os profissionais das empresas são as causas e as consequências, consolidando uma interessante situação para um otimizado modelo de gestão direcionada para resultados.

Portanto, podem ser consideradas algumas evoluções na atuação dos profissionais das empresas.

São elas:

a) Os profissionais das empresas começam a aceitar serem avaliados

Na prática, tem-se observado as seguintes situações:

- as empresas que têm otimizados modelos de gestão direcionados para resultados, bem como fortes, sustentados e aceitos sistemas de avaliação, têm evoluído mais e de maneira mais rápida do que as que não têm estas avaliações; e
- os profissionais das empresas evoluem em suas carreiras de maneira mais rápida quando são avaliados por sistemas adequados.

Entretanto, as empresas devem tomar muito cuidado com estes sistemas de avaliação para não criar protecionismos ou perseguições.

b) Os sistemas de avaliação têm, cada vez mais, fortes níveis de participação e debates de todos os envolvidos

A realidade empresarial tem demonstrado que o modelo de gestão direcionada para resultados e o sistema de avaliação não podem ser "caixas pretas", em que a maior parte dos envolvidos não conheça os seus critérios, procedimentos e aplicações.

c) Todos devem ser avaliadores e avaliados

É importante que um superior avalie os seus subordinados; mas também que estes subordinados avaliem o seu superior, para que todos saibam o que os outros pensam de cada um, para que todos possam se desenvolver conjuntamente, atuando efetivamente para os resultados planejados pela empresa.

Portanto, todos os subordinados de um mesmo chefe devem efetuar avaliações entre si, bem como entre profissionais de diferentes áreas, pois estes podem ser prestadores de serviços entre eles.

Lembre-se: o seu melhor amigo é o que fala o que pensa de você *na cara*.

d) Os resultados das avaliações serão fundamentais para a evolução das empresas e dos seus profissionais

Uma empresa – e uma pessoa – só pode eliminar os seus erros se os conhecer.

Embora esta seja uma afirmação evidente, na realidade, são muitas as empresas e pessoas que fogem das suas realidades.

8.3 Análise e avaliação do alcance dos resultados esperados

Os modelos de gestão direcionados para resultados devem apresentar, no mínimo, os itens integrantes das funções planejamento e avaliação – ver seção 2.2 –, pois tudo que foi planejado deve ser avaliado.

Entretanto, neste momento do estudo de modelos de gestão direcionada para resultados, foi julgado válido evidenciar apenas dois assuntos, dos mais importantes para a realização da função *avaliação* nas empresas.

São eles:

- avaliação de desempenho; e
- indicadores de desempenho.

Ou seja, a preocupação básica é a realização da avaliação de forma sustentada, tanto das pessoas, como das empresas.

Avaliação de desempenho é o procedimento de gestão empresarial, baseado em critérios e parâmetros previamente negociados e aceitos pelas partes envolvidas, quanto aos resultados efetivos apresentados pelos profissionais da empresa, em relação aos resultados esperados.

Os leitores deste livro já tiveram ou terão a oportunidade de estudar e aplicar algumas técnicas interessantes de avaliação de desempenho em suas atividades profissionais e, espera-se, também, nas atividades acadêmicas.

Com referência aos indicadores de desempenho, a análise deve ser mais profunda neste momento do estudo dos modelos de gestão direcionada para resultados.

Indicador de desempenho é o parâmetro e critério de avaliação, previamente estabelecido, que permite a análise da realização, bem como dos principais resultados das empresas.

Esta questão de estabelecer os indicadores de desempenho que sejam os mais adequados para a otimizada gestão de um empresa direcionada para resultados, deve ser analisada com inteligência e, em caso de dúvida, dois princípios básicos devem ser respeitados:

- deve-se *errar pelo excesso*, quando se considera o conjunto inicial de indicadores a serem utilizados, sendo que os ajustes devem ser feitos ao longo do tempo. Esta situação de considerar o máximo de indicadores em um momento inicial dos trabalhos é válida pela importância de se decidir a respeito do conjunto total de indicadores de forma consciente e crítica; e

- a análise dos indicadores de desempenho deve ser absoluta – o indicador em si –, relativa – o indicador com comparações entre momentos diversos – e interativa – o indicador em análise conjunta com outros indicadores.

Neste momento dos estudos básicos dos assuntos de gestão nas empresas, os leitores podem considerar uma parte do total de indicadores de desempenho estabelecidos pela Fundação Programa Nacional de Qualidade (FPNQ) e pelo *Balanced Scorecard* (BSC) desenvolvido por Robert Kaplan e David Norton (1998, p. 17).

Nesta interação do FPNQ e do BSC, pode-se ter oito perspectivas quanto ao estabelecimento dos indicadores de desempenho a serem utilizados na análise e avaliação dos produtos, serviços, negócios e empresas, quando estas tiverem suas gestões direcionadas para resultados.

As oito perspectivas são:

a) Perspectiva do mercado e dos clientes

Esta perspectiva, que está correlacionada principalmente com as atividades de marketing das empresas, pode considerar vários indicadores de desempenho, tais como:

- participação no mercado: percentual que a empresa detém das vendas totais do setor em que participa. É válido considerar, também, a evolução percentual da participação de mercado;
- fidelidade: percentual da base de clientes que é cliente regular, por exemplo, há mais de três anos da empresa analisada;
- conquista de novos clientes: número de novos clientes por segmento de mercado e as vendas a novos clientes, por segmento;
- imagem: percentual de entrevistados que têm uma visão positiva da empresa, através de fatores como seus produtos e serviços, valores culturais, respeito aos clientes e ações de responsabilidade social;
- conhecimento: percentual de entrevistados que lembram da marca da empresa e/ou de seus principais produtos e serviços em primeiro lugar;
- valor relativo do produto ou serviço: através de pesquisas junto aos clientes, são medidos e avaliados atributos dos produtos ou serviços da empresa, tais como pontualidade, qualidade, atendimento etc., bem como dos concorrentes;

- manifestações dos clientes: percentual de reclamações procedentes em relação ao total de clientes, ou percentual de devoluções em relação ao total vendido; e
- relacionamento: prazo médio para a solução de problemas com os clientes, sendo que a percepção do cliente quanto à qualidade do atendimento está intimamente correlacionada com a velocidade e a qualidade da resposta que a empresa lhe dá.

b) Perspectiva financeira

Esta perspectiva, talvez a mais utilizada em termos de análise da gestão direcionada para resultados, está bastante correlacionada com as atividades econômicas e financeiras das empresas, podendo considerar vários indicadores de desempenho, tais como:

- rentabilidade sobre o patrimônio líquido: lucro líquido dividido pelo patrimônio líquido;
- liquidez corrente: ativo circulante dividido pelo passivo circulante, o qual mede a capacidade da empresa de saldar seus compromissos imediatos;
- crescimento da receita: total da receita no período atual dividido pelo total da receita no período anterior, sendo que o total da receita também engloba a receita proveniente de aplicações no mercado financeiro (receitas não operacionais);
- margem bruta: total das vendas menos o custo dos produtos vendidos, dividido pelo total das vendas. Mede o equilíbrio entre a receita e a despesa da empresa analisada; e
- geração de caixa: saldo médio de caixa dividido pelo total das vendas. Mede o equilíbrio entre as contas a receber e as contas a pagar, bem como a velocidade do fluxo de caixa.

c) Perspectivas dos processos

Esta perspectiva tem interação com todas as atividades de uma empresa com gestão direcionada para resultados.

A quantidade de indicadores de desempenho que a perspectiva dos processos pode considerar é elevada, mas, como exemplos, podem ser citados:

- conformidade do produto em relação ao padrão: o padrão tomado como referência para a medição pode abranger uma especificação determinada pelo cliente ou pela empresa ou, ainda, uma norma imposta pela legislação. Nessa categoria, estão incluídos os seguintes indicadores, que são complementares entre si: percentual de produtos defeituosos em relação ao total produzido e percentual de produtos produzidos dentro do padrão;

- conformidade do serviço em relação ao padrão: mede o percentual de serviços entregues dentro do prazo prometido ao cliente e na qualidade estabelecida;
- conformidade do processo crítico: mede o número de não conformidades do processo que é crítico para a empresa ou negócio analisado, prejudicando na busca de resultados efetivos;
- desperdício: medido pelo percentual de materiais perdidos em relação ao total utilizado, ou pelo percentual de horas de retrabalho em relação ao total de horas programadas, ou ainda pelo percentual de tempo improdutivo – tempo gasto na preparação ou manutenção de máquinas – em relação ao tempo do ciclo total do processo;
- flexibilidade: mede o prazo médio decorrido entre o pedido e a entrega do produto ou serviço ao cliente;
- análise do processo de inovação: mede o tempo do ciclo do projeto de produtos e serviços, o custo em pesquisa e desenvolvimento, o retorno proporcionado pelos projetos de novos produtos, serviços e processos, bem como a receita proveniente de novos produtos e serviços;
- análise do serviço pós-venda: mede o prazo médio para a solução de reclamações e o custo da assistência pós-venda;
- eficiência operacional: percentual utilizado da capacidade de produção instalada; e
- produtividade: custo real do processo dividido pelo custo ideal. O custo real é a soma do custo médio das atividades e dos insumos diretamente ligados à execução do processo, e o custo ideal é obtido através de *benchmarking* junto a outras empresas que sejam consideradas referência de excelência.

O *benchmarking* é, de forma simplista, a identificação das empresas de referência, saber copiar destas empresas e, principalmente, começar a fazer melhor do que estas empresas de referência.

d) Perspectiva de aprendizado, inovação e crescimento

Esta análise contempla os indicadores que medem a capacidade da empresa em inovar seus produtos ou serviços e processos, estando correlacionada a todos os assuntos deste livro.

Nesta perspectiva, podem ser considerados vários indicadores de desempenho, tais como:

- tempo para recuperar o investimento: número de meses necessários, em média, para obter o retorno do investimento feito em um novo produto, serviço ou processo;
- receita de novos produtos ou serviços: percentual da receita obtida com novos produtos ou serviços lançados, por exemplo, há menos de dois anos. No conceito de produto novo incluem-se modificações significativas de função ou estética nos produtos existentes. Esse indicador mede a capacidade da empresa para transformar inovação em ganhos reais;
- conformidade dos processos: quantidade de não conformidades dos processos estabelecidos, tais como os de qualidade total e de logística;
- conformidade dos projetos: engloba o número de não conformidades por projeto, ou o número de alterações de projeto correlacionado às não conformidades, ou o tempo real do projeto dividido pelo tempo previsto, ou ainda o custo real do projeto dividido pelo custo previsto;
- geração de ideias: abrange o percentual de ideias de produtos e serviços avaliadas em relação ao total de pessoas envolvidas no desenvolvimento de produtos ou serviços, e o percentual de ideias aproveitadas em relação ao total de ideias geradas; e
- aceitação de novos produtos e serviços: percentual de unidades de novos produtos ou serviços vendidos em relação ao total de unidades da venda prevista para novos produtos e serviços.

Verifica-se que esta perspectiva identifica a infraestrutura necessária para que a empresa obtenha crescimento em longo prazo e melhoria contínua das suas competências, visando entregar maior valor para o cliente e para os investidores e acionistas, sendo que este processo está sustentado por fatores como a competência e satisfação dos profissionais da empresa, a infraestrutura de tecnologia da informação e a delegação de poder para os níveis inferiores da estrutura hierárquica (*empowerment*), tudo isto direcionado para os resultados planejados pela empresa.

e) Perspectiva de responsabilidade social

Esta perspectiva, que aborda as questões sociais, éticas e ambientais, pode considerar alguns indicadores de desempenho, tais como:

- conformidade social: pontuação que pode ser obtida de acordo com critérios de avaliação do Instituto Ethos – entidade brasileira voltada a ações de responsabilidade social –, os quais estão englobados em sete temas: valores e transparência, público interno, meio ambiente, fornecedores, consumidores, comunidade, governo e sociedade. Essa avaliação permite que a empresa possa planejar e implementar suas ações e estratégias visando alcançar um nível mais elevado de responsabilidade social;
- imagem pública: considera o percentual de entrevistados em pesquisas, os quais têm uma imagem favorável a respeito da responsabilidade social da empresa ou o número de inserções espontâneas e positivas na mídia;
- custo ambiental: custo dos danos causados ao meio ambiente em um ano dividido pela receita no mesmo período. Esse custo inclui multas, indenizações, correções de danos e interrupções das atividades da empresa;
- investimento em responsabilidade social: percentual da receita investida em programas de responsabilidade social. Salienta-se que este indicador inclui o tempo disponibilizado pelo pessoal da empresa para o desenvolvimento desses programas; e
- risco ambiental: número de não conformidades ambientais e o número de aspectos ambientais inaceitáveis.

f) Perspectiva das pessoas

Esta perspectiva está correlacionada a todos os assuntos deste livro, sendo que pode considerar vários indicadores de desempenho, tais como:

- retenção de pessoas-chave: profissionais com elevado conhecimento que se desligaram espontaneamente nos últimos 12 meses, dividido pelo total de pessoas-chave da empresa analisada;
- conhecimento e habilidade: medido através do percentual médio cumprido do ideal estabelecido para a função, ou seja, quanto cada pessoa é capaz de cumprir em relação às habilidades exigidas para a função e do percentual de pessoas que têm capacitação adequada, ou seja, pessoas que se encaixam no perfil dos conhecimentos e habilidades exigidos para o cargo ou função (ver seções 2.3 e 2.4);
- satisfação: percentual das pessoas que se declaram suficientemente motivadas e satisfeitas. Esse indicador é obtido por meio de pesquisas junto aos gestores e demais profissionais da empresa;

- comprometimento: percentual das pessoas que se declaram – e comprovam – envolvidas e engajadas em atividades vinculadas às estratégias da empresa, e o percentual das pessoas que conhecem os objetivos e os valores da empresa considerada;
- competência: percentual das pessoas que não necessitam de supervisão direta, bem como o percentual de pessoas que se sentem com autoridade e delegação suficientes, o que pode ser medido através de pesquisa do clima organizacional (ver seção 4.5);
- melhoria contínua e produtividade: medidas do valor econômico agregado por pessoa; por exemplo, receita total dividida pelo número de funcionários, e o percentual realizado das metas individuais e das equipes de trabalho;
- eficácia do treinamento: mede o percentual de pessoas treinadas que utilizam, na prática, os conhecimentos e habilidades – ver seções 2.3 e 2.4 – adquiridos no treinamento;
- volume do treinamento: contempla o percentual da receita investida em treinamento, o percentual de horas de treinamento em relação às horas disponíveis e o percentual cumprido do plano de treinamento;
- avanço na carreira: percentual de oportunidades preenchidas internamente – mede o aproveitamento do pessoal interno no preenchimento de vagas – e o percentual de pessoas que avançaram na carreira nos últimos doze meses (alguns aspectos são evidenciados na seção 9.2);
- equidade de remuneração: mede o percentual de funções que mantêm equidade salarial com o mercado;
- bem-estar: percentual de pessoas com doença ocupacional – pessoas que apresentam problemas de saúde correlacionados às atividades que executam – e o percentual de pessoas satisfeitas com os benefícios que a empresa oferece;
- segurança: mede a frequência e gravidade de acidentes (indicador obrigatório por lei), a frequência de quase-acidentes (situação em que poderia ter ocorrido um acidente com afastamento), o número de perigos cujo risco e efeito combinados tornam obrigatória a tomada de ações de correções, bem como o número de pessoas treinadas, com a indicação das horas de treinamento em segurança do trabalho; e
- participação: número de sugestões implementadas dividido pelo total de funcionários, e o percentual de pessoas que participam de projetos de melhoria na empresa considerada.

g) Perspectiva de aquisição e dos fornecedores

Esta perspectiva pode ser considerada genérica para as empresas com gestão direcionada para resultados, sendo que alguns dos seus indicadores de desempenho são:

- qualidade dos produtos e serviços adquiridos: mede a conformidade dos produtos e serviços às suas especificações, a pontualidade de entrega, o prazo de entrega e o percentual de valor do total das compras, referente a fornecedores com qualidade assegurada;
- eficácia da garantia da qualidade: considera o número de não conformidades maior por auditoria de fornecedor (não conformidade maior é um desvio em relação à norma contratual aplicável ao sistema da qualidade do fornecedor, detectado em auditoria, e que traz riscos significativos à empresa compradora), o número de não conformidades por unidade adquirida (volume de suprimentos não conformes dividido pelo total de suprimentos comprados em valores); e
- relacionamento: mede o percentual de ações corretivas respondidas a contento pelos fornecedores (eficácia das ações corretivas solicitadas aos fornecedores) e o percentual de negociações bem-sucedidas (capacidade de se obter negociações do tipo "ganha-ganha").

h) Perspectiva do ambiente empresarial

Esta perspectiva pode apresentar alguns indicadores de desempenho, tais como:

- satisfação com a liderança: percentual de pessoas que se declaram satisfeitas ou muito satisfeitas com o estilo de liderança e que sentem que os líderes são capazes de levar a empresa ao sucesso (ver seção 6.2);
- capital intelectual: valor agregado aos produtos e serviços através do conhecimento acumulado na empresa, o qual engloba o número de tecnologias dominadas dividido pelo total de tecnologias necessárias, o percentual de conhecimentos críticos para o sucesso da empresa e dominados por mais de uma pessoa (mede o risco da empresa perder conhecimento com o desligamento de pessoas que detêm tal conhecimento), o percentual de conhecimentos críticos documentados e disseminados (verifica se os conhecimentos críticos estão acessíveis através de meios que permitam sua adequada utilização por toda a empresa);

- habilidade dos líderes: obriga a empresa a ter uma sistemática estruturada para desenvolver e avaliar líderes, a qual pode abranger atributos como capacidade de estabelecer prioridades, capacidade de delegar, capacidade de comunicar e capacidade de desenvolver pessoas (ver seções 2.4 e 6.2); e

- qualidade do sistema de informações: analisa o número de informações críticas disponíveis dividido pelo total de informações críticas necessárias. Informação crítica disponível é um conjunto de dados trabalhados e acessíveis em tempo adequado, atualizado e confiável, cuja utilização é essencial para o alcance dos resultados – objetivos e metas – da empresa ou negócio (ver seção 7.2).

Independentemente do critério de avaliação a ser utilizado, deve-se lembrar de uma famosa frase estabelecendo que "tudo o que pode ser medido pode ser administrado"; entretanto, isto fica numa situação esquisita quando existe descrédito quanto aos próprios indicadores de desempenho, quer seja pela não utilização da medida certa, quer seja pela aplicação de medidas inadequadas para que os gestores e demais profissionais da empresa se sintam mais *confortáveis* quanto ao processo de cobrança de resultados.

Quantas vezes os gestores despendem elevados tempo e recursos para medir e melhorar as atividades que pouco – ou nada – contribuem para a melhoria efetiva dos resultados da empresa?

8.4 Aplicação da gestão direcionada para resultados

Para a adequada aplicação da gestão direcionada para resultados nas empresas, o leitor pode considerar algumas sugestões, consolidadas pela prática empresarial.

Neste livro, já foram apresentadas algumas das principais sugestões práticas a serem consideradas quando do desenvolvimento e da implementação dos modelos de gestão direcionada para resultados nas empresas, como:

- ter interação com o sistema de informações da empresa;
- consolidar o momento ideal da aplicação do modelo de gestão direcionada para resultados;
- ter interligação entre os níveis de avaliação (estratégico, tático e operacional) (ver seção 4.5); e
- ter consistência no processo de controle e avaliação dos resultados anteriormente planejados pela empresa.

Outras importantes sugestões a serem consideradas pelos gestores das empresas são abordadas a seguir:

a) Administrar as resistências à gestão direcionada para resultados

Um dos aspectos mais importantes a que os gestores devem estar constantemente atentos refere-se às possíveis resistências ao processo de controle e avaliação. Isso porque as avaliações existentes podem gerar resistências quando são desnecessárias ou impossíveis de ser aplicadas (ver seção 6.3).

Essas resistências têm como base o fato de a gestão direcionada para resultados considerar toda a empresa e de maneira sistêmica; e isso cria uma situação em que falhas numa área repercutem, de maneira explícita, em outras áreas da empresa.

Portanto, os vários gestores começam a sentir-se vulneráveis e passam a apresentar, na maior parte das vezes, atitude agressiva para com os controladores, ou total apatia e indiferença quanto aos resultados apresentados pelos sistemas de controle e avaliação, principalmente em nível estratégico ou global da empresa.

Além desses aspectos, as pessoas também podem apresentar resistências às avaliações com base nos seguintes aspectos: falta de conhecimento sobre o sistema de controle e avaliação, padrões de avaliação inadequados, avaliações incorretas e ações corretivas com críticas pessoais.

Diante desses aspectos, os gestores devem estudar, muito bem, o processo de controle e avaliação a ser operacionalizado na empresa que necessita de um modelo de gestão direcionada para resultados.

b) Adequar o sistema de avaliação de resultados à realidade da empresa

É verificada, neste capítulo, a importância de adequado sistema de controle e avaliação no modelo de gestão nas empresas, tendo em vista, entre outros aspectos, criar uma situação de credibilidade e propiciar condições para facilitar seu continuísmo e aperfeiçoamento na empresa.

c) Analisar a relação custos *versus* benefícios

O sistema de controle e avaliação dos resultados nas empresas deve respeitar a relação custos *versus* benefícios, pois não se deve ter um sistema em que a avaliação é um fim em si só, nem que represente gastos e esforços excessivos para a sua concretização.

O ideal é o estabelecimento de uma situação de autoavaliação, que só será possível com efetiva participação e envolvimento dos vários profissionais da empresa.

d) Ter otimizado nível de participação e de envolvimento

Neste livro, é bastante enfatizada a importância da efetiva participação e envolvimento dos profissionais da alta, bem como da média e da baixa gestão empresarial no desenvolvimento dos processos administrativos, sem o que estes se tornarão um trabalho exclusivo de um pequeno grupo de pessoas, que, inclusive, terá grande dificuldade de *vender* a ideia para toda a empresa.

e) Ter adequado nível de conhecimento por parte dos envolvidos

Com o reforço da necessidade de adequado nível de conhecimento pelas pessoas que forem trabalhar com os diversos assuntos de gestão, sem o que pode-se sepultar todo o processo, encerra-se esta lista de *dicas* para os gestores e demais profissionais melhor utilizarem o modelo de gestão direcionado para os resultados efetivos e planejados pela sua empresa.

Resumo

Neste capítulo, foram apresentados os principais aspectos que o leitor deve considerar para o otimizado estabelecimento dos resultados a serem alcançados pelas empresas.

Neste contexto, o foco básico foi a apresentação de um elenco de indicadores de desempenho com oito perspectivas de análise consagradas pela gestão direcionada para resultados.

Questões para debate

1. Debater a melhor maneira de se estabelecerem os resultados a serem alcançados por uma empresa.
2. Para uma empresa de seu conhecimento, estabelecer, com justificativas, o melhor conjunto de indicadores de desempenho.
3. Debater como se pode analisar se o alcance dos resultados esperados está se consolidando de forma otimizada.

> **Caso:**
> A empresa Onium quer todos os seus resultados esperados perfeitamente disseminados, entendidos e incorporados por todos os seus gestores e demais profissionais.

A Onium é uma empresa de operações portuárias de grande porte, localizada no principal porto marítimo do país.

Ela pertence a cinco sócios, com participação acionária equalitária e todos atuantes como conselheiros e como gestores da empresa, sendo que as Presidências – Conselho e Diretoria – são exercidas pelos sócios, com rotação a cada três anos.

O organograma resumido da Onium é apresentado a seguir:

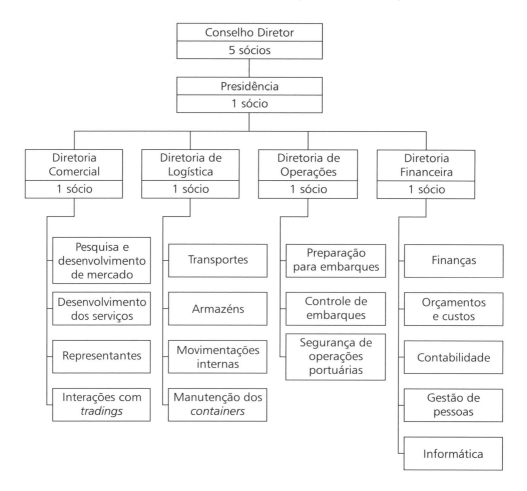

Como o negócio da Onium é de elevada complexidade, os cinco sócios acreditam que tenha que existir uma elevada interação entre todas as áreas da empresa, quer seja no início do processo de gestão, representado pelo planejamento, quer seja no final do processo de gestão, representado pela avaliação dos resultados.

Para facilitar a sua *entrada* no caso, é válido você elencar três ou quatro atividades de cada unidade organizacional ou área da Onium.

Isto porque você é obrigado a estruturar uma interação entre as atividades da Onium, antes de começar a disseminar os resultados planejados, e esperar que os mesmos sejam entendidos e incorporados por todos os gestores e demais profissionais.

A seguir, você deve elaborar um plano, ainda que resumido, de como a Onium vai ter este processo aprimorado ao longo do tempo, bem como, principalmente, poderá consolidar uma sistemática estruturada de estabelecimento de resultados a serem alcançados.

Se possível, você deve utilizar algumas *dicas* apresentadas nos sete capítulos anteriores.

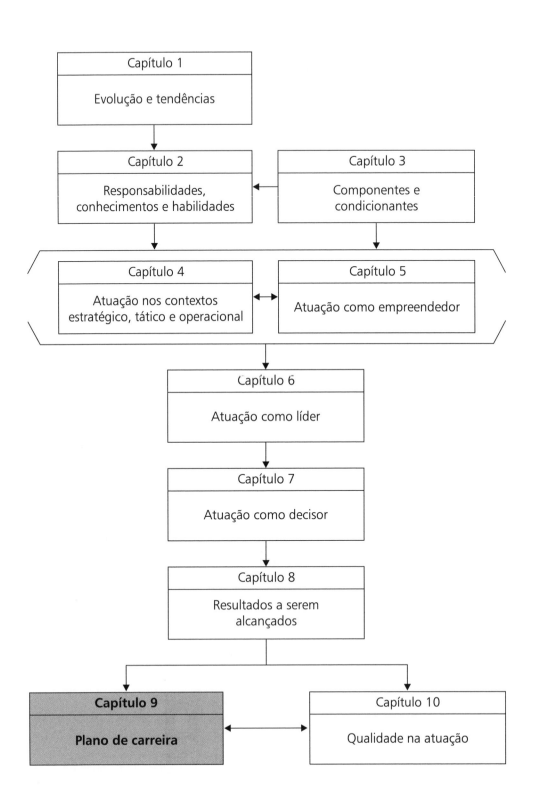

9

Plano de carreira para o profissional direcionado para resultados

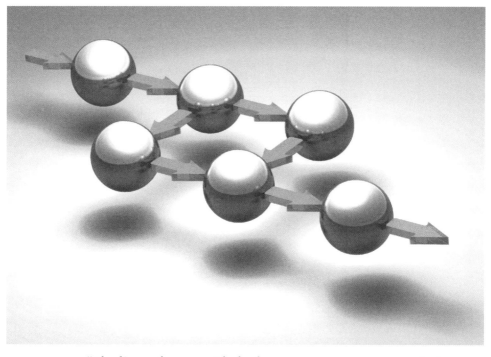

"Idealismo é a capacidade de ver as pessoas como poderiam ser, se elas não fossem como são."

Kurtz Goetz

9.1 Introdução

Neste capítulo, é apresentado um resumo do plano de carreira que o leitor pode considerar, para que a sua carreira profissional possa ser melhor direcionada para os resultados planejados e esperados.

Esta pode ser uma questão fácil ou difícil mas, seguramente, se o leitor considerar o apresentado neste e nos outros capítulos deste livro, a sua vida profissional – e pessoal – pode ser bem facilitada.

Embora possa ser considerada uma pretensão muito forte ao se apresentar a estruturação de um plano de carreira para o gestor, não se pode desconsiderar que esta é uma questão muito importante na vida – pessoal e profissional – dos leitores que querem se tornar gestores de empresas com direcionamento para resultados efetivos.

9.2 Elaboração do plano de carreira

Como preparar um plano de carreira – ainda que genérico – para os gestores e demais profissionais das empresas cuja gestão esteja direcionada para resultados?

Acredito que a forma ideal – e simples – de se realizar esta tarefa – que é de elevada importância para cada leitor deste livro – é trabalhar com três partes, a saber:

- os objetivos ou resultados que o leitor quer alcançar ao longo de sua vida profissional, lembrando que ele estará buscando resultados para si e também para a empresa em que trabalha, ou seja, a abordagem é a mesma;

- os conhecimentos e habilidades que proporcionam toda a sustentação para o otimizado desenvolvimento e implementação das atividades pelo leitor como profissional de empresas que utilizem gestão direcionada para resultados; e

- as estratégias – de ação e de atuação – que serão desenvolvidas para alcançar – e, se possível, suplantar – os objetivos e resultados anteriormente estabelecidos pelo leitor.

Os principais conhecimentos e habilidades que o leitor deve ter foram elencados na seções 2.3 e 2.4.

Não é preciso, neste momento, nos preocuparmos com as responsabilidades e o perfil de atuação ideais, pois podem ser considerados os apresentados na seção 2.2 e ao longo dos vários capítulos do livro, com posteriores ajustes e complementos de acordo com a realidade de cada empresa.

Neste momento, é importante a preocupação com referência aos objetivos e resultados a serem alcançados e, principalmente, às estratégias e ações a serem desenvolvidas e implementadas pelo leitor que procura se consolidar em uma situação de sucesso, tanto pessoal quanto profissional, atuando em um contexto de gestão direcionada para resultados.

A seguir são apresentados os aspectos básicos de cada um destes dois assuntos, sem preocupação em estabelecer qualquer ordem de importância, pois o ideal é ler, entender, complementar, debater e aplicar em sua vida pessoal e profissional.

I – Quanto aos objetivos a serem alcançados

O primeiro passo é estabelecer objetivos ou resultados genéricos quanto ao seu plano de carreira, correlacionando-os, principalmente, ao seu "sonho profissional" – não gosto deste termo, principalmente no contexto de gestão para resultados, apesar de muitas pessoas o utilizarem – para que consiga ter uma orientação geral quanto ao seu possível futuro, ou seja, pelo que você vai lutar, preferencialmente com elevada força de vontade.

Neste momento, você pode considerar seis aspectos, em ordem sequencial, a saber:

- primeiramente, estabeleça o que você *quer da vida*, criando cenários de curto, médio e longo prazos de você atuando nestes contextos. Pense, da forma mais racional possível, em qual ambiente você prefere atuar, se na área comercial, industrial ou de serviços. Não precisa se preocupar, neste momento, com o segmento da economia – automotivo, farmacêutico, petroquímico etc. – e nem com qual área da empresa você tem maior interesse;
- a seguir, idealize as pessoas com quem gostaria de – ou vai – trabalhar; se estão no nível estratégico, tático ou operacional – ver Capítulo 4 – ou se os seus trabalhos propiciarão uma interação entre os três níveis considerados, o que pode ser considerado como ideal em uma gestão direcionada para resultados efetivos;
- depois, estabeleça se você prefere – e tem vocação e habilidade – liderar pessoas – ver seção 6.2 – ou, simplesmente, se prefere interagir

com elas e com processos definidos. Analise, também, se você se dá melhor criando ou seguindo regras, políticas e processos estabelecidos pelas empresas;

- em seguida, pense em detalhes gerais, tais como se prefere viajar muito a serviço da empresa – inclusive viagens internacionais – ou se prefere trabalhar nas instalações da empresa, se gosta ou não de ter contatos com muitas pessoas, se a sua vocação é para consolidar resultados – o que é de elevada importância para o seu sucesso profissional – ou se é dar apoio às outras áreas da empresa;

- depois, identifique qual o tipo de empresa de sua preferência, tal como empresa privada, empresa familiar, empresa multinacional, empresa pública, empresa grande, média ou pequena – cada tipo de empresa pode ter uma abordagem específica de gestão direcionada para resultados –, bem como a localização ideal da empresa para a sua realidade pessoal; e

- finalmente, estabeleça para as cinco situações anteriores como você, efetivamente, vai atuar de forma direcionada para resultados. Esta pode ser uma situação fácil ou difícil para o leitor, mas ele é obrigado a fazer, procurando respeitar, no mínimo, todos os aspectos apresentados neste livro.

O segundo passo é estabelecer objetivos ou resultados específicos de seu plano de carreira, quando você pode analisar e consolidar quatro questões, a saber:

a) A forma de atuação profissional e, neste caso, deve estabelecer se vai trabalhar como funcionário de empresa, como autônomo – associado ou não a outras empresas –, como sócio – minoritário, equalitário ou majoritário – de uma empresa ou como proprietário de uma empresa.

Naturalmente, a questão de ser sócio ou proprietário de empresa – principalmente no contexto de empreendedor externo – ver seção 5.2 – pode ser colocada a médio ou a longo prazo, sendo que a curto prazo pode-se considerar a situação intermediária de ser funcionário de uma empresa, já analisando a sua competência para atuar como empreendedor interno (ver seção 5.3).

Mas tudo isto deve ser efetuado de maneira clara e verdadeira, principalmente quanto à existência de efetiva vocação para trabalhar por conta própria.

Este é um problema sério, e muitas pessoas perdem o patrimônio acumulado ao longo de sua vida profissional como funcionário de empresas, quando decidem montar o seu próprio negócio – sozinhas ou em sociedade com amigos –, e o mais irônico desta situação desastrosa é que muitos destes que fracassam em seus negócios próprios eram aqueles que criticavam as decisões tomadas nas empresas onde eram funcionários. Ou seja, criticar os outros é muito fácil, o difícil é fazer, principalmente com sucesso!

Esta questão da forma de atuação profissional, em significativa parte das vezes, pode ter influência, geralmente direta, no modelo de gestão direcionado para resultados.

O fato de cada pessoa, com elevada influência decisória na empresa considerada, *puxar* o modelo de gestão para a sua realidade profissional e, principalmente, pessoal pode causar alguns problemas para a consolidação de resultados efetivos, geralmente pelo fato das pessoas não saberem se cobrar e não gostarem de ser cobradas por outras pessoas, quer sejam sócios, superiores, pares ou subordinados.

Portanto, o leitor deve tomar cuidado com esta questão, pois poderá pensar que a sua atuação está direcionada para resultados quando, na realidade, pode estar fugindo dos resultados planejados anteriormente.

b) A amplitude de atuação e, neste caso, deve analisar se tem efetiva competência para conseguir trabalhar, de forma equilibrada, em duas ou mais atividades profissionais.

Como exemplo, pode-se considerar a situação do autor deste livro – que efetivamente elaborou e aplicou um plano de carreira –, o qual decidiu atuar em três segmentos bem interligados: o de professor universitário, o de autor de livros acadêmicos e profissionais, e o de consultor de empresas.

Esta é uma sugestão importante pelo fato das três atividades mencionadas proporcionarem, na prática, elevada sinergia, propiciando um resultado maior do que se cada atividade fosse executada de forma isolada. E esta sinergia é um importante facilitador para a consolidação de resultados efetivos.

Pode-se considerar que o leitor não terá maiores dificuldades para identificar uma situação que lhe proporcione uma sinergia profissional interessante.

c) A identificação de áreas de conhecimento que estejam em crescimento, bem como, seguramente, devem perdurar por muitos anos.

Não adianta um profissional dedicar significativa parte de sua vida ao conhecimento de um assunto de gestão ou técnico de empresas, o qual vai morrer em breve, pois ele ficará com um conhecimento que não serve *para nada*.

O leitor observa que este objetivo específico, bem como o próximo, se refere ao futuro da carreira de cada pessoa, mas também interfere na gestão direcionada para resultados, pois é necessário que os conhecimentos em que o leitor está investindo um forte aprendizado perdurem ao longo de um bom período de tempo, quanto à sua importância para as empresas de diversos segmentos da economia.

    d) A identificação de segmentos da economia que estejam crescendo e, principalmente, que necessitem dos conhecimentos escolhidos por você.

Este é um aspecto muito importante, pois existem segmentos da economia brasileira, tais como o agronegócio, que está crescendo e vai continuar a crescer durante muitas décadas seguintes, mesmo que, em alguns momentos específicos, sofram alguns percalços temporários.

Não há necessidade de maiores debates a respeito da importância deste assunto para a efetiva consolidação de resultados interessantes, para si e para a empresa onde trabalha.

II – Quanto às estratégias a serem aplicadas

No item anterior, a preocupação foi o estabelecimento "do que", correspondente aos objetivos, metas, resultados e focos a serem considerados no plano de carreira do leitor direcionado para resultados efetivos.

Neste item, a preocupação é quanto ao "como" o leitor vai alcançar os objetivos ou resultados estabelecidos, ou seja, é o momento básico dele provar que tem postura de atuação direcionada para resultados, para si e, por consequência, para a empresa onde trabalha.

Talvez esta colocação seja considerada pretenciosa, mas a intenção do autor é elencar um conjunto mínimo de estratégias e ações que devem ser entendidas, debatidas, incorporadas e aplicadas pelos leitores.

A minha vida profissional identificou que deve ser considerado, para debate, um conjunto de estratégias e ações quanto ao plano de carreira, sem a preocupação do nível de importância para a realidade pessoal e profissional de cada leitor. Ou seja, toda e qualquer estratégia, principalmente as inovadoras e diferenciadas, são muito importantes para o leitor se consolidar como um excelente gestor direcionado para resultados.

São elas:

    a) Consolidar o conhecimento – teórico e prático – como a base de sustentação de sua vida profissional

Na seção 2.3, foram apresentados alguns conhecimentos básicos que todo e qualquer profissional de empresa deve ter.

O grande *lance* é ter estes conhecimentos e aplicá-los de forma direcionada para resultados. Idem quanto às habilidades básicas, evidenciadas na seção 2.4.

Esta atuação é que diferencia os reais profissionais direcionados para resultados efetivos e planejados das empresas onde trabalham.

b) Saber escolher os seus cursos, inclusive os níveis de qualidade deles

O candidato a um curso de graduação – e de pós-graduação – deve saber identificar os cursos que lhe proporcionarão a base de sustentação de todo o conhecimento necessário ao seu plano de carreira como profissional direcionado para resultados.

De nada adianta ter um diploma e ter que estudar *por fora*, para conseguir e se consolidar em um emprego numa empresa.

c) Saber observar, estudar, aprender e aplicar

Quer seja como estudante ou como profissional de empresa, deve-se estar atento aos acontecimentos e às informações que fluem ao longo de nossas vidas pessoal e profissional.

Um exemplo simples, mas interessante, desta situação é da pessoa que lê o jornal diário e consegue identificar algumas informações que podem afetar a sua vida, contribuindo, inclusive, para a sua carreira profissional. Uma outra pessoa, com os mesmos interesses profissionais, lê o mesmo jornal e não capta nada. Acredito que você já entendeu a diferença entre estas duas pessoas.

As pessoas também devem ter disciplina de estudo, não apenas em momentos específicos e obrigatórios, mas em toda a sua vida. E o ideal é que isto seja algo prazeroso.

Mas, para que os assuntos estudados sejam incorporados pelas pessoas, é necessário que se saiba aprender o conhecimento, ou seja, é preciso *aprender a aprender*. E, como decorrência desta situação, as pessoas devem aprender a apresentar resultados efetivos para a empresa.

Este é, na realidade, um processo de *benchmarking* que as pessoas devem utilizar com inteligência, ou seja, aprender com os outros e fazer melhor.

E, finalmente, neste processo de aprendizagem, é preciso saber aplicar, com qualidade – ver seção 10.2 –, tudo que soube aprender.

d) Ter bom relacionamento e ótimo processo de comunicação

Você deve ter um processo de relacionamento pessoal e profissional amplo e interativo, não por interesse, mas sustentado por otimizados níveis de amizade. Neste caso, a amplitude de seu relacionamento vai aumentando naturalmente, como consequência das realidades de grupos de convivência.

Mas é necessário que as pessoas saibam se comunicar, para evitar mal-entendidos e outros problemas.

E mais importante de tudo é que a sua boa forma de expressar-se, sustentada por bom nível de conhecimentos – gerais e de gestão de empresas –, o consolide como um líder pelo conhecimento.

Esta questão da liderança pelo conhecimento pode ser considerada a principal base de sustentação para alguém *começar a se mostrar* como um gestor com atuação direcionada para resultados. Mais detalhes nas seções 1.5, 2.3 e 6.2.

e) Saber trabalhar com diversidades, antagonismos e conflitos

Este é um aspecto de suma importância na vida profissional dos gestores e demais profissionais de empresas, principalmente quando focados em resultados efetivos para a empresa.

Essas situações ocorrem tanto nos próprios locais de trabalho das pessoas, como, com força maior, em outras localidades onde os profissionais das empresas têm que efetuar trabalhos, principalmente no atual mundo globalizado.

Nos dias atuais, é preciso criar e inovar constantemente; e o leitor só pode conseguir isto quando associa diferentes ideias, referências, conhecimentos e habilidades.

Atualmente, a longevidade das pessoas é bastante elevada, com aproximadamente 0,2% da população beirando ou passando os 100 anos de idade.

Imagine uma pessoa que trabalhou a maior parte de sua longa vida e vivenciou a maior parte dos eventos e das realidades de gestão das empresas. Como a evolução tecnológica será cada vez mais rápida – e a gestão das empresas é uma tecnologia, pois é um conhecimento –, qualquer pessoa que trabalhe pelo período de 30 a 40 anos passará por várias evoluções, as quais podem gerar diversidades, antagonismos e conflitos.

A questão é como que cada um vai trabalhar com esta realidade inquestionável, lembrando que os modelos de gestão direcionada para resultados podem ir se tornando cada vez mais amplos e complexos, entre outras razões, pela própria competitividade empresarial.

f) Saber *pensar grande* e decidir com foco

O gestor deve saber *pensar grande* de forma adequada e coerente com determinada realidade da empresa e seus aspectos contigentes.

Este deve ser o *guarda-chuva* de seu processo decisório, pois a sua análise específica deve estar focada em algum assunto em particular, com todas as suas interligações possíveis. Ou seja, o processo decisório do gestor vai do geral para o particular, e deste para o geral, sendo que, na seção 4.5, evidencia-se que esta é uma premissa para a adequada gestão direcionada para resultados.

g) Saber identificar problemas e, principalmente, estruturar e apresentar soluções interessantes

Uma das grandes questões nas empresas é a identificação dos problemas e, consequentemente, das suas causas e efeitos.

Para ilustrar esta situação, pense no caso de um produto estar com suas vendas em constante queda. Pode ser que a empresa considere que o produto está com qualidade inadequada ou que o seu sistema de distribuição está errado. Entretanto, o real problema do produto pode estar no seu preço elevado – que não era considerado problema pelo fato da maior beleza e procura deste produto pelo mercado em geral – e, portanto, deve ser analisado o seu processo de produção, bem como a sua estrutura de formação de preços. Ou seja, o problema pode estar nas áreas de produção e de finanças.

Parece ter ficado claro que, se o leitor não identificar o real foco do problema, terá sérias dificuldades de implementar um modelo de gestão direcionado para resultados.

h) Acreditar na importância e validade do que faz

Tenha fé no que faz!

Pelo menos, após você ter os resultados analisados da efetiva contribuição dos seus trabalhos para a melhor atuação e resultados da empresa.

E, para que os outros entendam a importância dos trabalhos que você realiza, é necessário que, antes, eles conheçam algumas particularidades do seu trabalho, os resultados apresentados e como as outras áreas podem melhor utilizar estes trabalhos realizados por você e sua equipe.

Pode-se considerar, neste contexto, que o foco final é a contribuição direta para a prática da cultura de valor, em que todos – e cada um – se envolvem nos interesses comuns de seus ambientes de trabalho e de relacionamentos pessoais e profissionais.

i) Ter vantagem competitiva real, sustentada e duradoura

Assim como as empresas têm que ter alguma vantagem competitiva que diferencie os seus produtos ou serviços frente à atuação dos concorrentes, para que o mercado prefira comprar os seus produtos e serviços em detrimento destes concorrentes, você, como profissional de empresa, também deve ter uma vantagem competitiva que faça com que as empresas prefiram "comprar" os seus serviços, em detrimento de outros candidatos ao mesmo cargo nestas empresas.

Na realidade, esta questão da vantagem competitiva das pessoas aparece em várias situações da vida pessoal e profissional.

Vantagem competitiva do gestor direcionado para resultados é a sua característica que direciona as empresas – ou áreas da empresa – e o mercado em geral – no caso de ser prestador de serviços – a "comprá-lo", em detrimento dos profissionais concorrentes.

Esta vantagem competitiva do gestor direcionado para resultados tem que ser:

- real, ou seja, ser reconhecida pelo mercado, principalmente pela empresa em que você pretende trabalhar, e também na empresa em que você já trabalha e, neste caso, o ideal é que a sua vantagem competitiva seja pelo maior conhecimento de determinado assunto de gestão importante para a empresa;

- sustentada, ou seja, você tem que ter todos os conhecimentos necessários que sustentem a sua atuação profissional. Isto é, *conversa fiada* e mentiras têm vida curta; e

- duradoura, pois é válido que esta vantagem competitiva, real e sustentada, e portanto cada vez mais conhecida no ambiente pessoal e profissional onde você vive, seja duradoura, possibilitando que você consolide uma *personalidade* profissional interessante. Ou seja, todos o devem visualizar – e respeitar – como um gestor direcionado para resultados efetivos.

j) Ser gestor de sua vida

Não creio que seja válido uma pessoa querer ser gestor de uma empresa, atuando fortemente nas questões das funções do processo de gestão ou da administração, bem como em uma ou mais funções das empresas, se ela não tiver condições de administrar a própria vida e, principalmente, alcançar os seus resultados planejados.

Neste contexto, é importante que cada gestor se esforce, ao máximo, para ter *marca própria*, conceito idealizado por Tom Peters, em 1997, com a publicação do artigo intitulado "A marca chamada você".

É um princípio simples e complexo ao mesmo tempo, pois a essência para se ter sucesso é que cada um seja presidente de sua vida profissional. Isto significa ter projetos próprios e ser empreendedor externo ou interno – ver Capítulo 5 –, bem como incorporar uma inevitável realidade futura – distante ou próxima – correspondente à redução dos empregos formais.

Para que um profissional se direcione a ter *marca própria*, é necessário que trabalhe com inteligência, paciência e perseverança, pois não é uma questão que envolva análises decisórias complexas com modelos matemáticos, mas é uma questão sutil que, no final, vai mostrar "quem é quem". Verifica-se que estes profissionais devem ter valores pessoais consolidados e com forte atuação ética.

E, finalmente, lembre-se que trabalho não é só fonte de dinheiro. As pessoas devem ter felicidade com as suas atividades profissionais; devem entender qual a contribuição dos seus trabalhos para a empresa e para a comunidade onde vivem. Ou seja, em tudo que se realiza como profissional, deve-se estar focando os resultados! Tanto os pessoais como os da empresa!

9.3 Análise da atuação direcionada para resultados

Na prática, não adianta muito o leitor elaborar um excepcional plano de carreira para se tornar um gestor direcionado para resultados, se não conseguir estruturar e operacionalizar uma metodologia adequada para analisar, preferencialmente em *tempo real* – quando cada fato esteja ocorrendo –, como, efetivamente, está a qualidade de sua atuação como gestor direcionado para os resultados planejados pela empresa considerada.

A metodologia apresentada a seguir, elaborada pelo autor e aplicada com pequenas variações dependendo de cada grupo de gestores considerados, proporcionou resultados interessantes e, portanto, o leitor pode aplicar em sua realidade pessoal e profissional.

A questão das possíveis pequenas variações que o leitor julgue válido realizar em nada atrapalhará o raciocínio lógico da análise da atuação direcionada para resultados.

Verifica-se que o autor procurou utilizar os vários assuntos alocados nos capítulos do livro, ainda que, em alguns momentos, alterando a ordem apresentada nos diversos capítulos.

De qualquer forma, o leitor pode avaliar a sua atuação como gestor direcionado para resultados respeitando as fases e etapas apresentadas a seguir.

São elas:

Fase 1: Estabelecimento do modelo ideal de gestão da empresa

Foi verificado que modelo de gestão é o processo estruturado, interativo e consolidado de desenvolver e implementar as atividades – estratégicas, táticas e operacionais – de planejamento, organização, direção, desenvolvimento de pessoas e avaliação de resultados, visando ao crescimento e ao desenvolvimento sustentado da empresa.

Verifica-se que o modelo de gestão é o principal fator de sustentação para o desenvolvimento de toda e qualquer empresa.

Infelizmente, o leitor pode concordar com a afirmação de que significativa parte das empresas não consegue delinear o seu modelo de gestão, por desconhecimento do que é, e/ou para que serve e/ou como se faz. Este é um problema que, espera-se, as empresas irão solucionar ao longo do tempo.

Portanto, na prática, esta fase pode ter duas etapas:

Etapa 1.1: *Aplicação do modelo de gestão ideal*

Esta representa a premissa básica de todos os trabalhos para uma gestão efetivamente direcionada para resultados planejados.

Neste livro, foram apresentadas várias *dicas* a respeito deste assunto.

Etapa 1.2: *Consolidação das responsabilidades, conhecimentos e habilidades*

Embora cada empresa apresente suas particularidades, o leitor pode considerar, para início de sua análise, as situações exemplificadas nas seções 2.2, 2.3 e 2.4.

Fase 2: Interligação do modelo de gestão com os planejamentos da empresa

Os resultados apresentados por uma empresa não podem representar simplesmente surpresas – agradáveis ou desagradáveis – para os seus proprietários e gestores. Estes resultados têm que ser muito bem planejados, bem como as maneiras – inclusive alternativas – de alcançá-los.

De forma resumida, esta fase pode se desenvolver em quatro etapas:

Etapa 2.1: *Decomposição dos níveis de planejamento*

Nas seções 4.2, 4.3 e 4.4, foram apresentados os três níveis clássicos dos planejamentos nas empresas (estratégico, tático e operacional).

Etapa 2.2: *Interligação estruturada entre os níveis de planejamento*

Os três níveis apresentados representam orientações gerais e, na prática, têm que estar perfeitamente interligados, caso contrário, a empresa se apresentaria como dividida em partes, o que corresponde a algo absurdo do ponto de vista de gestão empresarial (ver seção 4.5).

Uma ideia mais detalhada de estruturação de planejamento das empresas pode ser visualizada no livro *Planejamento estratégico: conceitos, metodologia e práticas*, dos mesmos autor e editora.

Etapa 2.3: *Interligação dos planejamentos com o modelo de gestão*

Na realidade, os planejamentos fazem parte do modelo de gestão de toda e qualquer empresa, mas este autor preferiu evidenciar este aspecto, pois é neste momento que se consolida a estrutura geral de resultados a serem alcançados, bem qual a realidade em que estes resultados esperados se encontram e como o processo de gestão para resultados deve ser desenvolvido.

Etapa 2.4: *Estabelecimento dos resultados a serem alcançados*

Na seção 8.3, foram apresentados alguns indicadores de desempenho que podem auxiliar os leitores a estabelecer os resultados a serem alcançados, a partir de um modelo de gestão ideal.

A *dica* extra apresentada neste momento é que todos os indicadores de desempenho escolhidos estejam em uma estrutura operacional em que estes indicadores se interliguem entre si, caso contrário, não existirá uma gestão direcionada para resultados, a qual é o foco deste livro.

Fase 3: Estabelecimento do modelo ideal de atuação

Tendo como base o modelo ideal de gestão, incluindo os planejamentos com seus resultados efetivos esperados, é possível se estabelecer o modelo ideal de atuação por parte dos gestores e demais profissionais da empresa considerada.

Esta fase pode se desenvolver em quatro etapas, a saber:

Etapa 3.1: *Estabelecimento do modelo ideal de empreendedorismo*

O Capítulo 5 apresentou os aspectos básicos desta questão, quer o empreendedor seja externo quer interno à empresa.

Etapa 3.2: *Estabelecimento do modelo ideal de liderança*

A este respeito, ver seções 6.2 e 6.4.

Etapa 3.3: *Estabelecimento do modelo ideal de agente de mudanças*

A este respeito, ver seções 6.3 e 6.4.

Etapa 3.4: *Estabelecimento do modelo ideal de atuação*

Com base nas três etapas anteriores, o leitor pode considerar o modelo ideal de atuação dos gestores e demais profissionais da empresa considerada, tendo em vista o modelo ideal de gestão delineado na Fase 1.

Nesta etapa, o leitor pode consolidar, para a sua realidade específica, o seu plano de carreira, considerando o apresentado na seção 9.2.

Fase 4: Análise dos modelos elaborados e dos resultados alcançados

Esta fase se preocupa com a consolidação dos diversos trabalhos anteriores, colocando na prática o modelo de gestão direcionado para resultados.

Podem ser consideradas duas etapas, a saber:

Etapa 4.1: *Análise da qualidade*

A este respeito, ver seção 10.2.

Etapa 4.2: *Análise do processo de aprimoramento*

Neste ponto, o leitor deve considerar a sua atuação individual, bem como em equipes multidisciplinares, sendo que mais detalhes são apresentados na seção 10.3.

O leitor pode considerar estas quatro fases e 12 etapas como orientativas para os seus trabalhos de análise de sua atuação – individual e da sua empresa – direcionada para resultados.

Entretanto, é natural que o leitor seja obrigado a fazer complementações específicas para a sua realidade e a de sua empresa, mas nunca excluir alguma das fases ou etapas apresentadas nesta seção.

Resumo

Neste capítulo, foram apresentados os principais aspectos que o leitor deve considerar para elaborar o seu plano de carreira visando se consolidar como um profissional direcionado para resultados.

A prática tem demonstrado que os profissionais que elaboram e aplicam os seus planos de carreira têm muito mais chances de sucesso do que os não interessados neste assunto.

Também foi apresentada uma metodologia estruturada para o leitor efetuar uma autoanálise de sua atuação como gestor direcionado para resultados.

Questões para debate

1. Estruturar e debater o seu plano de carreira como profissional direcionado para os resultados planejados e esperados pela empresa onde trabalha.
2. Analisar, de forma objetiva, a sua atuação como profissional direcionado para os resultados planejados e esperados pela empresa onde trabalha.

Caso:

A empresa Katrium quer todos os seus gestores e demais profissionais com planos de carreira elaborados e aplicados, bem como deve existir direcionamento conjunto para os resultados esperados pela empresa.

A Katrium é uma empresa revendedora autorizada de uma grande montadora multinacional de veículos e tem sete lojas em cinco cidades próximas entre si.

Ela trabalha com veículos leves novos, nacionais e importados, veículos usados – recebidos na base de troca por veículos novos –, veículos pesados – ônibus, caminhões e tratores –, peças e serviços, bem como consórcio, seguros e licenciamentos de veículos em geral.

Atualmente, a Katrium é propriedade de dois sócios, mas a negociação de entrada de um terceiro sócio está avançada, sendo que este será responsável por aumentar o capital da empresa em 50%, abrindo, no mínimo, três novas lojas em cidades próximas.

Neste contexto, surge a necessidade premente de que os vários gestores e demais profissionais da Katrium comecem a elaborar seus planos de carreira, pois várias novas oportunidades vão ser consolidadas na realidade da empresa.

Entretanto, existe um pequeno problema, pois é necessário que estes planos de carreira auxiliem as pessoas que trabalham nas diversas lojas da Katrium a direcionarem seus esforços e realizações para os resultados globais da empresa.

Como resolver esta questão utilizando o apresentado nas seções 9.2 e 9.3?

Esta é a sua tarefa de auxílio para a otimização do modelo de gestão da Katrium.

Como informação geral, é apresentado o organograma resumido da Katrium:

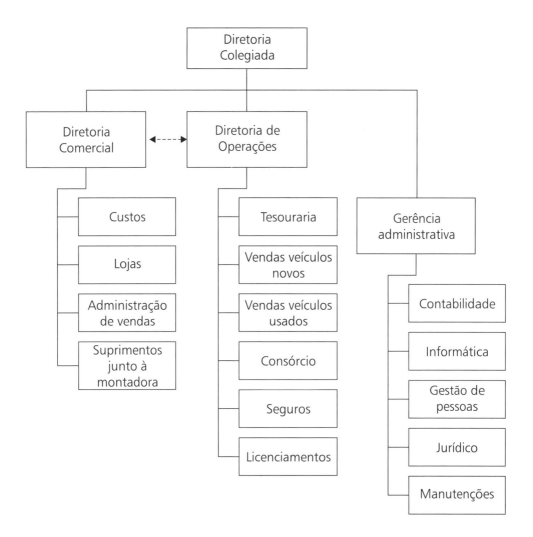

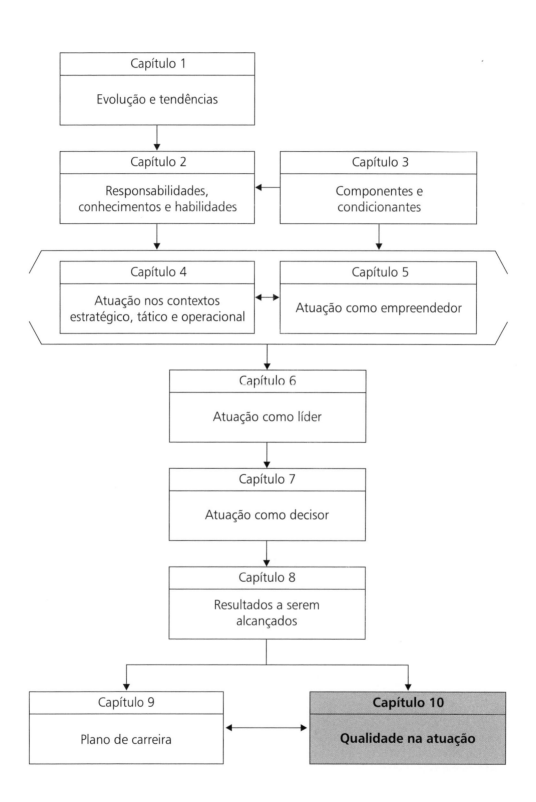

10

Qualidade na atuação direcionada para resultados

"O maior prazer de um homem inteligente
é bancar-se idiota diante de um idiota que banca ser inteligente."

Autor desconhecido

10.1 Introdução

Neste capítulo, são apresentados os principais aspectos inerentes ao desenvolvimento e à consolidação do processo de qualidade na atuação dos gestores e demais profissionais, bem como à questão de aplicação e do aprimoramento – sistemático, gradativo e acumulativo – da atuação das pessoas, quando a sua abordagem profissional estiver direcionada para os resultados planejados e estabelecidos pela empresa onde trabalha.

A questão da qualidade deve estar presente em todos os atos do ser humano, inclusive em sua atuação profissional no processo de consolidação de resultados efetivos para a empresa considerada.

Na prática, a efetiva, permanente e sustentada gestão para resultados depende, no mínimo, de duas questões básicas:

- adequados desenvolvimento e operacionalização dos instrumentos de gestão envolvidos, sendo que neste livro foram apresentados os mais importantes ao longo dos Capítulos 2 a 9, a saber: responsabilidades, conhecimentos e habilidades dos profissionais, componentes e condicionantes de atuação, contextos estratégicos, tático e operacional, empreendedorismo externo e interno, liderança e mudanças planejadas, processo decisório, estabelecimento de resultados otimizados, plano de carreira e qualidade total na atuação direcionada para resultados; e

- otimizada interação entre estes instrumentos de gestão, que é o assunto abordado no presente capítulo.

A interação entre os instrumentos de gestão considerados pode ser realizada de algumas maneiras, mas este autor considera que a forma ideal é a que se baseia nos princípios estabelecidos pela qualidade total nas empresas.

Embora a qualidade total, como instrumento de gestão, tenha recebido algumas críticas – válidas e/ou não válidas – principalmente quanto à sua certificação, não se pode negar que os outros quatro componentes do sistema de qualidade total – gestão, processos, indicadores de desempenho e auditoria – têm contribuído fortemente para a melhor consolidação de resultados interessantes pelas empresas.

Portanto, este capítulo procura extrair a *parte boa* do sistema de qualidade total e com a certeza de que o leitor proporcionará a sua efetiva contribuição para a adequada aplicação deste importante instrumento de gestão das empresas que procuram resultados otimizados.

10.2 Qualidade na atuação dos profissionais das empresas

A consolidação de um nível de qualidade total – idealmente reconhecida como tal – pode ser o grande diferencial da atuação do profissional direcionado para os resultados efetivos da empresa onde trabalha.

Para que o leitor incorpore esta situação, é necessário que ele conheça todos os passos básicos para a certificação de qualidade de um determinado serviço. E, depois, ele aplique esta situação em sua realidade, como um profissional que busca o melhor resultado em tudo que faz.

Neste contexto, pode-se criar o conceito de qualidade – total – na atuação dos profissionais direcionados para resultados efetivos e planejados na empresa onde ele realiza seus serviços.

Qualidade na atuação dos profissionais direcionados para resultados representa tudo que é feito ao longo de um modelo de gestão estruturado, para garantir ao cliente-empresa, que é o real interessado nos resultados efetivos e, consequentemente, a todos os outros clientes envolvidos – dentro e fora da empresa – exatamente aquilo que desejam, em termos de aspectos intrínsecos, rastreados, de custos e de atendimento de expectativas.

Para o seu melhor entendimento, pode-se analisar o que representa cada uma das partes do conceito apresentado.

São elas:

   a) Qualidade intrínseca ao processo de consolidação de resultados efetivos para a empresa

Os resultados efetivos deste processo são representados pela completa satisfação proporcionada à empresa – representada pelos seus proprietários, empreendedores, gestores e demais profissionais – pela sua consolidação.

Neste caso, a qualidade na busca e consolidação de resultados efetivos para a empresa é medida pela ausência de discrepâncias e problemas nos resultados apresentados em relação aos resultados planejados.

b) Qualidade rastreada ao longo da estruturação e aplicação de processos e de indicadores de desempenho

A qualidade deve estar alocada – e entendida como tal – em cada um dos processos – rotinas, procedimentos, métodos, regras – e momentos – indicadores de desempenho – do modelo de gestão utilizado pela empresa para a otimizada consolidação dos resultados esperados. E se, por acaso, um problema grande, médio ou pequeno surgir, deve ser fácil e rápido identificar onde e por que o referido problema ocorreu.

Para tanto, é necessário que a metodologia de desenvolvimento e implementação da qualidade para a consolidação de resultados efetivos – ver seção 10.2.1 – esteja muito bem estabelecida, entendida e aplicada na empresa.

c) Custo da qualidade

Este aspecto proporciona a análise de uma relação estabelecida, negociada e assimilada dos custos *versus* benefícios na busca de resultados efetivos para a empresa.

Entretanto, deve-se lembrar de que do outro lado do custo da qualidade, o qual é representado pelo que se gasta na busca de resultados efetivos para a empresa, existe o custo da não qualidade, ou seja, o que se perde ao não se obter os resultados esperados.

Cada empresa deve proporcionar seu equilíbrio a essa balança da qualidade; mas, seguramente, as melhores serão as vencedoras.

d) Atendimento completo das expectativas da empresa quanto aos resultados alcançados

No caso do assunto abordado neste livro, o cliente é a empresa em si, a qual é "representada", quanto à sua maneira de ser, principalmente por seus proprietários, empreendedores, gestores e demais profissionais.

Verifica-se que a abordagem da qualidade na busca de resultados efetivos pelas empresas é bastante ampla, como deve ser em qualquer tratamento do assunto *qualidade total*.

O leitor pode considerar os seis "Cs" da qualidade na busca e consolidação de resultados efetivos nas empresas, conforme representação na Figura 10.1:

Figura 10.1 | *Seis "Cs" da qualidade na consolidação de resultados.*

O conhecimento das questões de qualidade consolida-se pelos adequados níveis de capacitação profissional e de habilidade geral no processo de busca e de consolidação de resultados efetivos para a empresa considerada. Deve-se lembrar que muitas pessoas conhecem o assunto em análise, mas não sabem como consolidar resultados efetivos planejados anteriormente.

O compromisso com a qualidade na consolidação de resultados efetivos consolida-se pelo enfoque no aperfeiçoamento e na continuidade, bem como no esforço para as mudanças provocadas por esse processo.

A coordenação do processo de busca de resultados com qualidade é reforçada pelo treinamento, educação e conscientização dos envolvidos, pelo estabelecimento de objetivos e metas de qualidade, bem como pela organização da amplitude e da função qualidade na empresa.

A cooperação para com a qualidade na busca de resultados efetivos consolida-se pelo envolvimento dos profissionais da empresa, como interativo reconhecimento por seus superiores, bem como pela solução entendida dos diversos problemas correlacionados ao modelo de gestão da empresa.

O controle da qualidade na busca de resultados consolida-se, entre outros aspectos, pela atuação dos profissionais em *tempo real* no processo, respeitando os indicadores de desempenho estabelecidos na seção 8.3.

A cultura da busca de resultados efetivos para a empresa consolida-se pelos valores, crenças e *maneira de ser* dos gestores e demais profissionais da empresa, resultando na *personalidade* que a empresa apresenta diante de seus diversos públicos (clientes, fornecedores, funcionários, governos).

Para se saber qual a realidade da situação da qualidade em uma empresa, é válida a análise de alguns itens gerais, como:

- o quanto a empresa acredita que a qualidade é um problema causado por realidades alheias à ação de sua equipe de gestores e demais profissionais;
- o quanto interessa que produtos e serviços, processos e projetos da empresa tenham subterfúgios e desvios, bem como outros esquemas para não cumprir os requisitos explicitados de qualidade;
- o quanto o modelo de gestão da empresa é do tipo *jeitinho brasileiro* para ajustar e ajeitar tudo o que se refere a projetos, processos, produtos e serviços;
- o quanto a equipe de gestores e demais profissionais não sabe o que a empresa espera deles e das diversas atividades da empresa, em termos de qualidade; e
- o quanto a empresa desconhece o real e efetivo custo da não conformidade quanto à qualidade no processo de busca e de consolidação de resultados efetivos, de acordo com o anteriormente planejado.

10.2.1 *Metodologia de desenvolvimento da qualidade de atuação para a consolidação de resultados efetivos*

Neste momento é válido considerar uma metodologia, com forte abordagem prática, para o desenvolvimento e a implementação de um programa de qualidade que facilite a busca e a consolidação de resultados efetivos pelas empresas.

Esta metodologia pode ter sete etapas:

ETAPA 1 – *Identificar a não qualidade no atendimento às expectativas da empresa quanto ao direcionamento a resultados.*

A identificação da não qualidade é sempre o início de um processo de qualidade nas empresas. E sempre deve ser de amplitude total, pois é a única maneira de se identificar a influência da não qualidade de uma parte perante a qualidade do todo. Por exemplo, somente com a identificação da não qualidade quanto aos indicadores de desempenho é que se pode iniciar o trabalho no todo, ou seja, a qualidade da empresa como um todo unitário e indivisível.

ETAPA 2 – *Desenvolver estruturas metodológicas para a consolidação de cada uma das questões de gestão empresarial que devem ser consideradas no processo de busca de resultados pela empresa.*

A esse respeito, são apresentadas considerações inerentes à atuação dos profissionais das empresas nos diversos capítulos do livro.

ETAPA 3 – *Consolidar ampla divulgação, explicação e treinamento do processo de busca de resultados, com elevada participação e comprometimento dos envolvidos.*

Todos os gestores e profissionais envolvidos na busca de resultados efetivos devem ter elevado entendimento e assimilação do processo, bem como ampla participação, mas nunca se esquecendo do necessário comprometimento quanto aos resultados a serem alcançados.

ETAPA 4 – *Ter plano estruturado, divulgado, entendido e aceito de desenvolvimento e operacionalização do processo de busca e consolidação de resultados efetivos para a empresa.*

O plano de trabalho inerente à busca de resultados efetivos tem que ser muito bem estruturado, caso contrário, o processo já *nasce morto*. Portanto, esse trabalho deve ser efetuado por especialistas no assunto.

A contribuição desses especialistas estende-se à identificação e ao treinamento dos profissionais envolvidos, incluindo efetiva atuação quanto ao processo de interação e motivação dos mesmos. Portanto, esses especialistas devem atuar como agentes de mudanças nas empresas (ver seção 6.3).

ETAPA 5 – *Monitorar o processo de aprimoramento e otimização gradativa dos resultados de qualidade.*

O modelo de gestão direcionado para resultados deve ter o responsável catalisador do seu processo de desenvolvimento e operacionalização na empresa. Esse profissional pode ser um gestor de alta administração da empresa ou um consultor contratado para essa finalidade específica.

ETAPA 6 – *Aprimorar e aprimorar! E identificar os* gurus *do processo de qualidade da empresa.*

Já foi evidenciado que a qualidade é um processo gradativo, contínuo e sustentado de evolução.

Outro aspecto é que durante esse processo evolutivo surgem determinados gestores e profissionais que se tornam verdadeiros *gurus* da gestão direcionada para resultados na empresa. Esses profissionais têm visão ampla dos vários aspectos da empresa, incluindo uma interação a mais longo prazo, bem como elevada competência profissional e um carisma pessoal que facilita a evolução de todo o processo.

ETAPA 7 – *Acompanhar e avaliar o processo evolutivo da gestão direcionada para resultados.*

Essa é uma etapa evidente e deve ser considerada em cada um dos momentos e partes do processo de gestão da empresa e não apenas em seu final pois, nesse caso, os gestores da empresa podem passar por um susto desagradável. Entretanto, qualquer metodologia que vise alcançar a excelência no modelo de gestão deve ter os meios para apoiar e mesmo melhorar a qualidade dos trabalhos durante o seu desenvolvimento e operacionalização.

Lembre-se de que um investimento financeiro de grande porte na qualidade da gestão direcionada para resultados pode ser questionável quanto ao retorno, se os resultados dos esforços regredirem rapidamente ao nível que antes ocupavam.

Por todas as razões já citadas, há grande necessidade e expectativa das empresas de ter em mãos uma metodologia clara, lógica e estruturada para realizar um programa de qualidade de serviço, que é o tipo em que se enquadra a gestão de empresas voltadas para a consolidação de resultados efetivos, de acordo com o anteriormente planejado.

10.3 Avaliação e aprimoramento da atuação dos profissionais direcionados para resultados

Esta questão do processo de avaliação e de aprimoramento da atuação dos gestores e demais profissionais das empresas, quando direcionados para resultados efetivos, deve ser analisada em seu contexto mais amplo, ou seja, no caso deste livro, deve-se considerar todos os instrumentos de gestão abordados ao longo dos diversos capítulos; e, preferencialmente, que estes diversos instrumentos de gestão sejam tratados de forma interativa, ou seja, cada instrumento influenciando e recebendo influência dos outros instrumentos de gestão.

Em princípio, esta pode ser considerada uma tarefa complexa, mas o ideal é o leitor trabalhar os instrumentos de gestão na ordem de seu maior conhecimento a respeito.

Respeitando este princípio, para a realidade do autor, este processo de avaliação e de aprimoramento da atuação dos profissionais direcionada para resultados pode se desenvolver ao longo de quatro fases e 11 etapas.

São elas:

Fase 1: Consolidação de todos os trabalhos anteriormente realizados

Esta é uma fase importante, pois demonstra que todos os trabalhos devem estar interligados, caso contrário, o modelo de gestão direcionado para resultados será, pelo menos, de custo elevado e com benefícios questionáveis. Infelizmente, não são todas as empresas que entendem esta necessidade na plenitude.

Esta consolidação interativa se torna primordial no caso do conteúdo da seção 9.3.

Parece não ser necessário debater que a inexistência desta interação entre as diversas atividades da empresa consolidam uma situação de inviabilidade no processo de avaliação e de aprimoramento da atuação direcionada para resultados, por parte dos profissionais da empresa considerada.

Esta fase pode ter duas etapas de trabalho:

Etapa 1.1: *Consolidação estruturada dos trabalhos*

É importante resgatar todos os trabalhos anteriores, desde que sejam os adequados para a evolução dos negócios, produtos e serviços da empresa considerada.

Na prática, o problema é saber quais são os chamados *trabalhos adequados* pois, neste momento, as pessoas podem estar defendendo e justificando os seus trabalhos, os quais podem ser de total inutilidade para a empresa alcançar os resultados esperados.

Para o processo de avaliação destes trabalhos, o leitor pode considerar a metodologia apresentada no livro *Manual de avaliação de empresas e negócios*, dos mesmos autor e editora, em que são analisadas as questões mercadológicas, tecnológicas, econômico-financeiras, estruturais e operacionais.

Etapa 1.2: *Incorporação pelos envolvidos*

Na realidade, esta etapa serve para que todos os envolvidos sejam treinados, de forma intensa ou não, quanto aos diversos trabalhos a serem realizados e operacionalizados pela empresa considerada.

O ideal é que, ao término desta etapa, cada um dos profissionais envolvidos nos trabalhos explicite, formalmente, a plena incorporação de todos os conhecimentos necessários para a otimizada realização dos trabalhos sob sua responsabilidade.

Muitas empresas não proporcionam a devida atenção a esta etapa e depois ficam *administrando desculpas e justificativas* dos seus profissionais *enganadores*. Acredito que os leitores já presenciaram várias vezes esta cena.

Fase 2: Treinamento e capacitação dos profissionais envolvidos

Esta fase corresponde à efetiva análise de "quem é quem" na empresa considerada, pois é necessário criar mecanismos – que não sejam geradores de conflitos – para acabar com a *conversa fiada*, a qual não leva a empresa para os seus resultados esperados.

Esta questão, quando mal resolvida, é um dos principais problemas quando se considera a gestão direcionada para resultados, pois um dos princípios para o seu sucesso é que a verdade profissional seja *colocada na mesa*.

De forma mais detalhada, podem-se considerar quatro etapas nesta fase, a saber:

Etapa 2.1: *Avaliação de desempenho*

A empresa deve consolidar um sistema de avaliação de desempenho por critérios objetivos – quanto aos resultados anteriormente planejados – evitando utilizar apenas critérios subjetivos, tais como nível de relacionamento, de criatividade, de postura pessoal etc.

O máximo que pode ocorrer é a utilização dos critérios subjetivos apenas como acelerador ou inibidor dos critérios objetivos de avaliação.

Infelizmente, muitos profissionais fogem dos critérios objetivos, pois estes mostram as suas realidades, as quais nem sempre são as ideais, quando se aborda a gestão direcionada para resultados.

Uma ideia interessante é o leitor aplicar, neste momento, o princípio da gestão à vista.

Gestão à vista é o processo em que os indicadores, parâmetros e critérios de avaliação, bem como a realidade atual das atividades, ficam disponíveis e visíveis para acompanhamento e possível interação e intervenção de todos os demais envolvidos, de forma direta ou indireta, nas atividades consideradas.

Em uma situação *jocosa*, é como se uma pessoa, acima do peso ideal, colocasse a evolução dos seus pesos, ao longo do tempo, na porta da geladeira, a qual está em local de passagem de várias pessoas de seu relacionamento pessoal.

Também é importante que, neste processo de avaliação de desempenho, cada profissional seja avaliado pelos seus subordinados e pelos seus pares – mesmo nível hierárquico –, além de seus chefes.

Esta também pode ser uma situação que nem todas as pessoas aceitam com naturalidade; mas lembre-se que o seu melhor amigo é aquele que, entre outros aspectos, lhe diz *na cara* o que pensa de você!

Nenhuma pessoa consegue crescer – pessoal e profissionalmente – apenas com elogios, principalmente se estes forem *mentirosos e bajuladores*.

Etapa 2.2: *Análise da capacitação*

Qual a efetiva capacitação profissional de cada pessoa da empresa?

Esta pode ser uma pergunta difícil de ser respondida, pois muitas pessoas podem ter capacitações as quais não servem para nada na empresa considerada.

E, se estas pessoas não quiserem ser consideradas improdutivas e desnecessárias, podem criar falsas necessidades na empresa, provocando, entre outros problemas, o aumento de seus custos.

O leitor pode considerar a hipótese de correlacionar as capacitações necessárias com as estratégias e projetos decorrentes do planejamento estratégico, ou seja, o que a empresa vai ter que fazer para alcançar os resultados – objetivos e metas – estabelecidos. A este respeito, ver os livros *Planejamento estratégico: conceitos, metodologia e práticas* e *Estratégia empresarial e vantagem competitiva*, dos mesmos autor e editora.

Etapa 2.3: *Estruturação dos programas de treinamento e capacitação*

Embora esta seja uma questão evidente, o autor preferiu apresentá-la em uma etapa específica porque tem observado que, em sua maioria, estes programas não têm servido para nada, quando se aborda a questão da gestão direcionada para resultados.

Isto porque estes programas alocam ensinamentos "padronizados" que fogem da realidade específica de cada empresa e os treinados colocam, com o maior orgulho, os seus certificados nas paredes de sua sala.

Mais uma vez, o contexto é a empresa identificar, via planejamento estratégico, os resultados que vai focar, a seguir as estratégias e correspondentes projetos que deverá operacionalizar e, só então, identificar as capacitações necessárias para otimizar este processo. A partir deste momento, a empresa estará aparelhada para a estruturação dos programas ideais de treinamento e capacitação.

Etapa 2.4: *Aplicação dos programas de treinamento e capacitação*

Esta etapa, e o nível de sua qualidade, são decorrentes diretas da etapa anterior.

Entretanto, na prática, é aqui que ocorrem os grandes problemas inerentes aos programas de treinamento e capacitação, principalmente daquelas empresas que só consideraram, em suas análises, as informações recebidas de cada área da empresa quanto à necessidade de novos conhecimentos, habilidades e atitudes das pessoas.

Ou seja, algumas das pessoas que trabalham na empresa utilizam os recursos da empresa para melhorarem os seus *curricula vitae*, e não os resultados da empresa. Sem mais comentários!

Fase 3: Identificação do potencial dos envolvidos

Aqui, mais uma vez, é necessário interligar com o planejamento estratégico da empresa, pois as pessoas só devem contribuir com o que a empresa quer se tornar, em um futuro breve ou distante.

Na prática, o leitor pode considerar três etapas nesta fase.

São elas:

Etapa 3.1: *Identificação de novos empreendedores, líderes e agentes de mudanças*

A este respeito, ver seções 5.2, 5.3, 6.2 e 6.3.

Etapa 3.2: *Programação de estímulos e de reconhecimento dos profissionais*

Pode-se considerar, como ideal, que a empresa proporcione um *algo mais* para que os profissionais se consolidem no processo de gestão direcionada para resultados.

Naturalmente, as pessoas devem demonstrar que se consolidam nesta situação ideal como um estilo de vida e não como algo de interesse pessoal, de *tirar vantagem*.

Etapa 3.3: *Consolidação dos indicadores de desempenho*

Neste momento, ou um pouco antes, é possível que ocorra a necessidade de realizar alguns ajustes nos indicadores de desempenho, cuja fonte básica é apresentada na seção 8.3.

Fase 4: Consolidação da qualidade ideal na atuação dos profissionais

Esta fase tem a finalidade de facilitar a efetivação, pelo leitor, de tudo que foi realizado nesta seção, bem como na 9.3, sendo que podem ser consideradas duas etapas.

São elas:

Etapa 4.1: *Incorporação dos princípios e do processo da atuação com qualidade*

Os aspectos principais desta etapa são evidenciados nas seções 10.2 e 10.2.1, bem como na presente seção; mas não se esquecendo das várias questões abordadas ao longo dos diversos capítulos do livro.

Naturalmente, o leitor pode ter que realizar alguns ajustes para melhor operacionalizar na empresa considerada, mas o básico é o apresentado neste livro.

Etapa 4.2: *Efetivação da qualidade de vida*

Neste momento, está-se afirmando que o ideal é o leitor trabalhar com vontade, dedicação, conhecimento, habilidade e agilidade, mas também com felicidade, para que se consolide em um processo de autodesenvolvimento sustentado, sempre direcionado para os resultados planejados e esperados pela empresa onde trabalha.

Outro aspecto de elevada importância para a qualidade decisória dos gestores direcionados para resultados efetivos é que eles, periodicamente, realizem, preferencialmente de livre e espontânea vontade, autoavaliações com resultados de entrevistas com seus superiores – se houver –, seus colegas ou pares, bem como seus subordinados, com relatórios escritos a respeito de assuntos diversos, incluindo o seu comportamento emocional e sua capacidade de lidar – e liderar – com pessoas.

Acredito que o leitor concorde que a época do gestor agressivo e que *sabe tudo* está *fora de moda*, sendo bem recebidos os gestores ágeis, coerentes e imperturbáveis em suas decisões.

Este autor tem *provocado* as empresas a aplicarem uma forma estruturada de autoavaliação conforme resumidamente apresentado na Figura 10.2:

Planos	Avaliação como gestor e líder direcionado para resultados			Data __/__/__	Nº
Assunto		Peso	Autoavaliação	Avaliação dos colegas/ superior/subordinados	Ações para melhoria da avaliação
Planejamento					
Visão dos negócios					
Inovação					
Estilo empreendedor					
Negociação					
Ação					
Postura para resultados					
Atuação para o mercado					
Organização					
Competência tecnológica					
Liderança					
Avaliação					

Figura 10.2 *Avaliação como gestor e líder direcionado para resultados.*

No formulário apresentado – Figura 10.2 –, o gestor deve efetuar uma autoavaliação como líder direcionado para resultados e deve receber avaliações do superior, dos colegas e dos subordinados que estejam mais envolvidos no projeto de melhoria de gestão, sendo que, mais importante que as notas – de 1 a 10 –, são as justificativas das avaliações.

É fundamental que o processo seja realizado, pelo menos, mais de uma vez, tendo em vista consolidar situação de relativo consenso.

Este projeto deve representar o bom-senso e o consenso da equipe participante, formada por outros gestores e líderes, bem como outros profissionais da empresa. Para cada um dos assuntos considerados no processo de seleção, devem ser estabelecidos os correspondentes pesos, de 6 a 10, por exemplo.

A seguir, são apresentadas as conceituações de cada um dos assuntos considerados na avaliação dos profissionais da empresa como gestores e líderes direcionados para resultados:

- **Planejamento** é a capacidade de diagnosticar e analisar situações atuais, de articular objetivos de forma integrada aos da empresa e de delinear estratégias – inclusive alternativas – para alcançar estes objetivos, bem como políticas que servem de sustentação a este processo.

- **Visão dos negócios** é a capacidade de dominar e manusear informações relativas à situação e à missão da empresa, bem como de planejar de forma coerente com essa visão.
- **Inovação** é a capacidade de perceber, idealizar, estruturar e operacionalizar situações novas.
- **Estilo empreendedor** é a capacidade de administrar situações novas e de assumir os riscos decorrentes das decisões tomadas.
- **Negociação** é a capacidade de concluir, oportunamente, situações desejadas e necessárias aos resultados da empresa, de forma interativa, com a consequente otimização das relações interpessoais.
- **Ação** é a capacidade de tomar e implementar as decisões necessárias para a solução das situações diagnosticadas, otimizando os recursos disponíveis e alcançando os resultados esperados pela empresa.
- **Postura para resultados** é a capacidade de orientar-se e direcionar os recursos disponíveis para o alcance e a melhoria dos resultados previamente estabelecidos.
- **Atuação para o mercado** é a capacidade de alcançar resultados que melhorem e perenizem, harmoniosamente, a satisfação dos diversos públicos da empresa (clientes, fornecedores, comunidade, acionistas, funcionários etc.).
- **Organização** é a capacidade de ordenação, estruturação e apresentação de um processo, de um sistema, de um projeto, de um trabalho e dos recursos alocados, visando alcançar os resultados planejados.
- **Competência tecnológica** é a capacidade de obter e deter o conjunto de conhecimentos e instrumentos de gestão que se aplicam a uma área de atuação.
- **Liderança** é a capacidade de obter o engajamento e a participação das pessoas no desenvolvimento e implementação dos trabalhos necessários ao alcance de metas, desafios e objetivos da empresa.
- **Avaliação** é a capacidade de comparar, objetiva e oportunamente, resultados obtidos a resultados previamente acordados e de estabelecer suas causas e consequências.

Goleman (1996, p. 15) mostrou que ser um "cara durão" não é mais uma estratégia vencedora. Inclusive, porque a agressividade e o mau comportamento de um chefe se espalham pelos seus subordinados e outros profissionais da empresa, criando uma situação em que a neurose e o medo dispersam o foco para os resultados planejados pela empresa.

Ele também se preocupa com os fatores de influência de todas as empresas: transparência em todos os atos, aprendizado social e emocional, bem como liderança e cultura nos locais de trabalho. E o resultado de tudo isto é que as pessoas que trabalham nestas empresas podem se tornar, coletivamente, mais sensíveis ao impacto – positivo ou negativo – de suas decisões e, principalmente, suas ações.

Embora alguns profissionais da psicologia critiquem fortemente o enfoque dos estudos de Goleman, não se pode desconsiderar a abordagem, tanto conceitual como prática, de seus estudos, pois ele concluiu que a inteligência emocional envolve quatro competências específicas de cada pessoa.

São elas:

- autoconhecimento, ou seja, competência de reconhecer um sentimento assim que este aparece;
- autogestão, correspondendo a manter a calma em situações estressantes e não corriqueiras e de seu pleno conhecimento;
- gerenciamento dos relacionamentos, ou seja, ter comunicação eficiente, bem como influência e desenvolvimento dos outros profissionais da empresa; e
- consciência social, ou seja, ter empatia, consciência empresarial e orientação no sentido dos serviços e resultados esperados pela empresa.

Outra abordagem interessante para a gestão direcionada para resultados é o da liderança distribuída, desenvolvida por Malone (2005, p. 31), a qual se constitui de quatro capacidades básicas.

São elas:

- achar sentido no que está acontecendo nas pessoas e nas empresas, entendendo as ambiguidades da vida. Esta situação facilita aos gestores líderes o reconhecimento das complexidades da situação e a posterior explicação e solução do problema identificado em termos simples;
- visualizar o futuro, o que possibilita identificar e usufruir oportunidades que surgem em novos cenários, além de evitar possíveis ameaças externas;
- relacionar-se bem com as pessoas, quer seja dentro ou fora da empresa. Neste contexto, os gestores líderes devem saber consultar –

com humildade e sabedoria – a opinião de pessoas alheias a seu círculo de amizade e, mais ainda, saber questionar a validade de suas decisões anteriores; e

- inventar, o que representa colocar em prática as ideias necessárias de maneira criativa, consolidando uma vantagem competitiva real, sustentada e duradoura.

Resumo

Neste capítulo, foram apresentados os principais aspectos que o leitor deve considerar em sua atuação profissional direcionada para resultados com qualidade em seu conceito mais amplo.

Pode-se considerar, de forma genérica, que corresponde ao leitor "ter certificação ISO" de sua atuação, como profissional, de forma direcionada para os resultados esperados.

E quem "audita" esta atuação é o proprietário ou principal gestor da empresa.

Questões para debate

1. Debater como você pode consolidar plena qualidade em sua atuação direcionada para os resultados da empresa onde trabalha.

2. Estabelecer todos os critérios e indicadores de desempenho para a sua atuação como profissional direcionado para resultados.

3. Estabelecer o processo de aprimoramento de sua atuação como profissional direcionado para resultados.

Caso:
A empresa Maxium quer a plena qualidade aplicada na atuação, no aprimoramento e na avaliação de todos os seus gestores e demais profissionais, principalmente na questão do direcionamento aos resultados esperados pela empresa.

A Maxium é uma rede hoteleira com 14 hotéis de luxo em sete capitais das regiões Centro-oeste, Sudeste e Sul do país, com duas unidades em cada cidade.

Ela pertence a um dos principais grupos empresariais do país e, como decorrência de seu planejamento estratégico, vai construir, nos próximos cinco anos, três *resorts* de luxo no litoral da região Sudeste do país.

A alta direção da Maxium sabe da importância da qualidade dos serviços da sua rede hoteleira como importante diferencial competitivo, tanto que todos os serviços básicos disponibilizados aos seus hóspedes e não hóspedes têm certificação ISO – atendimento, hospedagem, restaurantes, lanchonetes, lazer, eventos –, mas, neste momento, foi identificada a necessidade de que a qualidade total também fosse aplicada na atuação, no aprimoramento e na avaliação de todos os seus gestores e demais profissionais, principalmente na questão de direcionamento aos resultados esperados pelos proprietários da Maxium.

Esta questão está muito correlacionada à realidade das atividades da Maxium, pois cada hotel e *resort* – atuais e futuros – representa uma unidade de negócios, com algumas necessidades específicas, principalmente decorrentes de seus diferentes públicos-clientes.

Portanto, ao se abordar a atuação de diferentes pessoas em diversos contextos de negócios, é necessário que o delineamento de qualidade respeite estas particularidades, mas se consolide em uma plena qualidade de atuação de toda a Maxium.

Como ilustração geral, é apresentado, a seguir, o organograma resumido da Maxium.

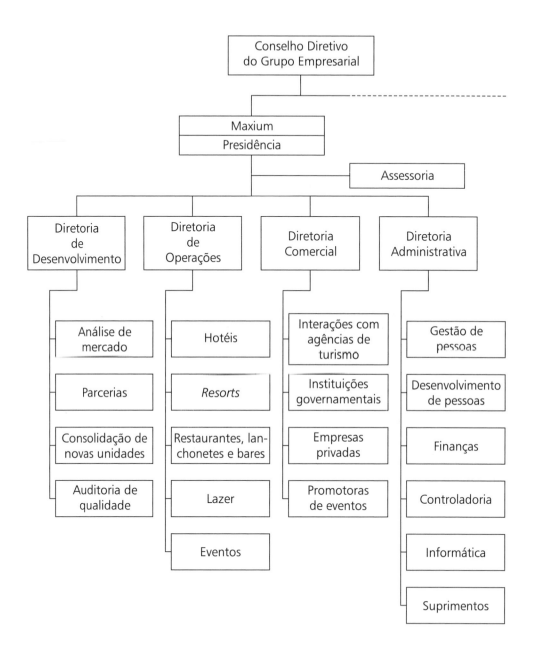

Utilizando, ao máximo, o apresentado nas seções 10.2, 10.2.1 e 10.3, você, como responsável pela assessoria ao Presidente da Maxium, deve explicar como a empresa pode desenvolver uma situação em que todos os gestores – 5 diretores, 19 gerentes e 1 assessor – e os demais profissionais da Maxium poderão consolidar uma situação de qualidade total em suas atuações, bem como existindo efetivo direcionamento aos resultados esperados pelos proprietários da Maxium.

Tal como em outros *casos* deste livro, você deve, inicialmente, para facilitar a sua análise, estabelecer quatro ou cinco responsabilidades para cada unidade organizacional ou área da Maxium, de acordo com o seu nível de conhecimento.

A seguir, deve fazer uma malha de interligação entre estas responsabilidades, como uma premissa para o início do desenvolvimento da plena qualidade na atuação das pessoas.

Você já sabe que o ideal seria estabelecer os diversos processos interligando as várias áreas da Maxium, os quais sustentam o desenvolvimento da qualidade total; mas, neste momento, não é necessário para a sua análise básica deste *caso*.

E, finalmente, você deve estabelecer, de forma geral, como poderão ser efetuados os posteriores aprimoramentos e avaliações da atuação dos gestores e demais profissionais da Maxium.

Mas lembre-se! Tudo isto com efetivo direcionamento para os resultados esperados pelos proprietários da Maxium.

Bons trabalhos!

A Maxium agradece as suas colaborações.

Glossário

"É fazendo que se aprende a fazer aquilo que se deve aprender a fazer."

Aristóteles

A seguir, são apresentadas as definições básicas dos principais termos utilizados no livro.

Ao abordar algum conceito básico, partiu-se da própria bibliografia, cujos principais autores foram mencionados, juntamente com suas ideias, no decorrer do texto. Também se trabalhou com definições próprias que, no entender deste autor, apresentam-se como válidas.

Salienta-se que a pesquisa bibliográfica evidenciou que, acima de diferenças semânticas e terminológicas, existem profundas divergências conceituais, as quais, inclusive, não se pretendeu sanar no presente livro, por escapar aos objetivos propostos.

Algumas das conceituações apresentadas têm algumas diferenças das apresentadas no texto, para que o leitor se motive a elaborar as conceituações com as suas próprias palavras.

Agente de mudanças – ou agente de desenvolvimento organizacional – é aquele profissional capaz de desenvolver comportamentos, atitudes e processos que possibilitem à empresa transacionar, proativa e interativamente, com os diversos aspectos externos – não controláveis – e internos – controláveis – da empresa considerada.

Ambiente do sistema é o conjunto dos elementos que não pertencem ao sistema, mas influem e recebem influência do mesmo.

Ameaça é a força ambiental, incontrolável pela empresa, que cria obstáculos à sua estratégia, mas que poderá ou não ser evitada, desde que reconhecida em tempo hábil.

Amplitude de controle – ou amplitude administrativa ou amplitude de supervisão – refere-se ao número de subordinados que um chefe pode supervisionar, pessoalmente, de maneira efetiva e adequada.

Análise externa é a identificação das oportunidades e das ameaças inerentes à empresa, bem como das melhores maneiras de usufruí-las e de evitá-las.

Aprendizado é a incorporação do que foi instruído ao comportamento do profissional da empresa. Portanto, aprender é modificar o comportamento em direção ao que foi instruído.

Aprimoramento é o processo evolutivo, desenvolvido de forma gradativa, acumulativa e sustentada, para a melhoria contínua do modelo de gestão e dos resultados da empresa. Esta situação pode se consolidar como **apri-**

moramento contínuo, que é o conjunto de atividades orientadas para aumentar a confiabilidade, eliminar as variações, bem com descobrir e eliminar os problemas do processo de desenvolvimento de lideranças e de mudanças planejadas nas empresas.

Atitude é a explicação do comportamento, correspondendo ao modo de cada indivíduo se posicionar e agir perante cada situação apresentada nas empresas.

Atividades de apoio – ou atividades-meios – são as alocadas nas unidades organizacionais que sustentam e auxiliam as unidades organizacionais-fins a colocarem os produtos e serviços da empresa no mercado.

Atividades-fins são as alocadas nas unidades organizacionais que consolidam a interação da empresa com o mercado, efetivando a melhor disponibilização e colocação dos produtos e serviços oferecidos.

Atuação para o mercado é a capacidade de alcançar resultados que melhorem e perenizem, harmoniosamente, a satisfação dos diversos públicos da empresa (clientes, fornecedores, comunidade, acionistas, funcionários etc.).

Autoridade é o poder, formalizado ou não na empresa, de uma pessoa tomar uma decisão e ter a garantia de que as ações decorrentes serão operacionalizadas na empresa.

Avaliação de desempenho é o procedimento de gestão empresarial, baseado em critérios e parâmetros previamente negociados e aceitos pelas partes envolvidas, quanto aos resultados efetivos apresentados pelos profissionais da empresa, em relação aos resultados esperados.

Avaliação e controle é a metodologia que, mediante a comparação com padrões previamente estabelecidos, procura medir e analisar o desempenho e os resultados das ações e estratégias com a finalidade de realimentar com informações os tomadores de decisões, de forma que possam corrigir ou reforçar esse desempenho, para assegurar que os resultados estabelecidos pelos planejamentos sejam alcançados. Se este processo ocorrer em *tempo real* com o planejamento estratégico, é chamado de controle estratégico.

Benchmarking é o processo de análise referencial da empresa perante outras empresas do mercado, incluindo o aprendizado do que essas empresas fazem de melhor, bem como a incorporação dessas realidades de maneira otimizada e mais vantajosa para a empresa que aplicou o *benchmarking*.

Bom-senso é a capacidade e habilidade em discernir entre o verdadeiro e o falso, entre os caminhos para o sucesso e para o fracasso, entre o lógico e o ilógico de um assunto de gestão na empresa.

Capacitação, em um contexto genérico, é o aprendizado gradativo, acumulado e sustentado ao longo do tempo. Em um contexto específico, **capacitação profissional** é a competência sustentada de obter, deter e aplicar, de forma otimizada, um conjunto de conhecimentos e de metodologias e técnicas de gestão que se aplicam a uma área de atuação da empresa.

Cenários representam situações, critérios e medidas para a preparação do futuro das empresas.

Centralização é a maior concentração do poder decisório na alta gestão da empresa.

Clima organizacional é o resultado da análise de como as pessoas se sentem em relação à empresa, com seu modelo de gestão, bem como aos relacionamentos interpessoais existentes.

Código de ética é o conjunto estruturado, lógico e disseminado de normas de conduta e de orientações ao processo decisório, quanto ao que deve ser considerado certo ou errado.

Competências essenciais é o conjunto de todos os conhecimentos e habilidades necessárias para sustentar as vantagens competitivas das empresas, bem como agregando valor aos resultados globais e consolidando um otimizado local de trabalho.

Competência estratégica é a sustentação operacional que os profissionais da empresa proporcionam para a formulação e implementação de estratégias fortes e diferenciadas frente às oportunidades e ameaças que o ambiente empresarial apresenta ou pode apresentar em um futuro próximo ou distante.

Competência tecnológica é a capacidade de obter e deter o conjunto de conhecimentos e instrumentos de gestão que se aplicam a uma área de atuação.

Comportamento é o conjunto de atitudes e reações de cada indivíduo, ao longo do tempo, perante as situações apresentadas nas empresas e em outros ambientes sociais.

Comprometimento é o processo interativo em que se consolida a responsabilidade isolada ou solidária pelos resultados esperados pela empresa e por seus proprietários, gestores e demais profissionais.

Comunicação é o processo interativo e de entendimento, assimilação e operacionalização de uma mensagem – dado, informação, ordem – entre o emissor e o receptor por um canal, em determinado momento, e visando a um objetivo específico da empresa.

Conflito é a diferença entre duas ou mais pessoas ou equipes, caracterizada por tensão, desacordo, emoção ou polarização, em que o vínculo entre as duas partes é quebrado ou é insuficiente.

Conhecimento é a capacidade de entender o conceito e a estruturação de um assunto de gestão, bem como saber consolidar sua aplicação em uma realidade específica da empresa.

Conhecimento estratégico é o entendimento do conjunto de metodologias e técnicas estratégicas e o correspondente processo de operacionalização desses conhecimentos de forma otimizada na empresa.

Consenso é o processo estruturado, decorrente de uma análise decisória, em que se obtém um acordo ou concordância de ideias e de opiniões a respeito de um assunto de gestão na empresa.

Contexto estratégico é a situação em que o profissional procura resultados globais para a empresa, interagindo os fatores externos ou não controláveis com os fatores internos ou controláveis pela empresa.

Contexto operacional é a situação em que o profissional procura resultados específicos da empresa a serem alcançados pelas suas áreas funcionais, realizando as atividades específicas de sua responsabilidade.

Contexto tático é a situação em que o profissional procura otimizar determinada área de resultado e não a empresa como um todo.

Coordenação é a capacidade de integrar, com métodos e ordem, os diversos conhecimentos, atividades e pessoas alocadas no desenvolvimento e operacionalização de um processo, projeto ou sistema, visando a um objetivo ou resultado comum da empresa.

Criatividade é a capacidade, intrínseca ao indivíduo *diferenciado*, de dar origem, com maior ou menor sustentação metodológica e técnica, a uma nova situação de realizar algo já existente ou, preferencialmente, algo novo.

Cultura organizacional – ou empresarial – é o conjunto estruturado de valores, crenças, normas e hábitos compartilhados, de forma interativa, pelas pessoas que atuam em uma empresa. Esta situação deve se consolidar em um padrão de reposições básicas compartilhadas, o qual é aprendido e incorporado por um grupo de pessoas à medida que soluciona seus problemas de adaptação externa – fator não controlável – e de integração interna (fator controlável).

Dado é o elemento identificado em sua forma bruta que, por si só, não conduz a uma compreensão de um fato ou situação.

Delegação é o processo de transferência de determinado nível de autoridade de um chefe para seu subordinado, criando o correspondente compromisso pela execução da tarefa delegada.

Departamentalização é o agrupamento, de acordo com um critério específico de homogeneidade, das atividades e correspondentes recursos – humanos, financeiros, tecnológicos, materiais e equipamentos – nas diversas unidades organizacionais da empresa.

Descentralização é a menor concentração do poder decisório na alta gestão da empresa, sendo, portanto, o poder mais distribuído por seus diversos níveis hierárquicos.

Desenvolvimento de pessoas é a metodologia que proporciona sustentação às otimizadas coordenação, supervisão, orientação e desenvolvimento dos profissionais que trabalham nas empresas.

Desenvolvimento organizacional (DO) é o processo estruturado para consolidar a mudança planejada dos aspectos estruturais e comportamentais nas empresas, com a finalidade de otimizar a resolução de problemas e os resultados anteriormente estabelecidos nos planejamentos elaborados, sempre com adequado relacionamento interpessoal.

Direção é a capacidade e habilidade de supervisionar e orientar os recursos – humanos, financeiros, tecnológicos, materiais, equipamentos – alocados nas atividades das empresas, visando otimizar o processo decisório direcionado ao alcance dos resultados estabelecidos no planejamento. Para a situação de ocorrer forte interação com os fatores ambientais ou externos, é chamada de direção estratégica.

Dissonância estratégica é uma situação em que os proprietários, gestores e demais profissionais da empresa estão estabelecendo estratégias interessantes e inovadoras, mas as táticas e ações correlacionadas a elas não são operacionalizadas, por falta de coragem para as mudanças necessárias.

Educação corporativa é o processo estruturado e sustentado para consolidar maior conhecimento e capacitação profissional, considerando as pessoas das empresas como seres humanos profissionais e sociais.

Efetividade é a relação equilibrada e otimizada entre os resultados alcançados e os objetivos propostos ao longo do tempo pelas empresas.

Eficácia é a contribuição dos resultados obtidos para o alcance dos objetivos estabelecidos pelas empresas em seus processos de planejamento.

Eficiência é a otimização dos recursos – humanos, financeiros, tecnológicos, materiais, equipamentos – para a obtenção dos resultados esperados pelas empresas.

Empreendedor interno é aquele que tem a capacidade de administrar situações novas e de assumir os riscos decorrentes das decisões tomadas na empresa onde trabalha.

Empreendedor externo é aquele que tem a capacidade de fazer um empreendimento *decolar do zero*, de operacionalizar novas ideias e fazê-las bem-sucedidas, apresentando resultados interessantes, através da otimização da capacidade de inovação e renovação.

Empreendedorismo é o processo evolutivo e inovador da capacidade e habilidade profissionais direcionadas à alavancagem dos resultados das empresas e à consolidação de novos projetos estrategicamente relevantes.

Empresa é a instituição legalmente constituída, com a finalidade de oferecer produtos e/ou serviços para outras empresas e/ou para os consumidores do mercado em geral.

Equipe multidisciplinar é o conjunto de profissionais, com diferentes conhecimentos e habilidades, que realizam reuniões coordenadas e programadas, em caráter temporário ou permanente, para emitir, mediante discussão organizada, opiniões a respeito de assuntos previamente estabelecidos e que, nascida dos debates, seja a mais adequada à realidade e às necessidades da empresa considerada.

Estilo de atuação estratégica é o exercício da ação pelo profissional da empresa, sustentado pelos seus valores pessoais, competências e habilidades estratégicas direcionadas para a otimizada interação entre as questões externas – não controláveis – e internas – controláveis – da empresa.

Estilo de gestão é o contexto geral de atuação de uma empresa, consolidando se o processo decisório é mais centralizado ou descentralizado, com maior ou menor nível de participação, qual a abordagem de comprometimento e de cobrança de resultados, entre outros assuntos de gestão.

Estilo empreendedor é a capacidade de administrar situações novas e de assumir os riscos decorrentes das decisões tomadas.

Estratégia é o caminho, maneira ou ação formulada e adequada para alcançar, preferencialmente de maneira diferenciada, os objetivos, desafios e metas estabelecidos, no melhor posicionamento da empresa perante seu ambiente.

Estrutura formal é a que representa a estrutura organizacional da empresa – na realidade, parte dela – e que procura consolidar, ainda que de forma geral, a distribuição das responsabilidades e autoridades pelas unidades ou áreas da empresa.

Estrutura informal é a rede de relações sociais e pessoais que não é formalmente estabelecida pela empresa, as quais surgem e se desenvolvem espontaneamente e, portanto, apresenta situações que não aparecem no organograma.

Estrutura organizacional é o instrumento de gestão resultante da identificação, análise, ordenação e agrupamento das atividades e dos recursos das empresas, incluindo o estabelecimento dos níveis de alçada e dos processos decisórios, visando o alcance dos objetivos estabelecidos pelos planejamentos das empresas.

Ética é o conjunto estruturado e sustentado de valores considerados como ideais e que orientam o comportamento das pessoas, dos grupos, das empresas e da sociedade como um todo.

Evolução tecnológica é o processo gradativo e acumulativo dos conhecimentos que têm influência, direta ou indireta, sobre os negócios, produtos e serviços de um conjunto de empresas.

Fatores estratégicos são os aspectos externos e internos da empresa, que apresentam elevada relevância para a análise da situação atual e posterior delineamento do contexto estratégico ideal para a empresa.

Ficha de funções é a descrição da linha de subordinação e do conjunto de atribuições – inerentes às funções de planejamento, organização, direção, desenvolvimento de pessoas e avaliação –, bem como dos níveis de alçada decisória de cada unidade organizacional da empresa.

Força motriz humana é a energia total e a estrutura que movimentam o indivíduo para novas situações, otimizando o nível de competitividade de toda a empresa.

Funções do processo de gestão ou da administração são as atividades que devem ser desempenhadas em todo e qualquer processo de gestão ou administrativo nas empresas e por cada uma de suas unidades organizacionais.

Funções das empresas são as atividades homogêneas ou multidisciplinares inerentes a uma área de conhecimento da empresa, para as quais existem instrumentos de gestão consagrados pela administração.

Gestão é o sistema estruturado e intuitivo que consolida um conjunto de princípios, processos e funções para alavancar, harmoniosamente, o processo de planejamento de situações futuras desejadas e seu posterior controle e avaliação de eficiência, eficácia e efetividade, bem como a organização e a direção dos recursos alocados nas áreas funcionais das empresas, orientados para os resultados esperados, com a minimização dos conflitos interpessoais.

Gestão à vista é o processo em que os indicadores, parâmetros e critérios de avaliação, bem como a realidade atual das atividades, ficam disponíveis e visíveis para acompanhamento e possível interação e intervenção de todos os demais envolvidos, de forma direta ou indireta, nas atividades consideradas.

Gestão de pessoas é a metodologia que proporciona sustentação às otimizadas coordenação, supervisão, orientação e desenvolvimento dos profissionais que trabalham nas empresas.

Gestão do conhecimento é o processo estruturado e sistematizado de obter, coordenar e compartilhar as experiências, os conhecimentos e as especializações dos profissionais das empresas, visando ao acesso às melhores informações, no tempo certo, com a finalidade de otimizar o desempenho global das atividades e da empresa, pela consolidação dos melhores resultados possíveis.

Gestão estratégica é uma administração do futuro que, de forma estruturada, sistêmica e intuitiva, consolida um conjunto de princípios, normas e funções para alavancar, harmoniosamente, o processo de planejamento da situação futura desejada da empresa como um todo e seu posterior controle perante os fatores externos ou não controláveis, bem como a estruturação organizacional e a direção dos recursos empresariais de forma otimizada com a realidade externa, efetivando a maximização das relações interpessoais.

Gestão participativa é o estilo de administração que consolida a democratização de propostas de decisão para os diversos níveis hierárquicos das empresas, com o consequente comprometimento pelos resultados.

Gestão por competências é o processo estruturado de operacionalizar as competências – essenciais e auxiliares – nas atividades básicas da empresa.

Gestão por objetivos é a técnica estruturada e interativa de negociação e de estabelecimento dos objetivos individuais, como decorrência e como sustentação aos objetivos – resultados – das empresas.

Gestão virtual é a forma estruturada e sustentada, pela tecnologia da informação, de interações entre pessoas e/ou empresas próximas ou distantes entre si.

Gestor é o profissional que otimiza os resultados da empresa pela atuação, individual ou coletiva, das pessoas que trabalham em sua complementação e/ou sob a sua orientação, integrando e otimizando as atividades de planejamento, organização, direção, desenvolvimento de pessoas e avaliação na empresa.

Gestor estadista é aquele que otimiza o estilo e o modelo de gestão do empreendedor e do gestor estrategista, bem como consolida empresas que contribuem, em maior ou menor escala, para o desenvolvimento consciente, sustentado e consistente do país e da economia como um todo.

Gestor estrategista é aquele que está constantemente *ligado* e interativo com os fatores externos ou não controláveis, desenvolvendo e exercitando estratégias – com suas alternativas –, visando otimizar a interação da empresa com o seu ambiente externo e não controlável.

Habilidade é o processo de visualizar, compreender e estruturar as partes e o todo dos assuntos de gestão da empresa, consolidando resultados otimizados pela atuação de todos os recursos disponíveis.

Habilidade estratégica é como os gestores e demais profissionais da empresa se antecipam e respondem às questões estratégicas.

Iceberg **empresarial** é a identificação e a interação dos componentes visíveis e dos componentes não visíveis de uma empresa, formando um todo unitário e indivisível.

Ideia é o resultado de uma análise crítica, criativa e inovadora de um assunto ou problema de gestão, visando um resultado otimizado para a empresa.

Indicador de desempenho é o parâmetro e critério de avaliação, previamente estabelecido, que permite a análise da realização, bem como da evolução dos resultados das empresas.

Informação é o dado trabalhado que permite ao gestor tomar decisões.

Inovação é tornar o processo mais capaz, inserindo recursos atualmente não disponíveis na empresa.

Instrução é o ensino organizado de certa tarefa ou atividade.

Instrumento de gestão é a metodologia ou técnica, estruturada e interligada, que possibilita a otimizada operacionalização das diversas decisões tomadas ao longo do processo de gestão direcionada para resultados nas empresas. Pode consolidar a abordagem estratégica, quando interliga os fatores externos – não controláveis – e os fatores internos – controláveis – da empresa.

Inteligência estratégica é o conjunto de processos analíticos que transformam dados e informações em conhecimentos estratégicos relevantes, precisos e úteis na compreensão do ambiente competitivo em que as empresas atuam e a consequente consolidação de resultados otimizados.

Interação é a ação recíproca exercida entre dois ou mais assuntos de gestão ou atividades da empresa.

Líder é a pessoa capaz, por suas características individuais, de apreender as necessidades dos profissionais da empresa, bem como de exprimi-las de forma válida e eficiente, obtendo o engajamento e a participação de todos no desenvolvimento e na implementação dos trabalhos necessários ao alcance dos resultados – metas e objetivos – da empresa.

Manual de organização é o relatório formal, estruturado e interativo das responsabilidades, autoridades, comunicações e processo decisório inerentes a todas as unidades organizacionais da empresa, pelos seus gestores e demais profissionais, quer sejam executados de forma individual ou em conjunto.

Missão é a razão de ser da empresa. Corresponde à conceituação do *horizonte*, dentro do qual a empresa atua ou poderá atuar no futuro. Explicita a quem a empresa atende com seus produtos e serviços.

Modelo de gestão é o processo estruturado, interativo e consolidado de desenvolver e implementar as atividades – estratégicas, táticas e operacionais – de planejamento, organização, direção, desenvolvimento de pessoas e avaliação dos resultados, visando ao crescimento e ao desenvolvimento sustentado da empresa.

Moral é o conjunto de regras de conduta consideradas como válidas e necessárias, quer de modo absoluto para qualquer tempo ou lugar, quer para uma pessoa ou grupo de pessoas nas empresas.

Motivação é o processo e a consolidação do estímulo e da influência no comportamento das pessoas, tendo em vista um objetivo ou resultado específico e comum para os profissionais da empresa.

Mudança planejada é o processo estruturado em que se estabelece uma situação futura viável desejada e se direcionam todos os recursos, direta ou indiretamente envolvidos, para o resultado comum, minimizando os conflitos interpessoais.

Negociação é a capacidade de concluir, oportunamente, situações desejadas e necessárias aos resultados da empresa, de forma interativa, com a consequente otimização das relações interpessoais.

Níveis hierárquicos representam o conjunto de cargos na empresa com um mesmo nível de autoridade.

Objetivo é o alvo, situação ou resultado que a empresa pretende alcançar.

Objetivo funcional é o objetivo intermediário, correlacionado às áreas funcionais e que deve ser alcançado com a finalidade de se concretizarem os objetivos da empresa.

Oportunidade é a força ambiental, incontrolável pela empresa, que pode favorecer sua ação estratégica, desde que reconhecida e aproveitada, satisfatoriamente e enquanto perdura.

Organização é a metodologia que orienta a capacidade de ordenação, estruturação e apresentação de um sistema, de um projeto, de um trabalho e dos recursos alocados, visando alcançar os resultados estabelecidos pela função planejamento das empresas.

Papel **profissional** é a forma como as pessoas devem trabalhar e se relacionar entre si, bem como perante os públicos externos – clientes, fornecedores, governos etc. –, tendo como base os valores e os princípios éticos e morais da empresa.

Pensamento estratégico é a postura do profissional direcionada para a otimização interativa da empresa com o seu ambiente – externo e não controlável – em *tempo real*.

Pensamento profissional é a postura do gestor voltada para a consolidação das atividades de gestão e para a otimização dos resultados das empresas.

Planejamento é a metodologia que permite diagnosticar e analisar situações atuais, de estabelecer resultados – objetivos e metas – a serem alcançados pelas empresas e de delinear ações – estratégias – para se alcançarem estes resultados, bem como de leis e normas – políticas – que servem de sustentação a esse processo de gestão das empresas.

Planejamento estratégico é a metodologia que permite estabelecer a direção a ser seguida pela empresa, e que visa ao maior grau de interação com o ambiente, onde estão os fatores não controláveis pela empresa.

Planejamento operacional é a formalização das metodologias de desenvolvimento e de implantação de resultados específicos a serem alcançados pelas áreas funcionais da empresa.

Planejamento tático é a metodologia de gestão que tem por finalidade otimizar determinada área de resultado da empresa.

Plano de ação corresponde ao conjunto das partes comuns dos diversos projetos, quanto ao assunto que está sendo tratado (recursos humanos, tecnologia etc.).

Política é o parâmetro ou orientação para a tomada de decisões. Corresponde à definição dos níveis de delegação, faixas de valores e/ou quantidades limites e de abrangência das estratégias e ações para a consolidação das metas, desafios e objetivos da empresa.

Ponto forte é a vantagem estrutural controlável pela empresa, que a favorece perante as oportunidades e ameaças do ambiente, onde estão os assuntos não controláveis pela empresa.

Ponto fraco é a desvantagem estrutural controlável pela empresa, que a desfavorece perante as oportunidades e ameaças do ambiente.

Postura para resultados é a capacidade de orientar-se e direcionar os recursos disponíveis para o alcance e a melhoria dos resultados previamente estabelecidos.

Processo é o conjunto estruturado de atividades sequenciais que apresentam relação lógica entre si, com a finalidade de atender e, preferencialmente, suplantar as necessidades e as expectativas dos clientes externos e internos das empresas.

Processo decisório é a identificação das informações básicas inerentes a um assunto, bem como a escolha entre as hipóteses alternativas que direcionam a empresa a determinado resultado, incluindo o acompanhamento da aplicação da decisão operacionalizada na empresa.

Produtividade é a otimização dos recursos disponíveis para a obtenção de melhores resultados para a empresa.

Profissional de empresa é a pessoa que executa, por iniciativa própria ou por orientação de outro, atividades que otimizam os resultados da empresa considerada.

Projeto é o trabalho a ser executado, com responsabilidade de execução, resultado esperado com quantificação de benefícios e prazo de execução preestabelecidos, considerando os recursos humanos, financeiros, tecnológicos, materiais e de equipamentos, bem como as áreas envolvidas e necessárias ao seu desenvolvimento.

Qualidade na atuação dos profissionais direcionados para resultados representa tudo que é feito ao longo de um modelo de gestão estruturado, para garantir ao cliente-empresa, que é o real interessado nos resultados efetivos e, consequentemente, a todos os outros clientes envolvidos – dentro e fora da empresa – exatamente aquilo que desejam, em termos de aspectos intrínsecos, rastreados, de custos e de atendimento de expectativas.

Rede escalar de objetivos é a decomposição dos objetivos pela estrutura organizacional – do alto para o médio e o baixo níveis de gestão – de tal forma que o sucesso de uma unidade depende de outra unidade organizacional, quer esteja em nível hierárquico superior, quer inferior.

Relatório gerencial é o documento que consolida, de forma estruturada, as informações para o tomador de decisões.

Responsabilidade é a atuação profissional de qualidade nos trabalhos e na busca de resultados, com ou sem a cobrança por parte de terceiros.

Sistema é o conjunto de partes integrantes e interdependentes que, conjuntamente, formam um todo unitário, com determinado objetivo e efetuando determinada função.

Sistema de informações é o processo de transformação de dados em informações. E, quando esse processo está voltado para a geração de informações que são necessárias e utilizadas no processo decisório da empresa, diz-se que esse é um **sistema de informações gerenciais**.

Supervisão é a catalisação e a orientação dos profissionais, direta ou indiretamente subordinados, em direção aos resultados – metas e objetivos – estabelecidos pela empresa em seus processos de planejamento (estratégicos, táticos e operacionais).

Tecnologia é o conjunto de conhecimentos que são utilizados para operacionalizar as atividades da empresa, para que seus objetivos sejam alcançados.

Tecnologia da informação é a interação estruturada entre sistemas de *software* e de *hardware* para o registro, transformação, transmissão e arquivamento de todos os tipos de informações da empresa.

Treinamento é o processo educacional aplicado, de maneira sistemática e organizada, sobre a qualificação e a capacitação dos funcionários e gestores de uma empresa, proporcionando aprendizado de conhecimentos, atitudes e habilidades em função de objetivos e metas – resultados – estabelecidos e negociados entre as partes.

Unidade organizacional é a parte da empresa que representa centro de resultados ou de custos da estrutura organizacional e onde uma equipe de profissionais com atividades homogêneas e/ou correlacionadas exercem suas responsabilidades e autoridades.

Valores da empresa representam o conjunto dos seus princípios e crenças fundamentais, bem como fornecem sustentação a todas as suas principais decisões.

Vantagem competitiva é a identificação dos produtos ou serviços e dos mercados nos quais a empresa está, realmente, capacitada para atuar de forma diferenciada, em relação aos seus concorrentes.

Vantagem competitiva do gestor direcionado para resultados é a sua característica que direciona as empresas – ou áreas da empresa – e o mercado em geral – no caso de ser prestador de serviços – a "comprá-lo", em detrimento dos profissionais concorrentes.

Visão é a explicitação do que a empresa quer ser, em um futuro próximo ou distante. Em termos específicos, tem-se a visão dos negócios, que é a capacidade de dominar e manusear informações relativas à situação e à missão da empresa, bem como de planejar de forma coerente com essa visão.

Bibliografia

"Feliz aquele que transfere o que sabe
e aprende o que ensina."
Cora Coralina

A seguir, são apresentadas as principais referências bibliográficas utilizadas no desenvolvimento deste livro, bem como algumas obras que, embora não tenham sido utilizadas como referência, são de utilidade para o leitor aprimorar o seu conhecimento deste importante assunto que é a gestão direcionada para resultados.

BENNIS, Warren G. *Changing organizations*. New York: McGraw-Hill, 1966.

BERGDAHL, Michael. *The 10 rules of Sam Walton*: success secrets for remarkable results. New York: John Wiley, 2006.

HOBOKEN, New Jersey: John Wiley, 2006.

CHOPRA, Deepak. *Ageless body, timeless mind*: the quantum alternative to growing old. New York: Three Rivers Press, 1993.

DAY, George S.; SCHOEMAKER, Paul, J. H. *Visão periférica*. Porto Alegre: Bookman, 2007.

DRUCKER, Peter F. *Administração em tempos turbulentos*. São Paulo: Pioneira, 1970.

GEUS, Arie de. The living company: habits for survival in a turbulent business environment. Boston: Harvard Business School Press, 2002.

GOLEMAN, Daniel. *Inteligência emocional*. São Paulo: Objetiva, 1996.

KAPLAN, Robert; NORTON, David. *Estratégia em ação*: balanced scorecard. Rio de Janeiro: Campus: KPMG, 1998.

KLEINER, Art. *The age of heretics*. New York: Doubleday, 1996.

KOHLRIESER, George. *Hostage at the table*. New York: John Wiley, 2006.

KOTTER, John P. Leading change: why transformation efforts fail. *Harvard Business Review*, Boston, Mar./Apr. 1995.

_____. *A sense of urgency*. Boston: Havard Business Press, 2008.

LAPIERRE, Laurent (Coord.). *Imaginário e liderança*. São Paulo: Atlas: Cetai, 1995.

MACKENNA, Regis. *Marketing de relacionamento*. Rio de Janeiro: Campus, 1992.

MALONE, Thomas W. *O futuro dos empregos*. São Paulo: M. Books, 2005.

MONKS, Robert A. G.; MINOW, Nell. *Corporate governance*. Oxford: Blackwell, 1995.

NECK, Chris; MANZ, Charles. *Mattering self-leadership*: empowering yourself for personal excellence. New York: Prentice Hall, 2006.

PETERS, Thomas J.; WATERMAN, Robert H. *Vencendo a crise*: como o bom senso empresarial pode superá-la. São Paulo: Harper, 1983.

PINCHOT, Gifford. *Intrapreneuring*: why you don't have to leave the corporation to became an entrepreneur. New York: Harper & Row, 1985.

SCHEIN, Edgard H. *Cultura organizacional e liderança*. Tradução de Ailton B. Brandão. São Paulo: Atlas, 2009.

SCHUMPETER, Joseph Alois. *Essays on entrepreneurs, innovations and business*. London: Transaction Publishers, 1949.

SELFRIDGE, Richard J.; SOKOLIK, Stanley L. *A comprehensive view of organization development*. MBU – Business Topics, 1975.

SENGE, Peter. *A quinta disciplina*. São Paulo: Best-Seller, 1998.

_____; KLEINER, Art; ROBERTS, Charlotte; ROSS, Richard; ROTH, Gerge; SMITH, Bryjan. *A dança das mudanças*. Rio de Janeiro: Campus, 1999.

STAHL, Jack. *Lessons on leadership*: the seven fundamental management skills for leaders at all levels. New York: Kaplan, 2007.

STREBEL, Paul. WHY do employes resist change? *Havard Business Review*, Boston, May/June 1996.

TREGOE, Benjamin; ZIMMERMANN, John W. *A estratégia da alta gerência*: o que é e como fazê-la funcionar. Rio de Janeiro: Zahar, 1982.

TROUT, Jack. *In search of the obvious*. Hoboken, New Jersey: John Wiley, 2008.

WELCH, Jack; WELCH, Suzy. *Paixão por vencer*. Rio de Janeiro: Campus/Elsevier, 2005.

Formato	17 x 24 cm
Tipologia	Charter 11/13
Papel	Alta Alvura 90 g/m² (miolo)
	Supremo 250 g/m² (capa)
Número de páginas	312
Impressão	Geográfica Editora